Historias de viajes

Volumen 1

Espacios literarios en contacto

ELC 14
Volumen 1

Colección dirigida por

Àngels Santa (Universidad de Lleida)

Consejo editorial:

Juan Bravo (Universidad de Castilla-la-Mancha)
Béatrice Didier (Ecole Normale Supérieure, Ulm)
Giovanni Dotoli (Università di Bari)
Mª Carmen Figuerola (Universidad de Lleida)
Philippe Merlo (Université de Lyon II)

Flavia Aragón Rosano &
José Antonio López Sánchez
(eds.)

Historias de viajes
Una perspectiva plural

Volumen 1

PETER LANG
Bern · Berlin · Bruxelles · Frankfurt am Main · New York · Oxford · Wien

Bibliographic information published by die Deutsche Nationalbibliothek
Die Deutsche Nationalbibliothek lists this publication in the Deutsche Nationalbibliografie; detailed bibliographic data is available on the Internet at http://dnb.d-nb.de.

Cover illustration: from iStockphoto.com © by 13spoon
Cover Design: Didier Studer, Peter Lang AG

ISSN 2235-2236 pb.
ISBN 978-3-0343-3601-7 pb.
ISBN 978-3-0343-3605-5 MOBI
DOI 10.3726/b14495

ISSN 2235-6215 eBook
ISBN 978-3-0343-3603-1 eBook
ISBN 978-3-0343-3604-8 EPUB

Esta publicación ha sido revisada por pares.

© Peter Lang AG, International Academic Publishers, Bern 2017
Wabernstrasse 40, CH-3007 Bern, Switzerland
bern@peterlang.com, www.peterlang.com

Todos los derechos reservados. Esta publicación no puede ser reproducida, ni en todo ni en parte, ni registrada en o transmitida por un sistema de recuperación de información, en ninguna forma ni por ningún medio, sea mecánico, fotoquímico, electrónico, magnético, electroóptico, por fotocopia, o cualquier otro, sin el permiso previo por escrito de la editorial.

Impreso en Alemania

Índice

1 Viajes y Literatura

Crónicas del itinerario quijotesco azoriniano 11
BEDIS BEN EZZEDINE

Viaje al país de Carmencita: creación novelesca y reescritura
mítica en *La mujer y el pelele* de Pierre Louÿs 23
CARMEN CAMERO PÉREZ

Literatura inglesa de viajes y su traducción al español:
(algunos) problemas y (posibles) soluciones 35
AGUSTÍN COLETES BLANCO

Diario poético de un viaje: Jean Camp en Canarias 57
CLARA CURELL

Un voyage romanesque dans la Romancie
du Père Bougeant en 1735 67
ESTRELLA DE LA TORRE GIMÉNEZ

Viajes de papel: Sicilia y Vincenzo Consolo 79
WALTER GEERTS

El viajero Paul Morand 87
INMACULADA ILLANES ORTEGA

La reescritura de la escala en Tenerife en los relatos
de Dumont d'Urville 101
BERTA PICO

El viaje de un mito literario: don Juan, de Tirso a Shadwell 121
ADRIÁN J. SÁEZ GARCÍA

El relato de viajes modernista: belleza y cultura
en las crónicas de Enrique Gómez Carrillo 141
MARÍA JOSÉ SUEZA

El viaje documental en el naturalismo: Zola y la preparación
de los *Rougon-Macquart* 157
ISABEL VELOSO

2 Viajes y Descubrimiento

El viaje en la obra de J.M.G. Le Clézio y de Jean Echenoz:
tránsito existencial y recorrido geográfico. 169
MARI CRUZ ALONSO SUTIL

Viajeras europeas en Cuba (1840-1893), El viaje como acto
reivindicativo de aprendizaje, conocimiento y emancipación 187
MONTSERRAT BECERRIL GARCÍA

Voyage d'initiation et de mémoire historique
dans *Tu le leur diras* (2005) et *Anya* (2007)
de Clémentine M. Faïk-Nzuji. 205
ANDRÉ BÉNIT

Abordo del arca de la Señora Noé: los viajes imaginarios
de Michèle Roberts 221
VALENTINA CASTAGNA

El viaje definitivo en la correspondencia del padre José Francisco
de Isla: sus últimas cartas de una senectud asumida 231
JORGE CHEN SHAM

El concepto del viaje según Sylvain Tesson. 245
DENISE FISCHER HUBERT

Gabrielle Roy: viaje, creación y repatriación. 257
LIDIA GONZÁLEZ MENÉNDEZ

Symbolique du voyage et quête identitaire 271
JEANNINE PÂQUE

Se dire à travers les voyages: Annie Ernaux 281
FRANCISCA ROMERAL ROSEL

Bittor de Hugo, poeta español 297
SYLVIE THOREL

1
Viajes y Literatura

Crónicas del itinerario quijotesco azoriniano

BEDIS BEN EZZEDINE

Ante la celebración del tricentenario de la publicación de la primera parte de *El Ingenioso Hidalgo Don Quijote de la Mancha*, la famosa obra cervantina, las creaciones literarias se multiplicaron de manera vertiginosa. Toda una generación de intelectuales, de autores, de hombres de letras se inspiró en los personajes, los paisajes, el espacio y muchos más aspectos propios del mito quijotesco. 1905 representó un año muy significativo en la historia literaria española. El homenaje se acompañó de numerosas festividades culturales inspiradas en el héroe cervantino. La obra de Azorín que lleva por título *La ruta de Don Quijote* y que forma parte de las obras más sugestivas de los viajes iniciáticos del autor, cuenta entre las numerosas innovaciones literarias aparecidas para la ocasión. Los 15 artículos viajeros que constituyen la obra habían sido publicados en su conjunto en el periódico *El Imparcial* entre el 4 y el 25 de mayo de 1905. Han sido una oportunidad idónea para recordar la grandeza de la obra cervantina.

El interés por la figura quijotesca no se limita a Azorín exclusivamente; se trata de una particularidad común a todos los miembros de la Generación del 98, aunque cada uno de ellos lo ha expresado a su manera. Azorín, por su parte, se propone principalmente retrazar la ruta seguida por el caballero en sus aventuras. Ofrece el itinerario quijotesco y nos propone seguirle para recorrer el camino en su compañía.

Para dar un vistazo sobre el impacto de la ruta quijotesca hoy en día, Esther Almarcha Núñez e Isidro Sánchez Sánchez recuerdan en su introducción a *La ruta de Don Quijote de Azorín* que:

> El día 7 de abril de 2004 se celebró la «I Ruta Don Quijote Kilómetro 0». Fue un itinerario cicloturista organizado por el Ayuntamiento de Argamasilla de Alba que contó con la colaboración de la Junta de Comunidades de Castilla-La Mancha, la Diputación provincial de Ciudad Real y Ecologistas en acción, además de otras entidades oficiales y comerciales (José Payá Bernabé, 2005: p. 26).

La popularidad del itinerario quijotesco es un acontecimiento en creciente progresión.

En el 2005, para celebrar el IV centenario del Quijote y el primer centenario de la publicación de la obra azoriniana *La ruta de Don Quijote*, se organizaron numerosos recorridos para seguir los pasos del emblemático personaje y descubrir los distintos pueblos visitados por el caballero andante. En este mismo año, Andrés Gómez-Flores recorre el mismo camino que hizo Azorín cien años antes, lo cuenta de manera detallada en su obra *Territorio Quijote, una peregrinación a la Mancha* (2005).

Asimismo, el Consejo de Europa reconoció en el año 2007 la ruta quijotesca como un recorrido cultural oficial, convirtiéndolo así en el primer itinerario basado en un personaje ficticio e imaginario (A. Intxausti, «La Ruta de Don Quijote, itinerario cultural europeo», *El País*, 06/03/2007). La ruta turística oficial pretende, entre otros objetivos, fomentar el sector del turismo cultural siguiendo los pasos del Quijote. De hecho, Azorín, uno de los muchos viajeros por la ruta del Quijote, tiene el gran mérito de haberse interesado en el itinerario quijotesco mucho antes que la organización oficial de las rutas quijotescas turísticas; pues, había valorado positivamente las tierras manchegas casi un siglo antes. El autor se inspiró en la obra cumbre de la literatura española para salir en pos de los personajes cervantinos, promocionando el ambiente quijotesco. Argamasilla, Puerto Lápice, El camino y las lagunas de Ruidera, la cueva de Montesinos, los molinos de viento, Criptana, El Toboso, Consuegro, el Campo de Montiel, tantos sitios del panorama cervantino que forman parte del itinerario en sus crónicas. Azorín sigue la ruta quijotesca como un peregrino apasionado por las tierras manchegas que le llevará a buscar las huellas de Don Quijote, desde los albergues frecuentados por el caballero hasta los molinos de viento que combatió.

El motivo principal de la publicación de *La ruta de Don Quijote* no ha sido una iniciativa propia. Es al principio una invitación a un viaje a través de las tierras de España, propuesto por Ortega Munilla. En efecto, el director del famoso periódico *El Imparcial* le encargó escribir sobre la Mancha de Don Quijote[1]. Azorín no vacila ni un minuto. Es una

---

1 Se puede encontrar una descripción muy detallada en «La Ruta de Don Quijote...y Azorín», de Mariano Velasco Lizcano, en *TESELA*: cuadernos mínimos – Patronato Municipal de Cultura de Alcázar de San Juan, 2004, n°12. En este itinerario que nos propone el autor, traza exactamente la misma trayectoria de la de Azorín, mencionando los cambios de los distintos sitios visitados, casi un siglo después. El autor intenta poner de relieve las condiciones de viaje de Azorín, la autenticidad de las tierras castellanas y de la belleza de los lugares quijotescos descritos en *Ruta de Don Quijote*.

oportunidad soñada por parte del joven periodista, como subraya J. M. Martínez Cachero en la introducción que ofrece en la obra azoriniana: «Será en este año de gloria de 1905 cuando el deseo se haga realidad con la invitación de Ortega Munilla para que Azorín viaje *por* y escriba *sobre* la Mancha de Don Quijote» (Azorín, 1998: p. 17).

Azorín da valor al itinerario quijotesco y la región de Castilla-La Mancha, unos pueblos poco considerados y apreciados ya que no tenían mucha resonancia. Como un pintor, Azorín se deja llevar por su imaginación. De este modo, transmite al lector los detalles más precisos de lo que percibe así como la belleza y las mínimas particularidades de unos sitios que pudieran parecer banales. Canta la belleza de las tierras de España y de sus gentes. Muy fiel a lo que observa, Azorín es un contemplador inigualable que ha recorrido los caminos manchegos de Don Quijote y los pueblos andaluces incluso los más áridos y monótonos. Tal un fotógrafo con su cámara en mano, describe los paisajes que recorre y las estampas manchegas, lo hace de manera muy clara, frases sencillas y léxico rico y preciso. Azorín usa una técnica casi cinematográfica, como subraya Rocío Lineros Quintero: «Azorín se dedica al arte, quiere hacer sus textos bonitos, es de los primeros autores que usa la técnica cinematográfica intencionadamente (zoom, distintos planos, travelling…)» (Rocío Lineros Quintero, «Castilla, Azorín»: p. 6).

1. La identificación de Azorín con Don Quijote

Las crónicas viajeras autobiográficas de Azorín se podrían interpretar como un intento evidente de identificación del periodista-viajero con el personaje cervantino. Es como si Azorín quisiera convertirse en un Quijote. El héroe cervantino, con su profunda simbología, encarna el espíritu heroico de España, su esencia vital. Constituye una de las figuras más representativas de su patria, representa el ideal caballeresco para Azorín: «Yo amo esa gran figura dolorosa que es nuestro ídolo y nuestro espejo» (Azorín, 1998: p. 80).

En realidad, si utiliza casi el mismo recorrido iniciático trazado por Cervantes, es sobre todo para vivir las andanzas caballerescas del héroe cervantino y de su escudero, porque Azorín ve en Don Quijote el reflejo de su época, la perfecta combinación entre el idealismo y la realidad. Don Quijote es un mito eterno y actual.

A través del recorrido quijotesco, Azorín efectúa al mismo tiempo su propia búsqueda. El viaje que realiza le permite también conocerse a sí mismo. Y esto conlleva tres momentos fundamentales, tres metamórfosis por las que pasa el autor. En realidad, cuando Azorín deja su ciudad en *La ruta de Don Quijote*, emprende el primer momento de su metamórfosis: la huida de sí mismo. Pasa después a una nueva etapa que corresponde a la búsqueda de sí mismo, una nueva fase que le permite ir a la conquista de la libertad para ser el propio dueño de sus reflexiones. El último momento de este cambio acaece cuando el ensayista adquiere una conciencia humana más lúcida, más aguda. Accede de este modo, a una cierta autonomía. El viaje le permite renacer. Es el mejor medio para exponer sus ideas existenciales, el destino de cada ser humano.

Tanto en su viaje como en su propia vida, Azorín se lanza a la aventura, sin saber el camino exacto que va a seguir. Sólo está seguro de querer seguir las huellas de Don Quijote en sus aventuras y las de Cervantes en su escritura creadora. El viaje se hace entonces una fuente de creatividad literaria. Más allá de sus objetivos descriptivos, los viajes le permiten retrazar el recorrido que hizo de él un escritor. Se asimila al Quijote, vive su destino, la escritura, que es la fuente de su propia «locura» o más bien su filosofía de la vida. De este modo, las fronteras entre el Quijote de Cervantes y las crónicas de viaje de Azorín se desvanecen. A partir de aquí, Azorín hace revivir al Quijote.

La visión que tiene Azorín de la historia y de los paisajes de España, sólo se puede entender teniendo en cuenta la melancolía y la nostalgia del autor. La Mancha es para Azorín un consuelo, un refugio donde se puede evadir y olvidar sus obsesiones frente al paso del tiempo y la fugacidad de la vida.

De ahí, pasa también a la búsqueda del sentido de la vida. En su primera crónica titulada «La partida», Azorín revela su estado de ánimo, impregnado de melancolía y de tristeza: «Yo tengo una profunda melancolía», dice el autor (Azorín, 1998: p. 78). Se plantea preguntas metafísicas que hacen entrever las angustias personales del autor. Vivir las peripecias quijotescas representa para él la mejor muestra del eterno retorno de la vida. *La ruta de Don Quijote* constituye entonces una reflexión muy profunda sobre el sentido de la vida y sobre la fugacidad del tiempo. Así pues, empieza Azorín su primera crónica, con una pregunta muy significativa en este sentido:

«La vida, ¿es una repetición monótona, inexorable, de las mismas cosas con distintas apariencias?» (Azorín, 1998: p. 77). Añade a continuación: «¿Nuestra vida no es como la del buen caballero errante que nació en uno de estos pueblos manchegos?» (Azorín, 1998: p. 80). Azorín sale en pos de respuestas para aliviar sus angustias. Está en pos de una realidad universal, eterna. La contemplación azoriniana de las tierras no sólo le permite conocerse a sí mismo, sino que le permite también desvelar el alma española, el alma intrahistórica que existe en el *Quijote*. De este modo, pone de relieve los pequeños eventos de la vida diaria, que aseguran la continuidad de la vida y que dan al autor cierta sensación de eternidad y de inmortalidad, una manera de fijar sus marcas y sus referencias.

2. El enfoque azoriniano a la ruta quijotesca

Ya en el primer ensayo de *La ruta de Don Quijote*, se perciben numerosos puntos en común entre el *Quijote* de Cervantes y la obra de Azorín. En el primer ensayo que cuenta la salida de Azorín hacia la aventura, numerosos elementos recuerdan la obra cervantina. La primera salida que efectúa Azorín de Argamasilla de Alba es muy parecida a la del Hidalgo de la Mancha. Empieza su visita a partir del pueblo que vio nacer a Don Quijote, aquel pueblo de cuyo nombre no quiso acordarse Cervantes. En efecto, en un diálogo entre él y doña Isabel, Azorín le dice que, como Don Quijote, él tampoco sabe a donde va, ni lo que va a hacer: el destino permanece incierto, sólo dice que va a los *pueblos*[2]: «Los pueblos son las ciudades y las pequeñas villas de la Mancha y las estepas castellanas que yo amo» (Azorín, 1998: p. 78). El viaje efectuado por Azorín es breve y el recorrido más reducido con respecto al que hizo Don Quijote. Pues no abarca toda la parte de Aragón y Barcelona.

Le interesa la historia de Argamasilla de Alba, habla de su población, su modo de vida, las plagas que la villa conoció. El periodista se traslada después a Puerto Lápice donde otorga un especial interés a su médico y a

---

2 La palabra está escrita en cursiva en *El Imparcial* y en *Biblioteca Renacimiento*, como si el autor quisiera poner de relieve la importancia de la provincia, de las pequeñas ciudades y de los pueblos siempre presentes en su literatura.

la venta. A continuación, se dirige hacia Ruidera, y más precisamente La cueva de Montesinos. El autor lleva a su lector a los molinos de Campo de Criptana, sigue después su itinerario para detenerse en El Toboso. En sus crónicas, deja escritas para siempre sus emociones y sensaciones a lo largo de su viaje.

Si se nota la ausencia de una figura sanchopancesca que acompañe al autor en su aventura, será porque la vemos sustituida por la presencia continua del lector quien desempeña un papel fundamental en la obra de Azorín, se convierte en el compañero más fiel de Azorín a lo largo del viaje. Cuando propone estudiar la psicología de Argamasilla de Alba, le invita de manera explícita: «Acércate, lector» (Azorín, 1998: p. 86) le incita para que se fije en «todos los detalles, todos los matices, todos los más insignificantes gestos y los movimientos más ligeros» (Azorín, 1998: p. 86). Comparte sus aventuras con su lector y le hace participar en sus traslados de un sitio a otro, de un pueblo a otro. Es una llamada al lector para que revisite los episodios cervantinos, pero sobre todo para que repiense la historia de España.

Lejos de ser una errancia solitaria y meditativa, ese viaje cargado en aventuras no sólo le permite a Azorín revalorizar y resaltar la belleza de España, sino que es también una ocasión idónea para establecer un contacto directo con la realidad física y humana de algunos pueblos de La Mancha. A través de esta ruta, Azorín busca el contacto directo con los españoles, con los paisajes, con los viejos pueblos, y sobre todo con el carácter español. Siente la necesidad de observar a los españoles, de acercase a ellos aún más, para sentirse incluso más español. Destacando la importancia de la provincia y de las comarcas, Azorín invita a la reconsideración del paisaje de España y de su gente. Pinta escenas de la vida diaria en sus crónicas. Se hace testigo de su época, de su cultura y de una cierta visión hacia el mundo. El autor saca sus personajes de la sombra a la luz del día, hace de aquellas «siluetas»[3] unos verdaderos actores de la historia.

Con gran sensibilidad estética, Azorín describe la atmósfera de los pueblos. Interpreta la realidad española. Describe un presente realista. Da una imagen fecunda de lo que llama «un pueblo andante» (Azorín, 1998: p. 87), porque, a pesar de todos los caos que conoció la villa de Argamasilla, todo el pueblo consiguió superar las dificultades.

---

3   «Siluetas de Argamasilla» es el título que Azorín da al capítulo VI de *La Ruta de Don Quijote*.

España despierta en él, muy rápidamente, un sentimiento patriótico. Se esfuerza entonces para entender y realzar el pasado nacional observando de cerca los pueblos, las ciudades, los paisajes, y la vida diaria de los españoles. Azorín sabe perfectamente que el presente está estrechadamente relacionado con el pasado, y que hay una continuidad entre pasado y presente. Azorín borra las fronteras entre lo real y lo ficticio. El mundo quijotesco se mezcla con el vivido por el autor. Pasado y presente forman una sola unidad, una manera de desafiar el tiempo. La comunión entre la obra cervantina y las crónicas azorinianas es total. El lector, se encuentra cara a cara con don Alonso Quijano.

3. La simbología de la ruta quijotesca

La ruta representa un lazo, un puente entre el pasado y el presente de España, asegura una cierta continuidad entre dos épocas muy distintas. Esta visión del presente a través del pasado, o esta reconsideración del pasado no es gratuita. Azorín penetra en cuerpo y alma en el espacio geográfico, en la sociedad y la cultura.

La ruta de Don Quijote, no es sólo una mera ruta literaria o paisajística, es mucho más, Azorín la reinterpreta desde un punto de vista político e «intrahistórico» —según la expresión de Miguel de Unamuno—, mucho más que geográfico. En efecto, va más allá de los caminos atravesados y de la realidad física y estética de los pueblos visitados para buscar lo que determina realmente al carácter español para extraer su esencia, la «vida inexorable y cotidiana» (Azorín, *La ruta*, 1998: p. 82). Los detalles mínimos que pueden parecer insignificantes y que suelen pasar inadvertidos, Azorín los realza, les da vida para encontrar de este modo la esencia de la historia de España.

Esta contemplación emocionante de los paisajes del interior de la Península le da la impresión de conocer su país, de manera íntima, afectiva, le ofrece la posibilidad de reflexionar sobre los medios de regeneración de su patria para que España salga del marasmo económico y social dentro del cual se encuentra. Medita sobre la situación caótica vivida en el pueblo que vio nacer a Don Quijote y se pregunta sobre su futuro:

> «Argamasilla es un pueblo enfermizo, fundado por una generación presa de una hiperestesia nerviosa. ¿Quiénes son los sucesores de esta generación? ¿Qué es lo que hacen?» (Azorín, *La ruta*, p. 90).

Proyectar un héroe mítico hacia otra época ofrece a Azorín la posibilidad de echar una nueva mirada a la sociedad, a los problemas que obstaculizan su funcionamiento y su desarrollo porque

> Don Quijote es un caballero que se ha consagrado a la justicia; su misión en el mundo es cumplir actos de abnegación y de justicia. […] Las empresas de Don Quijote implican inexcusablemente el meditar habitual (Azorín, *Con permiso*, 1948: p. 28).

Le permite también dar más énfasis a los cambios sufridos por España como lo subraya Elena Catena en su introducción a *Doña Inés* de Azorín: «…A Don Quijote, el audaz periodista lo utiliza como contraste de su contemporánea realidad, fea e hiriente» (Azorín, *Doña Inés*, 1999: p. 26). De esta forma, el recorrido metaforizado simbolizaría las distintas pruebas a las que se enfrentaron algunos pueblos españoles de la época.

El itinerario efectuado por el autor por estos caminos manchegos ofrece un testimonio vivo de la vida en las comarcas. Azorín resalta lo más hondo, lo impalpable y lo eterno de los pueblos descritos —el carácter de la gente, el ambiente, los paisajes, los pueblos, las calles, los monumentos históricos—. Azorín bosqueja los retratos de personajes que viven de manera dinámica, activa, de manera ordinaria. Habla de las ocupaciones y de las preocupaciones de todas las personas que cruzan su camino. Así, la realidad transmitida habla por sí misma y, muy a menudo, pone de relieve la dureza de la vida. Y Azorín, no vacila en denunciar el ambiente, la injusticia y la falta de medios de las ciudades visitadas, así como la pasividad, la monotonía, la soledad, la tristeza, la desesperación y la inacción de sus habitantes:

> El pueblo duerme en reposo denso, nadie hace nada; las tierras son apenas rasgadas por el arado celta; los huertos están abandonados; el Tomelloso, sin agua […] los jornaleros de este pueblo ganan dos reales menos que los de los pueblos cercanos» (Azorín, *La Ruta*, 1998: p. 157).

Tampoco vacila el autor en criticar las competencias de ciertos burócratas de su época: «los empleados de los ministerios no saben nunca nada de nada. Si supieran alguna cosa ¿estarían empleados en un ministerio?» (Azorín, *La Ruta*, 1998: p. 160).

4. La ruta del Quijote, el camino hacia la regeneración de España

Preocupado por el porvenir de su país, Azorín se dedica plenamente a conectar la vida física del Quijote con la realidad española, plantea el problema de España, se pregunta por las causas de la decadencia e intenta encontrar las soluciones apropiadas para salvar a su patria del letargo paralizador y de la pasividad en que se encontró tras la pérdida de las últimas colonias —Cuba, Puerto Rico y las Islas Filipinas— en 1898. Aquella España era a la imagen de Don Quijote: «Cada heroica tentativa, en Don *Quijote*, va seguida de un heroico fracaso. Y al fin, viene en Cervantes y en Don *Quijote* la desilusión suprema» (Azorín, *Con permiso de los cervantistas*: p. 78), lo mismo se puede decir de España tras la pérdida de sus últimas colonias. Por eso, concienciar a los españoles era imprescindible para él.

Azorín piensa tener, como Don Quijote, una misión en la tierra, una misión salvadora, y es justamente este viaje lo que le brinda la ocasión de realizarla: «Usted no quiere creer que yo tengo que realizar una misión sobre la tierra», dice Azorín a doña Isabel antes de emprender su salida (Azorín, *La Ruta de Don Quijote*, 1998: p. 78). Busca el origen profundo de los problemas de la España de su época; busca en el pasado la explicación de los males de la sociedad española de su tiempo.

Medita, a partir de los lugares visitados por Don Quijote, justamente para encontrar las soluciones a los males del presente. Se propone guiar a sus lectores ofreciéndoles un itinerario ampliamente descrito. Además, inmortaliza en su literatura a las comarcas que recorre, animando al descubrimiento de las tierras de España. Eso constituye, según él, un deber patriótico que fomenta el amor a la patria. Propone ver el paisaje español de manera distinta.

Cargados de mensajes, sus escritos traducen perfectamente una profunda preocupación por las dificultades que obstaculizan el desarrollo de España y un anhelo de cambiar las cosas. Tampoco olvida Azorín denunciar la situación precaria y la miseria de los habitantes de las ciudades visitadas. Da la imagen de un país en decadencia incapaz de escapar de su miseria. Critica la injusticia de algunos pueblos con respecto a las grandes ciudades. Denuncia la alienación social bajo todas las formas.

Busca en el pasado el origen profundo de los problemas de la España de su época y las causas de los males de la sociedad de su tiempo. La necesidad de reformar el país se hacía cada vez más intensa, y es a partir del interior, a partir de las tierras manchegas que la regeneración del país es posible. Azorín ve en su viaje una lucha por sus ideales, muy probablemente por sus ideales patrióticos: «...nuestro vivir, como el de don Alonso Quijano, *el Bueno*, es un combate inacabable, sin premio, por ideales que no veremos realizados...» (Azorín, *La Ruta de Don Quijote*, 1998: p. 80). Y, es justamente en aquella ideología que el autor encuentra la solución para regenerar España.

De este modo, termina Azorín sus crónicas realzando los valores quijotescos —el amor al ideal, el ensueño, la ingenuidad, la ilusión, la audacia, la confianza en sí—, valores imprescindibles «para la realización de todas las grandes y generosas empresas humanas y sin las cuales los pueblos y los individuos fatalmente van a la decadencia...» (Azorín, *La Ruta*, 1998: p. 158).

Para concluir podemos ver cómo un mero viaje por las tierras de España ha resucitado todo un mito. El viaje de Azorín adquiere una potencia extraordinaria e incluso se convierte en un arma regeneradora para toda una patria porque el itinerario quijotesco es una ilustración perfecta de la esencia española y de la identidad española que el cronista intenta exaltar en su ruta. La obra es también una llamada explícita para que los españoles se motiven y tengan el valor necesario para afrontar los obstáculos, y sobre todo, para que se impregnen, a su vez, de un espíritu heroico y caballeresco. Don Quijote, encarnación de los ideales y de los valores caballerescos, representa un refugio en época de crisis. No ha perdido su vigencia, ni la perderá nunca, la va a conservar porque es un símbolo vivo, es toda una filosofía, representa al pueblo español en su esencia más absoluta. El espíritu quijotesco no se puede agotar.

La vigencia del Quijote en España es cíclica en épocas de crisis. El caballero andante que ha llevado una vida jalonada de dificultades y de esperanzas frustradas, se ha convertido en un mito para más de una generación: para los miembros de la Generación del 98 como Azorín, Baroja, Miguel de Unamuno, Ramiro de Maeztu (Pedro Laín Entralgo, 1997) o también para algunos autores de la Generación del 27 como es el caso de Jorge Guillén, José Bergamín, Max Aub y muchos autores más (Jenaro Talens, 2005). Incluso ahora, en esta época de crisis, se evoca en España la pérdida de los valores quijotescos que habían salvado a los españoles. La obra quijotesca trasciende el tiempo y siempre resurge en épocas grises, en tiempos de crísis de identidad. El constante interés por esta obra intemporal y por la famosa ruta quijotesca que forman parte del legado literario y cultural español y que pueden reinterpretarse constantemente de distintas maneras, no es vano.

Referencias bibliográficas

ABELLÁN, José Luis (1997) *Sociología del noventa y ocho, un acercamiento a su significado*, Madrid, Biblioteca Nueva.
AZORÍN (1905) *La ruta de Don Quijote,* introducción de José María Martínez Cachero, Madrid, Cátedra, (1998).
—, (1948) *Con permiso de los cervantistas*, Madrid, Biblioteca Nueva.
—, (1925) *Doña Inés*, introducción de Elena Catena, Madrid, Clásicos castalia.
BARGA, Corpus, prólogo de TALENS Jenaro (2005) *La Generación del 27 visita a Don Quijote*, Visor Libros, Biblioteca cervantina, n°4, Madrid, (IV centenario del Quijote).
GÓMEZ-FLORES, Andrés (2005) *Territorio Quijote: una peregrinación a la Mancha* (*Ensayos sobre la Ruta de Azorín*), Albacete, El sur.
INTXAUSTI, A., «La Ruta de Don Quijote, itinerario cultural europeo», *El país*, Madrid, 06/03/2007, <www.elpais.com>.
LAÍN ENTRALGO, Pedro (1997) *La Generación del 98*, Madrid, Espasa Calpe, S.A., colección Austral.
LINEROS QUINTERO, Rocío, «Castilla», Azorín, <www.contraclave.org/literatura/castilla.pdf>.
PAYÁ BERNABÉ, José (2005) *La ruta de Don Quijote de Azorín*, Universidad de Castilla la Mancha, Centro de Estudios de Castilla-la Mancha, Elche, Artelibros.
Regulación de la Ruta de Don Quijote, ley 7/2006, de 20 de diciembre, de ordenación de la Ruta de Don Quijote, <http://www.viasverdes.com/pdf/semmma07/eliseo_gomez_jcclm.pdf>.
SÁNCHEZ, Alberto (1999) *Don Quijote, ciudadano del mundo y otros ensayos cervantinos,* Valencia, Debats 7.
VELASCO LIZCANO Mariano (2004) *«La ruta de Don Quijote... y Azorín»*, *TESELA*: Cuadernos mínimos – Patronato Municipal de Cultura de Alcázar de San Juan, n°12.

Viaje al país de Carmencita: creación novelesca y reescritura mítica en *La mujer y el pelele* de Pierre Louÿs

Carmen Camero Pérez

> «Le hago saber que Louÿs se ha marchado al país de las morenas de ágiles caderas (¡encantadora expresión!), de las Carmencitas.» (Goujon y Camero, 1984: p. 21).

Con estas palabras, André Lebey anunciaba a Jean de Tinan, en una carta fechada el 2 de enero de 1895, la partida de Pierre Louÿs a Sevilla. El escritor tenía entonces 25 años, acababa de publicar *Les Chansons de Bilitis* y gracias a la herencia paterna, sobrevenida en 1890, podía hacer realidad sus proyectos de viaje. En compañía de su amigo Herold, Louÿs se instala en efecto en Sevilla, permaneciendo en la ciudad andaluza durante tres meses. Viaje pues de iniciación al espacio mítico y voluptuoso de una Sevilla que cautiva al joven Louÿs, hasta el punto de llevarlo a volver de nuevo a ella en dos ocasiones: la primera, entre agosto y septiembre de 1896, y la segunda, ocho años más tarde.

De estos viajes, darán buena cuenta tanto el diario de *Voyage en Espagne*, como la inmensa correspondencia que el escritor mantuvo con amigos como Claude Debussy y, particularmente, con su hermano Georges Louis. En unos textos salpicados de anécdotas, curiosidades y confesiones, Louÿs da a conocer sus impresiones de viajero por Sevilla y Andalucía, mostrando hasta qué punto la imagen de Carmen, la de Mérimée, pero también, y sobre todo, la de la ópera de Bizet, ocupaban su mente y su espíritu, modulando la visión de una realidad convertida en espacio de ensoñación y creación poética. La carta a su querido hermano Georges, del 11 de enero de 1895, nos muestra ya a un Louÿs feliz de encontrarse en un lugar y entre unas gentes, que no vienen sino a confirmar esa mítica imagen que se mantenía, muy viva, en la mente del escritor:

> Séville, c'est le paradis. Un ciel de juin, des palmiers, des orangers, tout le monde sans manteau et les chambres sans feu. Je te communique ma stupéfaction de voir à quel point les Espagnols ressemblent aux gravures 1830 ou aux costumes de Carmen (Goujon, 2002: p. 141-142).

Durante su primera estancia, Louÿs parece en efecto recorrer Sevilla tras los pasos de Carmen, su visita a la plaza de toros y a Las Sierpes, así como la llegada a la calle de Candilejo, son ciertamente buenos ejemplos de un peregrinaje literario, dominado por la imagen de una ficción, que se funde con la misma realidad. Louÿs confiesa en su Diario que «quería ver la plaza de toros para compararla con el decorado de Carmen [...]», recuerda a su amigo Herold, en sus numerosos paseos por la calle de las Sierpes, que fue precisamente allí «donde José dejó huir a Carmen cuando la llevaban a la prisión» (Goujon y Camero, 1984: p. 67), sin olvidar esa calle de Candilejo, a la que «Carmen lleva a Don José para entregarse con él a ejercicios bien conocidos» (*Ibíd.*: p. 107).

Louÿs, que se declaraba amante de los cigarrillos, la lengua española, los baños calientes, los pueblos del sur, las largas siestas y, por supuesto, de las mujeres (*Cfr.* Goujon, 1988: p. 9), no tardará en encontrar a sus Carmencitas entre las anónimas y admirables paseantes de la calle, las extraordinarias trabajadoras de la fábrica de tabaco y de La Cartuja, o en esas adolescentes bailaoras del tablao del Burrero, Paca y Lola, con las que pronto entablará estrechas relaciones. Todas estas mujeres vinieron a poblar el universo amoroso del viajero fascinado por la mítica ciudad.

Volverá a ella, como ya indicábamos, al año siguiente, entre agosto y septiembre, sin que el paso del tiempo, ni la canícula sevillana, modificaran su sincero amor por este espacio andaluz: «Mais quelle ville charmante, et libre, et gaie! —escribe a Georges, el 2 de septiembre—. Quelle belle langue, quel beau soleil et quelles belles femmes» (Goujon y Camero, 1984: p. 154). Louÿs aprovechará además este segundo viaje para ampliar horizontes, mediante sus desplazamientos a otras ciudades como Cádiz y Jerez. La visita a esta última constituirá un maravilloso descubrimiento para el escritor, que se dice incluso dispuesto a dar por Jerez hasta un rinconcito de su querida Sevilla:

> Cuando me fui a Cádiz —escribe Louÿs a su hermano Georges, el 14 de septiembre— me paré dos días en Jerez (Xerès). ¡Hice perfectamente! Es una de las ciudades que quiero guardar en mi recuerdo. Por ella daría dos Cádiz, ciento veinticinco Málagas, y casi un rinconcito de Sevilla. Imagínate, en una llanura muy ondulada, que en primavera debe estar verde, pero que en este mes es un Sahara, una ciudad enteramente blanca, pero blanca a más no poder, más blanca que Argel, incandescente. (Como sabes, Cádiz es de color pardo y Sevilla, rosa y verde). Se nota que las casas han dudado durante mucho tiempo entre la planta baja y el primer piso, pero han terminado decidiéndose por el bajo.

> Las calles son amplias como avenidas o estrechas como corredores. En las plazas hay palmeras muy altas, por todas partes se ven bodegas y cavas. Sería como Epernay bajo las Pirámides[1], ¿te lo imaginas? He leído allí, cerca del cuartel, escrito por un soldado, que si se quieren conocer mujeres de verdad, no hay que ir a Córdoba ni a Cádiz ni a otro lugar, sino ir a ver a las jerezanitas.
>
> Creo que tiene razón [...] (Goujon, y Camero, 1984: p. 167)

Esta segunda estancia de Louÿs en Sevilla resulta de capital importancia en la vida literaria del escritor, puesto que es entonces cuando comienza la redacción de su célebre relato *La Femme et le Pantin (La Mujer y el Pelele)*, el mejor testimonio de su admiración por Sevilla y, probablemente, la obra más lograda de Louÿs. Entre el 1 y el 6 de septiembre de 1896, escribe un tercio, redactando el resto en El Cairo, entre el 23 de marzo y el 5 de abril de 1989, es decir dos años de gestación y veinte días de redacción para un libro en el que, según palabras de uno de sus secretarios, R. Cardinne-Petit, Louÿs pensaba muy a menudo:

> Pensaba muchas veces en el libro que podía obtener acerca del carácter de la mujer, considerado desde el punto de vista de Carmen, pero de una Carmen más sutil, más inteligente, más atrozmente mujer. Pues en Carmen (de Mérimée), a menudo es la bestia humana la que actúa (Goujon, y Camero, 1984: p. 19).

Sabemos igualmente por el mismo Cardinne-Petit (1942: p. 50) que el escritor encontró el tema de su relato mientras escuchaba la famosa aria de Bizet «Bajo las murallas de Sevilla».

Es importante señalar, por otra parte, la estrecha relación que, en el caso de Louÿs, se establece entre la creación literaria y el viaje, hasta tal punto que cada una de sus obras aparece estrechamente ligada a sus diversos viajes. *Les Chansons de Bilitis* (1895) surgen tras su primer viaje a Argelia; *Aphrodite* (1896) reparte su redacción entre Saint-Enogat y l'Ardèche, *Les aventures du roi Pausole* (1900) serán escritas después de una estancia veraniega en Italia, mientras que la redacción de *Sanguines* (1903) se llevará a cabo una parte en El Cairo y otra en Biarritz. Una carta inédita de Louÿs a su hermano Georges, del 14 de julio de 1905[2], nos permite contar con un revelador testimonio a este respecto:

---

[1] Pueblo de Champagne de donde procedía la familia de Louÿs.
[2] Colección particular de J.-P. Goujon.

> [...] depuis quatre ans que je ne voyage plus, je ne fais plus rien, il n'est pas possible que je n'attribue à ma vie sédentaire une bonne part de mon impuissance.
>
> [...] je ne puis imaginer mes livres que dans des conditions toutes particulières. Il me faut en effet, comme tu me le dis, le silence autour de moi et la paix matérielle. Il me faut surtout ce que j'appelle d'un mot le voyage, c'est-à-dire le changement d'air, de milieu, de vision ; mais cela il me l'a toujours fallu.
>
> Depuis six semaines j'essaie d'écrire avec mes quatre ans de Paris qui pèsent sur moi et je n'arrive à rien, rien, rien.

El viaje parece pues convertirse en una verdadera necesidad para la imaginación del escritor, que lejos de limitarse a buscar en los nuevos lugares una simple fuente de documentación realista, los integra en su propio imaginario, del que surgirá una creación personal marcada por el conflicto entre el sueño y la realidad. Podemos en efecto afirmar que *La femme et le pantin* no es ni un relato de viaje, ni una novela típicamente costumbrista o exótica, sino una expresión más de la mitología amorosa de Louÿs, en la que se mezclan el mito de Carmen, las vivencias personales, los recuerdos de sus viajes y sus lecturas literarias. En este sentido, conviene recordar que, durante su primera estancia en Sevilla, Louÿs llevaba consigo las Memorias de Casanova, en las que, como se sabe, el célebre seductor relata su trágica aventura con la Charpillon, una jovencita de 18 años, que juega con el deseo de su amante, lo provoca y lo domina, haciendo de él un simple juguete de su caprichosa voluntad.[3] La experiencia, como veremos, no dista mucho de la vivida por el protagonista de *La femme et le pantin*.

Louÿs dedicará *La femme et le pantin* a uno de sus amigos más fieles, André Lebey que, como señala J.-P. Goujon en su excelente biografía del escritor (1988: p. 205), había vivido, entre 1896-97, una tumultuosa relación con una tal Stella, a la que había conocido en el barrio latino y que se complacía en humillar y esclavizar a su amante. Pero Lebey probablemente no sea la única persona real, cuyas vivencias inspiran la historia de ficción. J.-P. Goujon (*Ibíd.*) nos recuerda, en efecto, que la relación del propio Louÿs con su amante de Argel, Zohra bent Brahim, así como la atracción que sentía por Marie de Heredia, la esposa de Henri de Régnier, recuerdan igualmente, en ciertos aspectos, la tragedia amorosa de D. Mateo y Concha Pérez, en *La femme et le pantin*.

---

3   Este episodio no deja de recordar al relatado por Barbey d'Aurevilly en «Le plus bel amour de Don Juan», nouvelle de *Les Diaboliques*, en la que el burlador se ve también sorprendentemente burlado por una astuta jovencita.

El resumen de la intriga, que a continuación referimos[4], pone ya de manifiesto la esclavitud a la que D. Mateo se verá sometido, víctima de su enorme deseo por poseer a esta mujer:

> André Stévenol, un francés de paso en Sevilla, encuentra durante el carnaval a una mujer misteriosa, que responde a su rápida declaración de amor. Al descubrir el nombre de esta mujer, confía su aventura a un amigo español, Don Mateo Díaz, quien le revela haber sido el amante de esta Concha Pérez, a la que había conocido casualmente durante un viaje en tren. Después de haberla perdido de vista, la había vuelto a encontrar en Sevilla y se había enamorado de ella. En un continuo juego de caprichos, traiciones y crueldades, Concha había conseguido hacer de él un pelele, sin darle nada a cambio. Sólo después de una reacción violenta por su parte, ella se había entregado a él, haciéndole, no obstante, la existencia imposible y obligándolo a huir. D. Mateo aconseja a su amigo André que evite a toda costa a esta mujer, pero su propio relato ha reavivado su antigua pasión y, poco después, escribirá a Concha pidiéndole perdón.

El título del relato, claramente significativo y diferente del elegido por Mérimée para su célebre *Carmen*, resume en sí mismo la temática de la obra, otorgando a cada uno de los personajes sus funciones esenciales. Concha, figuración de Carmen, representa a la mujer poderosa y fuerte, que convertirá a D. Mateo en un verdadero pelele, sometido a sus encantos y veleidades. La intertextualidad juega igualmente un papel importante en la significación de este título, por el que Louÿs se decidió finalmente, después de haber barajado la posibilidad de designar su obra «La andaluza» o «La mozita». Podemos ver que en ambos casos se privilegia a la figura femenina, subrayando, en el primer caso, un tipo determinado de feminidad, no exento de cierto exotismo para la época, mientras que en el segundo, se insiste en la juventud y virginidad de la seductora protagonista. Sin embargo, el recuerdo del «Pelele», cuadro de Goya, que el escritor había visto en su visita al museo del Prado, permitió a Louÿs la elección definitiva de un título muy acertado, en el que se integran los dos personajes de la historia y su particular relación. El mismo D. Mateo, consciente de su esclavitud, será el encargado de describir el lienzo en estos términos:

> Connaissez-vous, au musée de Madrid, une singulière toile de Goya, la première à gauche en entrant dans la salle du dernier étage ? Quatre femmes en jupe espagnole,

---

4 Tomamos el resumen del libro de G. Mirandola sobre Louÿs (1974: p. 188). La traducción es nuestra.

sur une pelouse de jardin, tendent un châle par les quatre bouts, et y font sauter en riant un pantin grand comme un homme... (Louÿs, P., 1990 : p. 123).

El ambiente de alegría y divertimento evocado por el pintor contrasta con la dolorosa y sombría figura del maltratado pelele, estableciendo un significativo juego de luces y sombras, que Louÿs traspone también en su relato, introduciendo un punto oscuro en el paisaje de la jovial, soleada y luminosa Sevilla. La intertextualidad pictórica viene así a unirse a los intertextos literarios antes citados, en un trabajo de reescritura y recreación literaria personal.

Para la trasposición del mito de Carmen, Louÿs decidió adaptar su texto al género de la «nouvelle», optando pues por una poética de la brevedad, cuyo estilo denso y conciso, exento de digresiones o largas descripciones, confieren el dinamismo y la eficacia necesaria a una historia, concebida como una perfecta tragedia: una exposición, cinco actos y un inesperado final abierto. Louÿs sorprende con él al lector, al tiempo que lo invita a imaginar la continuación de la historia narrada. Si con este tipo de desenlace, nuestro autor avanza un final característico del relato breve del siglo XX, en la elección de la técnica narrativa se mantiene, sin embargo, fiel a las características propias del género en sus orígenes, a la que volverán con frecuencia también los «nouvellistes» de su época. Nos referimos al relato enmarcado, presente ya en *Les Cents nouvelles nouvelles*, de autor desconocido, o en el *Heptaméron* de Margueritte de Navarre, y que el propio Mérimée utiliza en su *Carmen*. En el marco de un primer relato, destinado a presentar a los personajes, la acción y el decorado, se inscribe un segundo relato, asumido por uno de estos personajes que, convertido en narrador y actor, cuenta su propia historia. Así, en Mérimée, D. José narra su aventura a un viajero francés, al igual que en Louÿs, D. Mateo cuenta la suya al también viajero y francés, André Stevenol. No obstante, como bien señala Michel Delon (en Louÿs, P., 1990: p. 13), la objetividad que, en el caso de Mérimée, existe entre el relato marco y el enmarcado, desaparece en Louÿs, al hacer que André y D. Mateo compartan el mismo amor por Concha. El recurso a esta técnica narrativa otorga, por otra parte, a la narración un marcado tono oral, muy presente en *La femme et le pantin*, donde se crea una verdadera situación dialógica entre el narrador-locutor y su narratario-auditor, al que el primero se dirige explícitamente con la clara intención de mantener su atención y obtener su acuerdo y conformidad. La voz de D. Mateo, autorizada no sólo por la historia vivida con Concha, sino también por su larga experiencia en amores, pretende que su meta-relato, a la manera del más puro cuento tradicional, sea edificante y ejemplar, capaz de disuadir al francés de sus intenciones de estrechar relaciones con esa misteriosa y diabólica mujer:

> N'avancez plus, retournez sur vos pas, oubliez qui vous avez vu, qui vous a parlé, qui vous a écrit ! Si vous connaissez la paix, les nuits calmes, la vie insouciante, tout ce que nous appelons le bonheur, n'approchez pas Concha Perez ! (p. 52)

La polifonía enunciativa, inherente a la técnica del encuadre, introduce una dualidad de puntos de vista, estableciendo un marcado contraste entre la visión de André que, cautivado por la magia de un primer y fortuito encuentro, ve en Concha la imagen misma de la felicidad, y la de D. Mateo que, sabedor de las angustias y sufrimientos que esta mujer acarrea, no puede sino ver en ella la encarnación misma de la desgracia, la «PIRE des femmes de la terre» (p. 51).

La representación del espacio, cargado de valores simbólicos, vendrá, por otra parte, a prolongar la perspectiva de cada uno de los personajes. La Sevilla del viajero francés aparece así como un espacio mítico casi paradisíaco, asociado a la vida y la felicidad, un espacio que despierta los sentidos del joven André.

> Sur la place même, des orangers étaient chargés de fruits, des fontaines coulaient, des jeunes filles riaient en tenant des deux mains le bord de leur châle comme les femmes arabes ferment leur haïck. Et de toutes parts, des coins de la place, du milieu de la chaussée, du fond des ruelles étroites, les sonnettes des mules tintaient.
>
> André n'imaginait pas qu'on pût vivre ailleurs qu'à Séville (p. 44).

A este espacio exterior cargado de valores positivos, se opone la Sevilla de D. Mateo, asociada más bien a lugares interiores, silenciosos y sombríos, como esa calle de Lucena, en la que se encuentra la casa palacio que el desesperado enamorado ofrece a su virginal Conchita:

> Je choisis pour elle un palacio dans la calle de Lucena, devant la paroisse San Isidoro. C'est un quartier silencieux, presque désert en été, mais frais et plein d'ombre. Je la voyais heureuse dans cette rue mauve et jaune, non loin de la calle Candilejo, où votre Carmen reçut Don José (p. 124).

La referencia explícita al relato de Mérimée, intertexto literario, que a modo de duplicación interior parece por fin anunciar la realización del deseo de D. Mateo, será sin embargo traicionada por Louÿs, que convierte esta casa en un impenetrable lugar, al que el enamorado tiene negado el acceso. El palacio de Lucena, símbolo espacial de la misma Concha se revela, como ella, oscuro, secreto y misterioso, alejado de la realidad exterior por esa reja, terrible guardián del universo femenino, que seduce y atrae, dejando ver, pero sin permitir penetrar:

> J'arrive : la grille était fermée aux barres.
> Je sonne : après quelques instants, Concha descend, et me sourit. Elle portait une jupe toute rose, un petit châle couleur de crème et deux grosses fleurs rouges aux cheveux.
> A la vive clarté de la nuit, je voyais chacun de ses traits.
> Elle approcha de la grille, toujours souriante et sans hâte :
> « Baissez mes mains », me dit-elle.
> La grille demeurait fermée.
> « A présent, baissez le bas de ma jupe, et le bout de mon pied sous la mule »
> Sa voix était comme radieuse.
> Elle reprit :
> « C'est bien. Maintenant, allez-vous-en » (p. 125).

Este episodio, momento culminante de la tragedia amorosa de D. Mateo, revela el verdadero ser de esta mujer, que se oculta bajo una pretendida virginidad viciosa y cruel. Son muy numerosas las ocasiones en las que el relato de D. Mateo alude a la naturaleza perniciosa de Concha, trazando gradualmente los rasgos de un doble y ambiguo retrato, en el que las luces de los encantos físicos, esconden las sombras de los horrores del alma. Concha es la imagen misma de la mujer que seduce para luego rechazar —D. Mateo hablará de «Son obstination à (le) me séduire et à (le) me repousser» (p. 94)—; es impenetrable, como lo son algunas mujeres-esfinges de *Las Diabólicas* de Barbey d'Aurevilly: «Que pensait-elle? Qu'attendait-elle de moi? C'eût été peine perdue que de lire dans son regard» (p. 111); su voluptuosidad no es la de la carne, sino claramente la del mal: «...êtres exquis et féroces pour qui la volupté du mal surpasse presque celle de la chair» (p. 115). Todos estos rasgos vienen a integrar a la Concha de Louÿs en ese gran cortejo de mujeres fatales que a lo largo del siglo XIX puebla la literatura y la pintura de la época. De todas ellas, la figura de Salomé es muy probablemente la que más sedujo a los artistas de la época, S. Mallarmé, G. Flaubert, J.-K. Huysmans o J. Laforgue, en el ámbito literario francés y G. Moreau, sin duda, en el pictórico, dan sobrado testimonio del interés provocado por la fatídica adolescente, causante, como se sabe, de la muerte de Juan el Bautista. El arte de la seducción de Salomé reside en el poder de su danza, arte del deseo, que la Conchita de Louÿs erige, igualmente, en símbolo de pulsión sexual. Su baile, el flamenco, con su cabalístico lenguaje corporal y gestual, se erige como elemento crucial de una narración marcada por la fatalidad y la pasión destructora. Louÿs que, como ya hemos indicado, había sido visitante asiduo del tablao flamenco del Burrero, erotiza su texto con varias escenas de baile, a las que D. Mateo asiste y que tienen lugar en ese oasis de casas en el mar, que era para el escritor la ciudad de Cádiz. En su primera aparición, Concha baila ante un nutrido grupo de pescadores, marineros y algunos extranjeros, pero no son éstos más que puros elementos decorativos, que vienen a poblar un espacio, del que D. Mateo, a pesar de su presencia, se ausenta, para entrar en ese otro mundo, el más allá trascendente del flamenco, del que Concha surge como si se tratara de una aparición:

> Dès que je la vis, je me mis à trembler. Je devais être pâle comme la terre ; je n'avais plus ni souffle, ni force. Le premier banc, près de la porte, fut celui où je m'assis, et, les coudes sur la table, je la contemplais de loin comme une ressuscitée.
>
> Elle dansait toujours, haletante, échauffée, la face pourpre et les seins fous, en secouant à chaque main des castagnettes assourdissantes. (p. 103)

Esta primera escena de baile, en la que, como vemos, se expresa ya la fuerza sensual y seductora de la danza, anuncia la segunda aparición de Concha, encarnación misma del secreto embrujo del flamenco. El baile, esta vez, pasa de lo público a lo privado, de la nutrida sala de antes, al pequeño reservado de un patio interior, en el que Concha baila desnuda ante los ojos de dos ingleses y del propio D. Mateo, que ve en ese cuadro una «escena de infierno», es decir a una Concha que, poseedora de poderes diabólicos, lo arrastrará a su terrible perdición:

> Hélas ! Mon Dieu ! Jamais je ne l'ai vue si belle ! Il ne s'agissait plus de ses yeux ni de ses doigts : tout son corps était expressif comme un visage, plus qu'un visage, et sa tête enveloppée de cheveux se couchait sur l'épaule comme une chose inutile. Il y avait des sourires dans le pli de sa hanche, des rougissements de joue au tournant de ses flancs ; sa poitrine semblait regarder en avant par deux grands yeux fixes et noirs. Jamais je ne l'ai vue si belle […] (p. 113).

Eliminando lo folclórico y lo accesorio, el baile de Concha, como la danza de Salomé bailando ante Herodes, habla de poderes terribles, encarnando la belleza del mal en una constelación de motivos que nos remiten al imaginario de la mujer fatal, sensual, provocadora, fuerte y libre. En efecto, la mocita Concha, se encargará de afirmar esta libertad a un D. Mateo, que inútilmente pretende poseerla y robarle su virginidad: «La guitare est à moi, j'en joue à qui me plaît!» (p. 128). En una clarísima alusión al total dominio de su cuerpo, estas palabras pronunciadas por Concha, hablan también de los lazos que la unen al cante, arte igualmente seductor, muy presente en el relato y al que a menudo esta andaluza recurre como medio de comunicación privilegiado. Concha sabe que la copla, como el canto de las sirenas, es capaz de expresar, transmitir y provocar los sentimientos más hondos y las pasiones más feroces. Así, cuando al iniciarse el relato de D. Mateo, Concha aparece por primera vez, lo hace en el tren que la lleva de Ávila a Madrid, cantando coplas llenas de pasión para rivalizar con una gitana, que baila flamenco en el mismo compartimento y acapara la atención de todos los presentes. De todos, excepto de D. Mateo, que se fija en la joven que canta en su rincón, con los ojos cerrados y la voz penetrante:

> [...] je remarquai dans un coin, en face de moi, une petite fille qui chantait.
>
> Celle-ci avait un jupon rose, ce qui me fit deviner aisément qu'elle était de race andalouse, car les Castillanes préfèrent les couleurs sombres, le noir français ou le brun allemand. Ses épaules et sa poitrine naissantes disparaissaient sous un châle crème, et, pour se protéger du froid, elle avait autour du visage un foulard blanc qui se terminait par deux longues cornes en arrière. (p. 58)

Si los diabólicos rojo y negro definen a la Carmen de Mérimée, la protagonista de Louÿs se vestirá, sin embargo, con colores claros, rosa, crema y blanco. Colores que bien podrían simbolizar la virginidad de la mocita, a la que antes aludíamos, pero que permiten igualmente ubicar a Concha en la luminosa y clara Andalucía y más concretamente en Sevilla. En efecto, la coloreada descripción de esta ciudad, que Louÿs se complace en ofrecernos en su relato, comparte los mismos colores pálidos de Concha, las casas, por ejemplo, son de color crema, rosa, verde agua, anaranjado o violeta pálido (*cfr.* p. 44), colores de calma y bienestar, que vendrán a oponerse al terrible color pardo de las calles de Cádiz y al blanco cegador de Jerez (*cfr.* p. 44)

El segundo e igualmente fortuito encuentro de D. Mateo con Concha tendrá lugar precisamente en Sevilla, en el espacio simbólico de la fábrica de tabaco, universo femenino, poblado de cigarreras, que Louÿs transforma en inmenso harem, en un espacio erótico, sobre el que se proyecta la fascinación y el miedo hacia la mujer:

> Une après-midi par désœuvrement, j'entrai à La Fábrica. [...] J'entrai et j'entrai seul, ce qui est une faveur, car vous savez que les visiteurs sont conduits par une surveillante dans ce harem immense de quatre mille huit cent femmes, si libres de tenue et de propos. [...] Je les regardais curieusement et leur nudité se conciliant mal avec le sentiment d'un travail pénible, je croyais voir toutes ces mains actives se fabriquer à la hâte d'innombrables petits amants en feuille de tabac (pp. 66-67).

La visita a la Fábrica de tabaco introduce en el relato toda una reflexión sobre la condición social de estas trabajadoras y su difícil situación económica. Convertida en cigarrera, Concha ilustra bien el caso de este tipo de mujer que intenta escapar de la explotación y pobreza a las que se ve sometida. Reconociendo a D. Mateo, no duda en llamar su atención, pidiéndole una moneda a cambio de una seguidilla: «Donnez-moi aussi une piécette, caballero, et je vous chanterai une séguidille que vous ne connaissez pas». D. Mateo, que responde generosamente a la petición de Concha, sin pedirle nada a cambio, no podrá sin embargo escapar al deseo de la joven, que insistirá en ofrecerle su copla. Su cante, íntimo y melodioso, actúa como arma embrujadora, que acaricia el oído de D. Mateo, susurrándole las palabras que él mismo debería pronunciar:

> – [...] Vous avez été gentil pour moi; mais vous n'avez pas voulu de ma chanson, c'est mal. Aussi pour vous punir, c'est vous qui allez m'en dire une.
> – Cela, non.
> – Si, je vais vous la souffler.
> Elle se pencha à mon oreille:
> «¿Hay quien nos escuche? – No
> – ¿Quieres que te diga? – Di
> – ¿Tienes otro amante? – No
> – ¿Quieres que lo sea? – Sí» (pp. 71-72).

La magia de esta voz arrulladora, que habla de deseo y disponibilidad, no es, como ya sabemos, más que el preludio de la tragedia de este hombre, convertido en pelele por una nueva Carmencita que, si bien remite al imaginario universal y al arquetipo de la mujer fatal, no deja de ser por ello una creación singular de Louys. Nada mejor que las palabras de Paul Valéry, que a continuación citamos, para señalar la eficacia del relato de un Louÿs capaz de pintar, en un trabajo de reescritura y trasposición, el juego desnudo de las pasiones:

> L'absence radicale d'ennui, ce parti-pris de danses, passion, revirements mêlés, le manque de paroles inutiles et de temps pour les subir, c'est une espèce de genre

neuf, un être dramatique tout nerfs et muscles. (Lettre inédite à Louÿs, décembre 1910, en Goujon y Camero, 1984 : p. 48).

Como ya señalara Blasco Ibáñez en 1924, en su prólogo a la traducción española de *La Femme et le Pantin,* Pierre Louÿs fue capaz de pintar a la perfección paisajes, costumbres y caracteres, consiguiendo dar también, a los mitos de Carmen y de Sevilla, una nueva dimensión fundamental de la violencia y del sufrimiento, del deseo y de la esclavitud.

Referencias bibliográficas

BLASCO IBÁNEZ, V. (1924) Prólogo a *La mujer y el muñeco* de P. Louÿs. Valencia, Prometeo.
CARDINNE-PETIT, Robert (1942) *Pierre Louÿs intime.* Paris, Jean-Renard.
GOUJON, Jean-Paul y CAMERO, Carmen (1984) *Pierre Louÿs y Andalucía. Cartas inéditas y fragmentos.* Sevilla, Alfar.
GOUJON, Jean-Paul (1988) *Pierre Louÿs, une vie secrète.* Paris, Seghers/Jean-Jacques Pauvert.
—, (2002) *Pierre Louÿs, mille lettres inédites (1890-1917).* Paris, Fayard.
HIRE, Jean de la (1979) *Mémoires inédits sur Pierre Louÿs.* Les amis de Pierre Louÿs.
LOUYS, Pierre (1898) *La Femme et le Pantin.* Préface de M. Delon, Paris, Gallimard (1990).
MIRANDOLA, Giorgio (1974) *Pierre Louÿs.* Milan, Mursia.

Literatura inglesa de viajes y su traducción al español: (algunos) problemas y (posibles) soluciones

Agustín Coletes Blanco

Introducción

El objetivo de este trabajo consiste en presentar algunas muestras significativas de los problemas reales con que se encuentra el traductor español de literatura inglesa de viajes, y sus posibles soluciones. Se parte de la hipótesis de trabajo de que dichos problemas no se restringen a los que son inherentes a cualquier actividad traductora, sino que a los mismos se añaden cuestiones específicas que son propias e incluso privativas del discurso de la literatura de viajes. Por tanto, el éxito de la consiguiente labor traductora demanda la puesta en práctica de una serie de estrategias pensadas precisamente para su aplicación a dicho género. Se ejemplificará con un texto meta [TM] concreto; a saber, la traducción española *Viaje a las Islas Occidentales de Escocia* [*VIOE*], de Samuel Johnson (Coletes ed. y trad., 2006), cuyo texto origen [TO], *A Journey to the Western Islands of Scotland* [*JWIS*], originalmente publicado en 1775, se citará siempre en este trabajo por la edición canónica de la Universidad de Yale (Lascelles ed., 1976). Por otro lado, y en consonancia con la línea clásica de teoría del género que han cultivado estudiosos como Van Dijk (1977), Gregory y Carrol (1978), Halliday y Hassan (1989), Downing (1996) y Vázquez Orta (1996), entre otros, se considera en el presente estudio que la literatura de viajes se manifiesta como un género que es producto de una determinada combinación de factores contextuales y textuales. Más en concreto, el contexto de situación aporta las categorías de campo, modo, tenor personal y tenor funcional, verbalmente plasmadas en forma de texto narrativo, descriptivo, expositivo, argumentativo y dialógico, con todo lo cual se forma un registro. El registro, con la aportación del contexto de cultura, se convierte a su vez en género. Y, en fin, todo ello se plasma en una determinada forma de texto.

Pues bien, la literatura de viajes, que los especialistas han venido tratando cada vez en mayor medida como, precisamente, un género por derecho propio (Robertson, 2001: pp. 11-20), presenta una combinatoria estable de los factores aludidos: el viaje como campo, la escritura con (ocasionalmente) ilustraciones como modo, un grado medio de formalidad como tenor personal, y las funciones referencial, directiva y (de manera variable) poética como tenor funcional. En cuanto a tipos de texto, predomina el narrativo/descriptivo seguido del directivo. Y como formas de texto son reconocibles, principalmente, los itinerarios, las crónicas, los diarios, los epistolarios, las memorias, las guías o los llamados «travelogues» o relatos viajeros.

Resulta pues evidente que la preparación de la labor traductora empieza por la identificación de los factores anteriores, para luego pasar al análisis y comparación de los exponentes lingüísticos asociados a los mismos tanto en la lengua origen [LO] como en la lengua meta [LM]. Los mecanismos de equivalencia, cruciales en la labor traductora (Coletes, 2002: pp. 67-77; Baker, 2005: pp. 1-9), se manifestarán necesariamente en todos los niveles expresados.

En los párrafos que siguen se analizarán algunos casos concretos de problemas de traducción, ejemplificando con *VIOE*, que están relacionados fundamentalmente con factores *textuales*. Luego se hará lo propio con otros más claramente asociables a factores *contextuales*. La aplicación práctica aquí desarrollada es, naturalmente, un exponente puntual dentro de un amplio y variopinto conjunto, el de la literatura de viajes traducida: viaje y traducción son conceptos estrechamente unidos, lo que seguramente explica la tradicional abundancia de versiones a otras lenguas de los relatos clásicos de viajes (como, en el caso de la Península Ibérica, ha demostrado Foulché-Delbosc, 1969 [1896]: p. 2), así como el hecho de que la literatura de viajes y su traducción se esté rápidamente convirtiendo en una disciplina académica por derecho propio (Polezzi, 2006: pp. 169-88; Lafarga, 2007: pp. 1-3).

1. Algunos problemas textuales

Los problemas de equivalencia *TO-TM* en el ámbito de la literatura de viajes se manifiestan frecuentemente, en primer lugar, en el ámbito del léxico y la semántica, más en concreto a tenor de fenómenos relativos al cambio léxico-semántico y en torno a la relación entre vocabulario general y léxico marcado. Los puntos conflictivos se dan a veces donde menos se espera; por ejemplo, con palabras tan sencillas como *water* o *foot*, que pertenecen al vocabulario general, pero que en textos de literatura de viajes, donde son frecuentes las referencias de tipo geográfico o zoológico, pueden requerir una traducción marcada. En ninguno de los dos casos siguientes se han traducido los términos mencionados por «agua» o «pie» respectivamente; ha habido que reelaborar y utilizar, en ambos casos, sendos vocablos que no se encontrarán entre las acepciones de dichos términos incluidas en los diccionarios[1]:

Not far from the cathedral, on the margin of the <u>water</u>, stands a fragment of the castle, in which the archbishop anciently resided [*JWIS* 6].	No lejos de la catedral, a la orilla del <u>río</u>, se levanta una sección del castillo que antiguamente fuera residencia del arzobispo [*VIOE* 134].
I expected the otter to have a <u>foot</u> particularly formed for the art of swimming; but upon examination, I did not find <u>it</u> differing much from that of a spaniel [*JWIS* 62].	Pensaba que las nutrias tendrían las <u>extremidades</u> especialmente adaptadas al arte de nadar; pero al examinar sus <u>patas</u> no las vi muy distintas a las de un espaniel [*VIOE* 281].

Water se convierte así en «río», más marcado y contextualizado, y *foot* se bifurca en un hiperónimo y un término relacionado, sucesivamente. En otras ocasiones puede extrañar la propia «singularidad» de la acción expresada en el TO:

---

1 A partir de aquí se recurrirá frecuentemente a la disposición en columnas paralelas para comparar extractos de *JWIS* (a la izquierda) con sus equivalentes en *VIOE* (a la derecha). Se utilizará el <u>subrayado</u> para destacar los términos que en su caso interese resaltar.

The alarm being thus prevented, he came unexpectedly upon Macneil. ... A fight ensued, in which one of their followers is said to have given an extraordinary proof of activity, by <u>bounding backwards</u> over the brook of Grissipol [*JWIS* 123].	Habiéndose así impedido que dieran la voz de alarma, cayó por sorpresa sobre Macneil ... Sobrevino la lucha, en la que es fama que uno de sus seguidores dio pruebas de una extraordinaria agilidad al cruzar el arroyo de Grissipol <u>saltando de espaldas</u> [*VIOE* 413].

Al principio parecía difícil de admitir pero al final quedó claro que realmente estábamos ante lo que parecía: un acrobático «salto mortal de espaldas», que recuerda a las proezas circenses de un actor a lo Errol Flynn. En todo caso, la cuestión a tener en cuenta es que, en literatura de viajes, el autor tiende a fijarse en lo «peculiar», y por lo tanto el traductor debe estar preparado para encontrarse con las correspondientes «peculiaridades» de expresión y contenido. Y no solo el traductor: también el «corrector» de estilo, cuyas hipercorrecciones son a veces el resultado de *no* estar preparado para lo peculiar o, alternativamente, de querer domesticarlo en exceso pensando en el lector. La traducción del siguiente párrafo es anterior a la «intervención» del corrector de estilo:

Other circumstances <u>of no elegant recital</u> concurred to disgust us [*JWIS* 48].	Otras circunstancias, <u>que no son para contadas</u>, se añadieron a lo anterior para mayor repugnancia nuestra.

Como puede apreciarse, Johnson acude a un circunloquio eufemístico, y de tono arcaizante, para evitar un relato detallado de ciertos pormenores escatológicos: situación, por cierto, típica del viajero clásico, que había de vérselas con posadas inmundas mucho más frecuentemente que con alojamientos dignos, y que por tanto pasa con frecuencia a la narrativa de viajes (Fussell, 1987: p. 129). Pues bien, la decisión tomada en *VIOE* fue traducir el circunloquio johnsoniano, «of no elegant recital», por una expresión que fuera funcionalmente equivalente y tuviera las mismas connotaciones eufemísticas y arcaizantes. Se encontró en una construcción sintáctica arcaizante del español, una forma de participio pasado de pasiva que no requiere verbo copulativo y que, de manera semejante al supino del latín, expresa finalidad:

> Las peregrinaciones largas siempre traen consigo diversos acontecimientos… Bien nos lo muestra esta historia, cuyos acontecimientos nos cortan su hilo, poniéndonos en duda dónde será bien anudarle; porque no todas las cosas que suceden <u>son buenas para contadas</u>.

La cita es de Miguel de Cervantes, y más en concreto de *Los trabajos de Persiles y Segismunda* (III-x, p. 781), obra que por añadidura es, en gran medida, literatura de viajes —nótese el uso del término «peregrinaciones»—. Quedaba pues garantizada la «autoridad» de la construcción. Sin embargo, lo que realmente pasó a la letra impresa fue una diferente estructura de pasiva, repetitiva, cacofónica y ayuna de elegancia: «Otras circunstancias, <u>que no son para ser contadas</u>, se añadieron a lo anterior para mayor repugnancia nuestra.» [*VIOE* 249]

Es frecuente que el viajero-escritor adopte una perspectiva etnográfica que le lleva a fijarse en las pautas socioeconómicas más tradicionales del país o región visitada (Rubiés, 2002: pp. 242-260). Por ejemplo en la agricultura, lo cual quiere decir a su vez que tenderá a prestar atención a los, con frecuencia, antiquísimos aperos de labranza propios de esta actividad, que pueden llegar a constituir un TO particularmente problemático para el traductor:

The soil is then turned up by manual labour, with an instrument called a <u>crooked spade</u>, of a form and weight which to me appeared very incommodious … It has a narrow blade of iron fixed to a long and heavy piece of wood, which must have, about a foot and a half above the iron, a knee or flexure with the angle downwards. When the farmer encounters a stone which is the great impediment of his operations, he drives the blade under it, and bringing the knee or angle to the ground, has in the long handle a very forcible lever [*JWIS* 79].	La tierra la ara el propio labrador utilizando un apero llamado <u>pala oblicua</u>, de forma y peso que a mí me parecieron muy incómodos … Tienen una hoja de hierro estrecha que va sujeta a un mango de madera largo y pesado que ha de tener, como a pie y medio por encima de la hoja, una rótula o doblez con el ángulo abierto hacia abajo. Cuando el granjero se topa con una piedra, que es el gran obstáculo de su laboreo, mete la hoja por debajo de la misma y tira del mango hacia abajo, haciendo una palanca que resulta muy eficaz [*VIOE* 321].

Nadie en España, ni siquiera los profesionales y aficionados a la jardinería consultados, parecía tener noticia de semejante apero. Finalmente apareció esta ilustración:

Fig. 1: Campesino escocés (idealizado) manejando una pala oblicua (*cas-chrom*).

El grabado encabeza el capítulo tercero (pp. 51-101), dedicado a la agricultura, del segundo volumen de *The Scottish Gaël; or, Celtic Manners, as preserved among the Highlanders*, un interesante tratado etnográfico sobre las Tierras Altas de Escocia, obra de James Logan, publicado en 1831. Se trata seguramente de la representación gráfica más antigua del instrumento que Johnson llama *crooked spade* y que se denomina *cas-chrom* en gaélico: no parece haber un término simple equivalente en español (tampoco en inglés) para denominar este singular apero, de modo que la decisión adoptada en *VIOE* fue acuñar un término descriptivo ad hoc, *pala oblicua* —en realidad, siguiendo así el modelo de Johnson, que había hecho lo mismo al escribir *crooked spade*—.

Pasando ya al terreno de la sintaxis, y como es natural, se parte del principio de que la estructura sintáctica del TO debe mantenerse en el TM de la manera más fiel posible. Si estamos ante un texto literario, las estructuras sintácticas pueden ser relativamente largas y complejas, y encontrarse además sujetas en su desarrollo a unos ritmos y cadencias determinados. Ambos factores, que son de esperar en el llamado «lenguaje literario» (Crystal, 1987: pp. 71-78), han de ser tenidos muy en cuenta por el traductor, sin olvidar, por otro lado, que la capacidad de asimilación de una estructura particularmente larga y compleja por parte del lector del TM podría ser menor que la correspondiente al lector del TO. Tales consideraciones pueden llevar a alterar el orden de las palabras, a unir o separar oraciones, párrafos, etcétera.

Debido a su longitud veremos un solo ejemplo. Como podrá apreciarse, el *but* situado hacia la mitad del párrafo en el TO se ha interpretado de manera contrastiva, como auténtico eje del mismo y, para facilitar la comprensión, la estructura coordinada se ha convertido en el elemento introductorio de una nueva oración después de punto. Por otro lado, la traducción «no había supuesto merma en su celo» (en vez de «no había implicado/acarreado ninguna disminución/pérdida» o similar) pretende colaborar con el mantenimiento del ritmo del TO, elegante y cadencioso:

| The change of religion in Scotland, eager and vehement as it was, raised an epidemical enthusiasm, compounded of sullen scrupulousness and warlike ferocity, which, in a people whom idleness resigned to their own thoughts, and who, conversing only with each other, suffered no dilution of their zeal from the gradual influx of new opinions, was long transmitted in its full strength from the old to the young, but by trade and intercourse with England, is now visibly abating, and giving way too fast to that laxity of practice and indifference of opinion, in which men, not sufficiently instructed to find the middle point, too easily shelter themselves from rigour and constraint [*JWIS* 6]. | El cambio de religión en Escocia, exaltado y vehemente, suscitó un contagioso entusiasmo, mezcla de sombrío escrúpulo y ferocidad guerrera, en un pueblo al que la inactividad había confinado a sus propias cavilaciones y al que, en contacto exclusivo consigo mismo, el creciente influjo de las nuevas corrientes de opinión no había supuesto merma en su celo, largo tiempo transmitido de viejos a jóvenes sin perder vigor. Ahora, gracias al comercio e intercambio con Inglaterra, está remitiendo a ojos vistas y dejando paso, demasiado rápido, a la desidia en la práctica y la tibieza en la opinión, socorrido refugio del rigor y el comedimiento para quienes, por falta de instrucción, no hallan el término medio [*VIOE* 135]. |

Como corolario de las consideraciones anteriores se puede afirmar que, si el traductor de un determinado *travelogue* ha de esforzarse por resolver problemas de sintaxis y estilo (como sucede en el caso de *JWIS*), ello significa que el texto tiene cualidades literarias, y que estamos por tanto ante *literatura* y no mera escritura de viajes. En este sentido, la traducción de literatura de viajes participaría también de la problemática específica de la traducción literaria (Bassnett, 2003: pp. 79-131).

Por último, el nivel de texto (a menudo tan olvidado como el sintáctico, o más) presenta sus propias peculiaridades. Como en cualquier otro libro de viajes, predominan en *JWIS* los pasajes narrativos y descriptivos, en ese orden. Por lo común, tales pasajes se desarrollan en esta obra a base de oraciones cortas, simples o coordinadas, aunque a veces se maticen con algunas proposiciones subordinadas. El correspondiente vocabulario suele ser de carácter específico, concreto y a menudo sensorial, y el nivel estilístico tiende a un tono medio de formalidad. Podría servir como ejemplo de tal configuración textual el siguiente pasaje:

As we came hither early in the day, we had time sufficient to survey the place. The house was built like other huts of loose stones, but the part in which we dined and slept was lined with turf and wattled with twigs, which kept the earth from falling. Near it was a garden of turnips and a field of potatoes. It stands in a glen, or valley, pleasantly watered by a winding river [*JWIS* 35].	Como habíamos llegado pronto, tuvimos tiempo para explorar el lugar. La casa estaba construida como otras a base de piedra sin argamasa, pero la parte en que cenamos y dormimos estaba recubierta con tepes, reforzados con una malla de cáñamo para que no les cayera la tierra. Cerca había un huerto de nabos y un patatal. Está situada en un ameno glen, o valle, regado por un río que hace muchos meandros [*VIOE* 218-9].

Por el contrario, los pasajes expositivos o argumentativos, bastante abundantes en *JWIS,* suelen resolverse mediante la utilización de oraciones más largas y complejas, con frecuente uso de la coordinación y la subordinación, un léxico de carácter más general, abstracto y técnico, y un tono estilístico de acusada formalidad. El siguiente párrafo, con su traducción al español, puede, en fin, servir como ejemplo de esta segunda fórmula de configuración textual:

The height of mountains philosophically considered is properly computed from the surface of the next sea; but as it affects the eye or imagination of the passenger, as it makes either a spectacle or an obstruction, it must be reckoned from the place where the rise begins to make a considerable angle with the plain. In extensive continents the land may, by gradual elevation, attain great height, without any other appearance than that of a plane gently inclined, and if a hill placed upon such raised ground be described, as having its altitude equal to the whole space above the sea, the representation will be fallacious [*JWIS* 38-9].	Para el naturalista, la manera correcta de medir la altura de las montañas es desde el nivel del mar más cercano; pero, siendo dicha altura algo que afecta a la vista, o a la imaginación del transeúnte (puesto que supone o bien un espectáculo o bien un obstáculo), hay que medirla desde el punto donde arranca la pendiente. Cuando hablamos de grandes superficies, el terreno puede llegar a alcanzar gran altura, poco a poco y sin ofrecer otro aspecto que el de un plano gradualmente inclinado. Si nos refiriésemos a una colina que se alza sobre una elevación del terreno diciendo que su altura es la de la de la elevación entera, sobre el nivel del mar, estaríamos incurriendo en una falacia [*VIOE* 223].

La adopción del que Berman (2004: p. 281) llama principio de clarificación —el TM ha de ser, en todo caso, más claro que el TO—, y el respeto a unas cadencias rítmicas que son particularmente importantes en la prosa de *JWIS*, están detrás de las equivalencias sintácticas que se han plasmado en *VIOE*.

2. Algunos problemas contextuales

Como queda más arriba apuntado, para que un registro se convierta en género es preciso añadirle un contexto de cultura, que aporta sus propios factores diferenciales al conjunto. El registro escritural de viajes que se realiza en el contexto de cultura de la antigüedad clásica poco tiene que ver, como género, con el que se desarrolla en la época medieval. Éste apenas nada tiene en común con el propio de la era renacentista de las exploraciones y viajes ultramarinos. Y el último se diferencia grandemente (por no sobrepasar la época de Johnson) del que se practica en el contexto de cultura de la Ilustración.

Por su propia naturaleza, en la literatura de viajes el contexto de cultura no solo es el inherente a lo *observado*, sino también el propio del *observador* (el viajero-escritor), y el relativo al *público* para quien escribe. Como sostiene la moderna imagología (Beller, 2007: pp. 3-16), tales factores se interrelacionan y manifiestan mediante la proyección y recepción de una determinada imagen de lo observado. Añadamos que, cuando se traduce literatura de viajes, los problemas se multiplican, porque a todo lo anterior hay que añadir el contexto de cultura del *traductor*, y el del *público* que lea la traducción. Es decir, a los conceptos canónicos de texto origen y texto meta, ya aludidos más arriba, y que son fundamentales en teoría clásica de la traducción, habría que añadir los menos usuales de «contexto de cultura origen» y «contexto de cultura meta».

En los párrafos que siguen se expondrán algunos ejemplos concretos de problemas de traducción en literatura de viajes, ilustrando de nuevo con *VIOE*, que están relacionados fundamentalmente con factores contextuales en el sentido «cultural» aludido.

Con frecuencia es el contexto de cultura origen (como queda apuntado, el asociado al autor, su época y su público) la fuente principal de problemas para el traductor de literatura de viajes. En el caso de *JWIS*, Johnson no «contextualiza» muchos términos abstractos, simplemente porque para él y para su público el sentido de los mismos está perfectamente claro... pero no tanto más de doscientos años después. ¿Qué quería decir aquí nuestro autor con términos como *account* o *political computation*?:

> The number of this little community has never been counted by its ruler, nor have I obtained any positive account, consistent with the result of political computation [*JWIS* 63].

Descartadas las acepciones primarias de estos términos, que serían «cuenta» (?) y «cómputo político» (?) respectivamente, la traducción por la que se optó en *VIOE* fue la siguiente:

> Los gobernantes de esta pequeña comunidad nunca han hecho un recuento de sus habitantes, y no he conseguido ningún <u>informe</u> fiable que confirme los resultados de lo que sería un <u>cálculo</u> teórico [*VIOE* 284][2].

Pero realmente nunca estaremos seguros de si era exactamente eso lo que quiso decir Johnson. Y, ¿qué entiende nuestro escritor por *manners* en este párrafo?:

> The <u>manners</u> of a people are not to be found in the schools of learning, or the palaces of greatness, where the national character is obscured or obliterated by travel or instruction, by philosophy or vanity [*JWIS* 22].

No es evidentemente «los modales, la educación» (sería absurdo que no se encontraran precisamente en «escuelas» y «palacios»), sino más bien «la conciencia cívica», como lo corrobora la referencia a «national character». En este caso también ayuda el propio *Diccionario* de Johnson, donde aparece (con el Nº 9) esta acepción. Se ha intentado que *VIOE* se haga eco de la misma utilizando *civismo* en su sentido «celo por las instituciones e intereses de la patria» (*DRAE*):

> No ha de buscarse el <u>civismo</u> de un pueblo en los grandes centros educativos o palaciegos, donde el carácter nacional se difumina y desdibuja por los viajes y el estudio, por la filosofía o la vanidad [*VIOE* 173].

No todos los problemas relativos al contexto de cultura origen tienen que ver con terminología abstracta cuyas acepciones pueden haberse visto alteradas con el paso del tiempo, lo cual constituye una faceta muy común en el fenómeno del cambio lingüístico (Aitchison, 2001: pp. 120-32). Los medios de transporte, importantes por definición en la literatura de viajes, y expresados mediante vocabulario de tipo concreto, son también delicados de traducir, especialmente los de tipo tradicional. En este fragmento del TO aparecen dos términos semánticamente similares, *carriage* y *cart*:

> The carriages in common use are small carts, drawn each by one little horse; and a man seems to derive some degree of dignity and importance from the reputation of possessing a two-horse cart [JWIS 4].

---

[2] Para llegar a esta traducción se tuvo en cuenta la opinión de dos traductores español-inglés, hablantes nativos de esta última lengua: en casos dudosos como el presente, el punto de vista «desde el otro lado» puede ser fundamental.

Carriage es en principio equivalente a «carruaje», y *cart* a «carro», con lo que la traducción podría haber sido:

> Los carruajes que normalmente se usan son carretas de pequeño tamaño, tiradas por un solo *pony*, y a quien posee una carreta de dos caballos se le otorga cierto grado de importancia y distinción.

Pero esa solución no habría sido adecuada, al presentar «carruaje» y «carreta» un grado demasiado alto de contigüidad semántica y fonética. Para evitar la ambigüedad derivada de la primera, y la cacofonía producto de la segunda, se optó por una versión que, además, intenta recoger el sentido muy general del término *carriage* que, parece claro, adopta *JWIS*:

> Los vehículos que normalmente se usan son carretas de pequeño tamaño, tiradas por un solo *pony*, y a quien posee una carreta de dos caballos se le otorga cierto grado de importancia y distinción [*VIOE* 132].

Como es bien sabido, los llamados *esquemas* desempeñan un papel fundamental en la estructura del discurso, y en consecuencia forman parte importante del contexto de cultura. En línea con algo que se apuntaba al comienzo de esta sección, estas «representaciones mentales de situaciones típicas» (Cook, 1994: pp. 9-22) que son los esquemas pueden acarrear una problemática compleja en la traducción de literatura de viajes. Por ejemplo, es importante que el traductor actual de literatura de viajes, que probablemente no tenga el «esquema religión» tan integrado como lo tenían los autores del pasado, recuerde su trascendencia para evitar lo que seguramente es un error de traducción:

> The cathedral, of which the foundations may be still traced, and a small part of the wall is standing, appears to have been a spacious and majestick building, not unsuitable to the primacy of the kingdom [*JWIS* 5].

> La catedral, cuyos cimientos son aún identificables, y una pequeña parte de cuyos muros se encuentra todavía en pie, parece haber sido una edificación amplia y majestuosa, acorde con la excelencia del reino [*VIOE* 134].

Un diccionario bilingüe clásico y de garantía como el Collins (*s.v.*) ofrece «primacía» como significado único de *primacy*. A su vez, el *DRAE* (*s.v.*) define «primacía», en su primera acepción, como «superioridad, ventaja o *excelencia* que tiene algo con respecto a otra cosa de su especie» (la cursiva es mía). Por lo tanto, la traducción de *VIOE*, con su apuesta por «excelencia», sería correcta: pero solo en apariencia, ya que el traductor no ha activado el «esquema religión» a tenor del cual Johnson, con toda probabilidad, había utilizado un término cuya correcta equivalencia habría entonces sido la que el *DRAE* ofrece como *segunda* acepción de «primacía»: «dignidad o empleo de primado». La versión «esquemáticamente» más correcta, pues, habría consistido en lo siguiente:

> La catedral, cuyos cimientos son aún identificables, y una pequeña parte de cuyos muros se encuentra todavía en pie, parece haber sido una edificación amplia y majestuosa, apropiada como sede primada del reino.

Algo parecido puede suceder con otros ámbitos léxico-culturales. Por ejemplo, el de la alimentación, y más en concreto el término *meal* en el siguiente caso: «Her two next sons were gone to Inverness to buy ‹meal›, by which oatmeal is always meant. Meal she considered as expensive food.» [*JWIS* 33]

En este párrafo, el narrador reproduce entre comillas el término que utiliza su interlocutor (una anciana montañesa), y explica lo que para ella —no para él— significaba el mismo: harina, y más en concreto harina de avena, una acepción que no se encuentra en el propio *Diccionario* de Johnson, donde *meal* (*s.v.*) significa genéricamente lo que en español se entiende por «comida» o «una comida». En casos como éste, ¿debe el traductor traducir el esquema del personaje (la anciana), o el esquema del narrador (Johnson)? De optarse por lo primero, la versión habría sido: «Los dos hijos siguientes habían ido a Inverness a comprar ‹harina›, por lo cual entienden siempre harina de avena. Lo consideraba un alimento caro.»

Con ser perfectamente plausible la posibilidad expresada, en *JWIS* se optó por traducir a tenor del esquema del narrador, con lo que resultaba una versión estilísticamente más elegante (al evitarse la repetición del vocablo «harina») y también más cercana a los esquemas del traductor y sus lectores: «Los dos hijos siguientes habían ido a Inverness a comprar ‹comida›, por lo cual entienden siempre harina de avena. Lo consideraba un alimento caro.» [*VIOE* 198]

Las casas tradicionales y sus peculiares técnicas constructivas también se plasman a menudo en los relatos de viajes a base de unos términos concretos que, tomados uno por uno, no presentan dificultad… pero, si se carece del correspondiente «esquema constructivo», no resulta fácil visualizar la entidad física que representan:

> The house was built like other huts of loose stones, but the part in which we dined and slept was lined with turf and wattled with twigs, which kept the earth from falling [*JWIS* 36].

¿«Césped» (*turf*), «ramitas» (*twigs*), «tierra» (*earth*) en una habitación de una casa? La respuesta, a veces, está en un museo etnográfico:

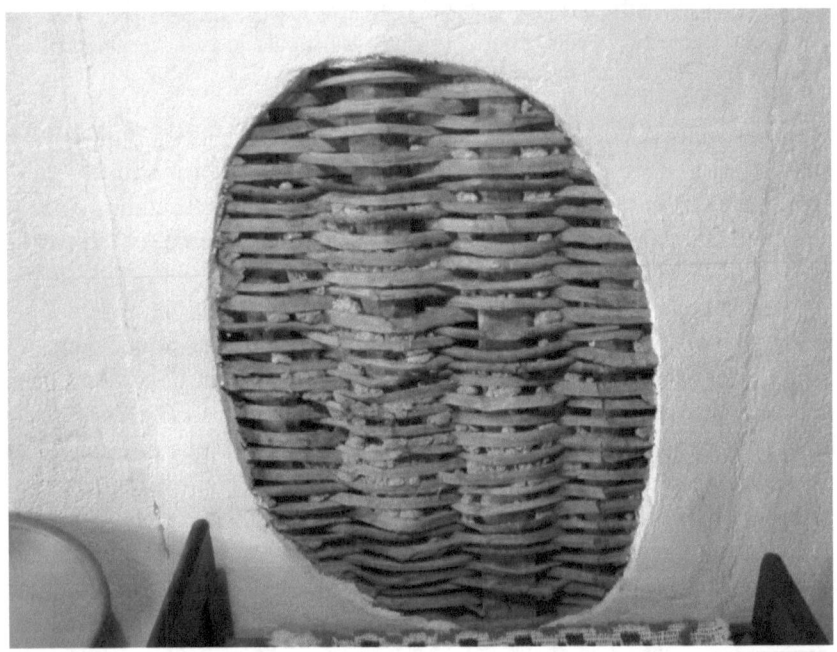

Fig. 2: Tabique de casa tradicional, con malla de varas de avellano como refuerzo y aislante.

Es sabido que las técnicas constructivas tradicionales tienden a repetirse, con variantes, en culturas de compartido origen étnico y, además, sometidas a condiciones similares de hábitat; como es el caso, por ejemplo, de las tierras altas de Asturias y de Escocia (Paredes y García, 2006: p. 128). La fotografía, tomada en el Museo Etnográfico de Grandas de Salime (Asturias), representa una muestra del llamado *tabique de xebatu* (Paredes y García, 2006: p. 68), técnica constructiva a base de una malla de varas, por lo general de castaño o avellano, que, salvo el enlucido, es similar a la que describe Johnson. Todo ello hizo más fácil la traducción:

> La casa estaba construida como otras a base de piedra sin argamasa, pero la parte en que cenamos y dormimos estaba recubierta con tepes, reforzados con una malla de cáñamo para que no les cayera la tierra [*VIOE* 219].

Finalmente, hay que añadir que a veces es el contexto de cultura meta (es decir, el asociado con el traductor, su época y su público, como se apuntaba más arriba) el que puede erigirse en fuente de problemas dentro del ámbito de la literatura de viajes traducida. Con algunos ejemplos se apreciará más claramente esta cuestión:

| The Highland lords made treaties, and formed alliances, of which some traces may still be found, and some consequences still remain as lasting evidences of <u>petty regality</u> [*JWIS* 47]. | Los señores de las Tierras Altas suscribían tratados y formaban alianzas, de lo cual pueden aún encontrarse huellas y secuelas, perdurables testimonios de aquellas <u>mezquinas regalías</u> [*VIOE* 244]. |

Como puede apreciarse, para traducir *petty* («de poca importancia, pequeño»), en *VIOE* se ha utilizado *mezquinas* pensando en la 3ª acepción de este vocablo, que es precisamente «pequeño, diminuto» (*DRAE*). Probablemente un lector español contemporáneo de Johnson hubiera interpretado *mezquinas* de la misma manera. Pero para el actual, la palabra significa «que escatima excesivamente en el gasto» (1ª acepción) o, en todo caso, «falto de nobleza de espíritu» (2ª acepción). ¿Debe el traductor, en la medida de lo posible, verter un texto inglés del siglo XVIII a (una reconstrucción del) español del siglo XVIII, o bien al español del siglo XXI? No es cuestión que se pueda solucionar fácilmente...

Si el anterior ejemplo se centraba en las acepciones de un adjetivo español, el que se expone a continuación se refiere a una serie de sustantivos pertenecientes a la misma familia semántica:

That which is not mountain is commonly bog, through which the way must be picked with caution ... The bogs are avoided as toilsome at least, if not unsafe ... There are many bogs or mosses of greater or less extent ... They are accustomed to run upon rough ground, and therefore can with great agility skip over the bog... [*JWIS* 38, 53, 78, 84].	Lo que no es montaña es a menudo barrizal, y hay que elegir con sumo cuidado el camino para atravesarlo... Las ciénagas se evitan al ser, como poco, arduas de vadear, si no peligrosas ... Hay muchas ciénagas y marismas más o menos extensas ... Están acostumbrados a corretear por terrenos accidentados, y en consecuencia son capaces de saltar sobre los cenagales ... [*VIOE* 222, 260, 321, 331].

El vocablo inglés *bog* es en principio equivalente al español «cenagal»: paraje muy húmedo y lleno de lodo. «Barrizal» o «ciénaga» serían sinónimos de «cenagal», y de ahí que los tres términos se hayan utilizado en *VIOE* para traducir el mismo vocablo inglés; no en cualquier orden, sino empleando el término más común, «barrizal», la primera vez que aparece *bog* en *JWIS*. Ahora bien, es posible que cuando Johnson escribe sobre *bogs*, o al menos algunas de las veces que lo hace, se esté refiriendo en realidad a *(peat) bogs*, es decir, «turberas» o «turbales» en español: simplificando, una ciénaga es agua más tierra; una turbera es agua más tierra y residuos vegetales. En este sentido, en vez de «ciénaga» o «barrizal», la traducción correcta y más ajustada a la realidad habría sido «turbera» o «turbal». Sin embargo, en *VIOE* se ha preferido utilizar el término más común y en consecuencia más fácilmente asimilable por parte del lector español actual. O, en términos de los dos tipos básicos de equivalencia que propone Königs (1981: pp. 82-103), se ha optado por la orientada al TM y no por la orientada al TO.

Para concluir se expondrá un caso con ribetes anecdóticos. En la literatura de viajes es frecuente que el escritor se refiera a fenómenos naturales utilizando términos regional o culturalmente marcados —por tanto, de difícil traducción—. En el TO de *VIOE* tiene protagonismo el «*Buller of Buchan*», que da incluso nombre a un capítulo y que Johnson describe así:

> We soon turned our eyes to the Buller, or Bouilloir of Buchan, which no man can see with indifference, who has either sense of danger or delight in rarity. It is a rock perpendicularly tubulated, united on one side with a high shore, and on the other

rising steep to a great height, above the main sea. The top is open, from which may be seen a dark gulf of water which flows into the cavity, through a breach made in the lower part of the inclosing rock. It has the appearance of a vast well bordered with a wall. The edge of the Buller is not wide, and to those that walk round, appears very narrow. He that ventures to look downward sees, that if his foot should slip, he must fall from this dreadful elevation upon stones on one side, or into water on the other. We however went round, and were glad when the circuit was completed [*JWIS* 19-20].

La descripción es excelente pero, como suele decirse, una imagen vale más que mil palabras:

Fig. 3: El *Buller of Buchan*. Grabado, *c.* 1840.

¿Cómo traducir *buller*? El *OED* se refiere a la palabra como propia del inglés escocés, formada probablemente por onomatopeya, y la define como «a roaring noise (of waves, etc.); the boiling of an eddy or torrent» y ejemplifica precisamente con *Buller of Buchan*; Johnson la relaciona con el francés «bouilloir» (*boulloire* en realidad). Lo único que está claro es que se trata de un accidente natural al que se denomina por metonimia; es decir, por su efecto: el ruido de las olas al romper y retirarse convirtiéndose en espuma, que recuerda al que hace el agua hirviendo, en especial cuando entre las rocas costeras se dan oquedades, cuevas, etc. que multiplican la intensidad del sonido. Por motivos de choque cultural —tanto en el contexto de cultura origen como en el meta— *géiser* era una opción a descartar, y por motivos de inteligibilidad también lo era *borbollón,* que se usa poco. Además, géiser se refiere a aguas termales y borbollón al chorro de agua en sí, no al accidente del terreno. Otra posibilidad habría sido *hervidero*; pero no en su acepción normal, y recogida por el *DRAE*, referente un manantial de aguas termales (como en Hervideros de Cofrentes, Valencia), sino en la que parece exclusiva de Lanzarote, en las Islas Canarias, donde Los Hervideros es el nombre por el que se conoce la zona costera caracterizada por unos accidentes geográficos muy similares al *Buller of Buchan* johnsoniano. Parecida a esta última posibilidad en su espíritu, aunque no en la letra, fue la decisión finalmente adoptada en *VIOE*:

> Pronto pasamos a contemplar el llamado bufón o hervidor de Buchan, que nadie sensible al riesgo o amante de lo singular puede ver con indiferencia. Se trata de una roca perforada verticalmente que por un lado se junta con el acantilado costero y por el otro se yergue a una gran altura, por encima del mar abierto. Hay una oquedad en la cima, y desde ella se percibe un oscuro abismo acuático que penetra en la cavidad a través de una abertura que existe en su parte inferior. Recuerda a un enorme pozo rodeado de un brocal. El borde del bufón no es nada ancho, y a quienes caminan por él se les antoja estrechísimo. Quien se atreve a mirar hacia abajo ve que si resbala ha de caer, desde esta tremenda altura, contra las peñas por un lado, o al mar por el otro. Nosotros, con todo, dimos la vuelta entera, respirando tranquilos al completar el circuito [*VIOE* 166-67].

Es posible que a muchos lectores de estas líneas les choque tanto la traducción *buller=bufón* como a uno de los reseñistas de la misma (Stone, 2008: p. 53), quien escribió a propósito del asunto:

> In ordinary use, a *bufón* is a clown or jester; and none of the native speakers I spoke to about this rendering were familiar with the use of *bufón* to denote a geological feature.[3]

El reseñista no sugiere una alternativa, pero añade a renglón seguido:

> In fact, the word is well chosen, and the *bufones* along the Cantabrian coast a short distance to the north of Oviedo, where Professor Coletes teaches, are bullers.

Stone afirma, en fin, echar de menos una nota explicativa, dada la peculiaridad de la elección. Pero la nota, en forma de discreta «ghost note»,

[3] Agradezco a este autor sus observaciones sobre *VIOE*, de algunas de las cuales he hecho uso en este trabajo. Algo parecido he de decir de otros reseñistas de *VIOE* como Ainhoa Orensán Moreno (2008) o María Luisa Pascual Garrido (2009).

ya existe desde el momento en que en *VIOE* puede leerse «*el llamado bufón o hervidor de Buchan*» (la cursiva es mía): o sea, no se trata de un personaje cómico, sino de algo «que bufa», o sea, «que resopla o hierve» (recuérdese que, dicho del mar, *hervir* es «ponerse sumamente agitado, haciendo mucho ruido y espuma», *DRAE*). La decisión fue, pues, «firmar» la versión española de *JWIS* incluyendo un vocablo regional asturiano, de algún modo equivalente, también en ese sentido, al término regional escocés del original. Asturias y Escocia tienen ciertamente cosas en común, como los bufones/*bullers*, como puede comprobarse comparando la Fig. 3 de más arriba con la que cierra este trabajo:

Fig. 4: Bufones en la costa de Llanes, Asturias.

Referencias bibliográficas

AITCHISON, Jean (2001) *Language Change: Progress or Decay?*, Cambridge, Cambridge UP.
BAKER, Mona (2005) *In Other Words: A Coursebook on Translation*, Londres, Routledge.

BELLER, Manfred (2007) «Perception, image, imagology», en Manfred Beller y Joep Leerssen, eds., *Imagology: The cultural construction and literary representation of national characters*, Amsterdam, Rodopi, pp. 3-26.

BERMAN, Antoine (2004) «Translation and the Trials of the Foreign», en *The Translation Studies Reader*, ed. Lawrence Venuti, Londres, Routledge, pp. 276-89.

COLETES BLANCO, Agustín (2002) «On Pragmatic Equivalence: Analysing Some Cases (English-Spanish, Spanish-English)», en *Estudios de metodología de la lengua inglesa (II)*, ed. José María Ruiz Ruiz ea, Valladolid, Universidad, pp. 67-77.

—, ed. y trad. (2006) *Viaje a las Islas Occidentales de Escocia*, por Samuel Johnson, Oviedo, KRK.

COOK, Guy (1994) *Discourse and Literature: The Interplay of Form and Mind*, Oxford: Oxford UP.

CRYSTAL, David (1987) *The Cambridge Encyclopaedia of Language*, Cambridge, Cambridge UP.

DIJK, Teun A. Van (1977) *Text and Context: Explorations in the Semantics and Pragmatics of Discourse*, London, Longman.

DOWNING, Angela (1996) «Register and/or Genre?», en *Current Issues in Genre Theory*, eds. Ignacio Vázquez y Ana Hornero, Zaragoza, Mira, pp. 11-27.

FOULCHÉ-DELBOSC, R. (1896) *Bibliographie des voyages en Espagne et en Portugal*, Amsterdam, Meridian, (1969).

FUSSELL, Paul (1987) «The Eighteenth Century and the Grand Tour», en *The Norton Book of Travel*, ed. Paul Fussell, New York, Norton, pp. 129-32.

GREGORY, M. y S. CARROL (1978) *Language and Situation: Language Varieties and their Social Contexts*, Londres, Routledge.

HALLIDAY, M.A.K y Ruqaiya HASSAN (1989) *Language, Context, and Text: Aspects of Language in a Social-Semiotic Perspective*, Oxford, Oxford UP.

JOHNSON, Samuel (1775) *A Journey to the Western Islands of Scotland*, ed. Mary Lascelles, Yale, Yale UP, (1976).

—, (1755) *A Dictionary of the English Language*, 2 vols., Londres, Bentley.

KÖNIGS, F. (1981) «Zur Frage der Übersetzungseinheit und ihre Relevanz für den Fremdsprachenunterricht», *Linguistische Berichte* 74 82-103.

LAFARGA, Francisco (2007) «Presentación», en *Literatura de viajes y traducción*, ed. Francisco Lafarga *ea.*, Granada, Comares, pp. 1-3.

LOGAN, James (1831) *The Scottish Gaël; or, Celtic Manners, as preserved among the Highlanders*, 2 vols., Londres, Smith.

ORENSAN MORENO, Ainhoa (2008) Reseña de Agustín Coletes Blanco, ed. y trad., *Viaje a las Islas Occidentales de Escocia*, por Samuel Johnson, Oviedo, KRK, (2006) *Cuadernos dieciochistas*, 9, pp. 259-298.

PAREDES SÁEZ, Ástur y Adolfo GARCÍA MARTÍNEZ (2006) *La casa tradicional asturiana*, Oviedo, Cajastur.

PASCUAL GARRIDO, María Luisa (2009) Reseña de Agustín Coletes Blanco, ed. y trad., *Viaje a las Islas Occidentales de Escocia*, por Samuel Johnson, Oviedo, KRK, (2006) *ATLANTIS. Journal of the Spanish Association of Anglo-American Studies*, 31.2, pp. 177-82.

POLEZZI, Loredana (2006) «Translation, Travel, Migration», *The Translator* 12/2, pp. 169-88.

ROBERTSON, Susan L. (2001) «Defining Travel: An Introduction», en *Defining Travel: Diverse Versions*, ed. Susan L. Robertson, Jackson, UP of Mississippi, pp. 11-20.

RUBIÉS, Joan Pau (2002) «Travel Writing and Ethnography», en *The Cambridge Companion to Travel Writing*, ed. Peter Hulme y Tim Youngs, Cambridge, Cambridge UP, pp. 242-60.

STONE, John (2008) Reseña de Agustín Coletes Blanco, ed. y trad., *Viaje a las Islas Occidentales de Escocia*, por Samuel Johnson, Oviedo, KRK, (2006) *Johnsonian News Letter* 49.1, pp. 47-53.

VÁZQUEZ ORTA, Ignacio (1996) «Register, Genre and Linguistic Choice», en *Current Issues in Genre Theory*, eds. Ignacio Vázquez y Ana Hornero, Zaragoza, Mira, pp. 29-50.

VV.AA. (2001) *Diccionario de la lengua española*, 22ª ed., Madrid, Real Academia Española.

VV.AA. (2000) *Diccionario Español-Inglés, Inglés-Español*, 6ª ed., Nueva York, Collins.

VV.AA. (1977) *The Shorter Oxford English Dictionary on Historical Principles*, 3ª ed., Oxford, Clarendon.

Diario poético de un viaje: Jean Camp en Canarias

Clara Curell

Si bien no es raro que se aluda a la «poesía del viaje», es bastante menos habitual hablar del «viaje en poesía». En efecto, mientras que la vinculación entre el desplazamiento y la narrativa de ficción se remonta a antiguo —son numerosas las novelas que, de uno u otro modo, refieren un viaje, se sirven de él como motivo o están planteadas en forma de itinerario—, no abundan los intentos de aliar la aventura del viaje con la poesía, aunque no es menos cierto que las primeras obras maestras de la literatura viajera occidental —pensemos en la *Odisea* o en la *Eneida*— fueron transcritas en verso (Moureau, 2002: p. 8). En cualquier caso, el viaje, como consecuencia de la novedad a la que está indefectiblemente asociado, es un catalizador del sentimiento lírico, ya que, como bien dice Jean-Marc Quaranta, crea «les conditions d'une déréalisation du monde qui permet à la vision poétique de s'élaborer» (2002: p. 210). Ello es especialmente patente en los escritores románticos franceses (Chateaubriand, Hugo, Nerval o Lamartine, por ejemplo), que nos brindan sus experiencias de viaje tamizadas por su percepción personal y salpicadas de impresiones, recuerdos o asociaciones de todo tipo, impregnando, así, un pseudo-relato factual —empleando la terminología de Gérard Genette[1]— de innegables indicios de ficcionalidad.

Pero es sin duda a partir de los albores del siglo XX cuando la escritura viajera experimenta un vuelco más determinante, puesto que los propios relatores reivindican ya explícitamente la necesidad de dotarse de una nueva poética en la que el imprescindible anclaje referencial se ensamble con la expresión de la subjetividad[2]. Es paradigmático el caso del escritor y antropólogo Claude Lévi-Strauss, cuya obra *Tristes tropiques*, supuesta crónica de una expedición etnográfica, constituye,

1   Este autor dedica el capítulo III de su obra *Fiction et diction*, publicada en 1991, a establecer una distinción —así como una serie de convergencias— entre este tipo textual y el «relato ficcional».
2   La imposible neutralidad de los escritores viajeros contemporáneos ha sido puesta de manifiesto, entre otros, por Gérard Cogez (2004).

desde su publicación en 1955, una de las reflexiones críticas más lúcidas sobre el viaje y su escritura (recordemos que el libro se abre con la tajante frase de: «Je hais les voyages et les explorateurs»). Para él, cualquier exploración, más que un recorrido es un rastreo en el que una escena fugitiva, el detalle de un paisaje o una simple reflexión al vuelo permiten, por sí solos, entender e interpretar unos horizontes que, sin ellos, habrían sido estériles (Lévi-Strauss, 1955: p. 48).

El género viático actual se enmarca, de este modo —como bien lo expone Anne Prunet (2007) en su trabajo dedicado a algunos escritores viajeros modernos como Victor Segalen, Alain Daniélou, Michel Leiris y Nicolas Bouvier[3]— en el ámbito de la denominada «escritura de la mediación», que ya no se circunscribe estrictamente al viaje, sino que se plantea cuestiones más amplias como son el paso, el encuentro o el intercambio. Y, sigue diciendo esta autora, tales obras de mediación «sont donc nécessairement subjectives, puisqu'elles témoignent d'une rencontre et d'une impression fugace par essence, transmise par un narrateur source de cette impression» (Prunet, 2007).

Así pues, en ese intento de transformación, la escritura del viaje adquiere una dimensión híbrida, al aunar dos géneros que parecen irreconciliables: la crónica viajera y la autobiografía, el relato del desplazamiento y el relato de vida. Ese mismo propósito renovador es el que lleva a algunos poetas del siglo XX, como Cendrars, Saint-John Perse, Michaux o Bonnefoy, a hacer converger el enunciado viático con el enunciado poético, rompiendo, de esta forma, con uno de los parámetros estructurales de ese género, como es la linealidad de lo narrado. Pero esta aparente contradicción entre la esencia de ambos discursos no lo es tanto si tenemos en cuenta que, tal y como acertadamente lo señala Frank Lestringant (2002: p. 308), «la poésie transporte comme le voyage déplace» y que, además, los otros dos pilares de la relación del viaje, esto es, el desplazamiento en un espacio geográfico y la experiencia directa del cronista itinerante expresada en primera persona, conviven felizmente en y con el soporte poético.

Una demostración palpable y un buen ejemplo de la legitimidad de este tipo de discurso para dar cuenta de un recorrido es el cuaderno que Jean Camp, autor que nos convoca en esta ocasión, nos legó de la estancia

---

3   Este último autor forma parte del colectivo de escritores viajeros que en 1992 publicaron el manifiesto *Pour une littérature voyageuse*.

que realizó en Canarias durante el invierno de 1967[4]. Antes de detenernos en sus versos, consideramos oportuno ofrecer algunos de los datos más significativos de la vida y de la obra de este hispanista francés[5].

Nacido el 6 de febrero de 1891 en la localidad provenzal de Salles-d'Aude, Jean Camp llevó a cabo sus estudios superiores y desarrolló la mayor parte de su vida profesional lejos de su tierra natal. Así, fue profesor del *Collège français* de Madrid entre 1912 y 1913 y, al poco tiempo y ya de vuelta a Francia, desempeñó el puesto de agregado de español en Nîmes y Toulouse hasta 1927, cuando obtuvo la plaza de catedrático en el *Lycée Henri IV* de París. En la Universidad de la Sorbona de esta ciudad defendería, diez años más tarde, su tesis doctoral sobre José María de Pereda. Ante el estallido de la Guerra Civil española, sus profundas convicciones democráticas lo convirtieron en un comprometido activista que no sólo participaba en actos de apoyo a la República, sino que también prestaba su ayuda a los refugiados españoles que huían del régimen franquista. Del mismo modo, su lucha contra la ocupación alemana le valió ser condecorado con la *rosette* de la Resistencia Francesa. Al finalizar la Segunda Guerra Mundial tomó rumbo hacia Hispanoamérica, donde desempeñó el cargo de agregado cultural de la embajada francesa en México entre 1946 y 1948 y, posteriormente, ejerció como profesor en las universidades argentinas de Buenos Aires e Internacional del Litoral de Rosario. Su estancia en Sudamérica se vio coronada con su nombramiento como director del Instituto Francés de América Latina. La experiencia de esos años fue crucial en su vida personal y profesional al permitirle no sólo conocer de cerca la cultura y la literatura iberoamericanas, sino también reencontrarse con escritores e intelectuales españoles, entonces en el exilio. De regreso a Francia, en 1949, retomó su labor docente e investigadora en la Universidad de Aix-en-Provence, en la que, cinco años más tarde, obtendría la cátedra de Lengua y Literatura Españolas.

Además de su dedicación académica, Jean Camp consagró buena parte de su tiempo a otras dos importantes actividades: la creación literaria y la política. En este último ámbito, su demostrado compromiso en defensa

---

4 El presente trabajo se ha realizado en el marco de los proyectos de investigación FFI2008-03695 y FFI2011-25994, financiados por el Plan Nacional de I+D.
5 Salvo escuetas y ocasionales referencias en algunos diccionarios biográficos occitanos, no existe todavía un estudio completo acerca de este escritor. Una primera aproximación a su figura, y que contiene contrastados datos bio-bibliográficos, se encuentra en Oliver y Curell (2007).

de los valores democráticos y de la cultura contribuyó a su nombramiento como jefe del gabinete del Ministro de Instrucción Pública. Más tarde, en 1953, fue elegido alcalde de Roquefort-les-Pins, población de los Alpes Marítimos que convirtió, a lo largo de los 12 años en que desempeñó este cargo, en un importante foco cultural donde se daban cita reconocidos artistas e intelectuales. En este ambiente, por ejemplo, se fraguó en 1962 la creación del Pen Club de Lengua de Oc (del que fue su primer presidente) con el apoyo de otro gran escritor languedociano, Max Roqueta, y de sus amigos Miguel Ángel Asturias, Pablo Neruda y Arthur Miller.

Su trayectoria profesional, política y humana fue recompensada con diversas distinciones nacionales y extranjeras, así como con el nombramiento de profesor honorario de su universidad. Poco antes de su muerte —que tuvo lugar el 22 de enero de 1968— su entusiasmo por la cultura hispánica y su dinamismo hicieron que aceptara trasladarse a Niza para organizar el departamento de español de la recién creada universidad.

Por lo que concierne a su vertiente de hispanista, hay que destacar tanto sus trabajos académicos y de divulgación como sus traducciones de títulos muy representativos de la literatura en lengua española. Entre sus versiones sobresalen, por una parte, las que realizó de diversas obras de los grandes autores del Siglo de Oro y, por otra, las de algunos novelistas de finales del siglo XIX especialmente apreciados por él, como Pereda y Valera. Asimismo, tradujo y dedicó varios estudios a determinados escritores de su época que, en la mayoría de los casos, llegó a tratar, como Valle-Inclán, Unamuno, García Lorca, Juan Ramón Jiménez, Alberti o Buero Vallejo. Por otro lado, su experiencia americana lo animó a escribir algunos ensayos y a traducir obras de Miguel Otero Silva, Luis Spota, Héctor Pérez Martínez y Miguel Ángel Asturias.

En lo que respecta a su faceta como creador, cabe señalar que, si bien sus primeros textos fueron unos poemas escritos en occitano, la mayor parte de su producción literaria, que se plasmó en los distintos géneros, fue desarrollada en francés. Entre sus obras narrativas, tan sólo resaltaremos aquí *Vin nouveau* —con la que quedó finalista del Premio Goncourt de 1929— y algunos relatos de mayor o menor extensión inspirados en una España legendaria o en su experiencia mejicana. Por lo que atañe a su escritura poética, las antologías *De mes treilles* (1952) y *Vendange faite* (1967) son una buena muestra de su virtuoso manejo de la métrica francesa.

Es precisamente en el poemario *Vendange faite*, integrado esencialmente por las últimas composiciones que escribió, donde se inserta el cuaderno poético que evoca su viaje al Archipiélago Canario. *Vendange faite* es una compilación estructurada en ocho secciones que, precedidas de un primer soneto a modo de arte poética, recoge vivencias antiguas y recientes del escritor. Así, en los primeros poemas rememora episodios de su infancia y de su juventud, a continuación incluye una docena de piezas escritas entre 1914 y 1918, prosigue con una serie heterogénea de composiciones para concluir con unas estrofas dedicadas a su mujer y a sus hijos.

El más amplio de esos ocho capítulos se titula *Petite suite canarienne* y, como lo sugiere su propio nombre, está integrado por diversas piezas (concretamente, diecinueve sonetos), cuyo hilo conductor es la estancia que, entre los meses de diciembre de 1966 y febrero de 1967, el poeta efectuó en Canarias junto a su mujer Thérèse. Al parecer, el principal objetivo de este viaje era el de pasar los meses más duros del invierno lejos del frío parisino, en un clima templado que fuera beneficioso para su ya maltrecha salud. Se desconocen las razones precisas que lo llevaron a elegir precisamente Tenerife, aunque sospechamos que, además de los motivos mencionados, influyó el que fuera una región de habla hispana y, quizás, el que ya tuviera algún contacto epistolar o conociera, a través de la lectura o por medio de amigos, a determinados intelectuales canarios de la época. Sea como fuere, las noticias que hemos podido recabar nos llevan a pensar que el matrimonio Camp llegó a la isla en la última semana de diciembre de 1966 y que enseguida entabló contacto con el profesor rumano-francés afincado en Tenerife, Alejandro Cioranescu, y con algunos miembros del extinto grupo vanguardista *Gaceta de Arte* (Domingo Pérez Minik, Pedro García Cabrera o Eduardo Westerdahl). Muy probablemente fueron estos quienes, conociendo el prestigio del hispanista francés, lo acogieran con su habitual hospitalidad y le hicieran de cicerone, informándole sobre asuntos de la historia y peculiaridades locales, acompañándole en algunas excursiones y fiestas o animándolo a visitar otras islas. Este contacto —además de la labor que pudieron haber realizado el cónsul francés y el presidente de la Alianza Francesa en Tenerife— fue, posiblemente, el que le abrió las puertas de distintas entidades e instituciones en las que impartió, tanto en la isla donde fijó su residencia temporal como en La Gomera y en Gran Canaria, varias conferencias sobre temas relacionados con Quevedo, Lope de Vega, Unamuno, la poesía y el teatro españoles modernos o el teatro francés[6].

---

6 La relación de conferencias pronunciadas por Jean Camp durante su permanencia en las islas se encuentra en Oliver y Curell (2007: p. 603).

Gran parte de estas experiencias quedaron plasmadas en el singular diario de viaje que constituye su *Petite suite canarienne*, aunque no se agotan en este cuaderno, pues en el mismo libro se encuentran ocho poemas más escritos durante su estancia en el Archipiélago. Algunos de ellos son el resultado de otras vivencias isleñas que el autor podía haber incluido igualmente en esta sección, como, por ejemplo, «Carnaval I» y «Carnaval II» en los que hace alusión a las entonces llamadas «Fiestas de Invierno», bajo las que, durante el franquismo, se disfrazó el Carnaval tinerfeño. Otros, sin embargo, son estrictamente personales y no tienen más relación con Canarias que el simple hecho de haberlos escrito ahí.

En esta ocasión nos centraremos únicamente en la *Petite suite canarienne*, que el poeta concibió como una obra unitaria constituida por una serie de breves secuencias yuxtapuestas que se encuadran, como en toda crónica de un desplazamiento, entre la llegada y la primera visión del lugar de destino (el poema «Tenerife», fechado el 31 de diciembre de 1966) y una despedida («Départ», presumiblemente escrito a mediados del mes de febrero de 1967). Entre ambas composiciones se suceden, de un modo casi episódico, algunas escenas o momentos privilegiados que Camp escogió y puso de relieve como ilustración de su experiencia canaria. Es bien sabido que la mirada del observador itinerante, sea cual sea la forma que elija para plasmar lo vivido, se ve siempre obligada a seleccionar, fijar y jerarquizar determinadas percepciones de la nueva realidad que se abre ante sí en detrimento de otras. Como bien lo afirma Gérard Cogez (2004: p. 87), la descripción de un paisaje, que podría ser llevada a cabo por cualquiera, se ve sustituida por el asombro que siente un individuo en particular ante lo que ve, y que solamente él ve de esa manera. En nuestro caso, la fuente de inspiración, esos «coups de foudre visuels», como los denomina este mismo crítico (Cogez, 2004: p. 87), los encuentra Camp en algunos parajes concretos del Archipiélago, en las calles, plazas, monumentos y puertos de ciertas poblaciones e, incluso, en una celebración festiva en particular o en unos amigos. Así, once poemas se centran en Tenerife (ya sea en la isla en general, como en el pico del Teide o en la Plaza de España, las Ramblas y el puerto capitalino); dos se inspiran en La Gomera (en una procesión religiosa y en la emblemática Torre del Conde en la que pernoctó Colón); Lanzarote, con su Montaña de Fuego, y la estancia forzosa de Unamuno en Fuerteventura son las protagonistas de otras dos composiciones, mientras que la visión de San Borondón, isla imaginaria asociada a Canarias, es evocada en otra. Otras dos piezas se refieren al Archipiélago en su conjunto y, por último, se incluye un soneto titulado «La esperanza me mantiene», que el autor dedicó al poeta surrealista canario Pedro García Cabrera.

El diario poemático —empleando las palabras de Pérez Minik (1979: p. 98)— que constituyen estos versos es, fundamentalmente, fruto de determinados y personales impactos sensoriales o emotivos y de asociaciones inéditas, aunque no es menos cierto que, debido a su anclaje referencial —un viaje real—, nos comunica también una verdad innegable sobre los itinerarios isleños que el poeta francés tuvo la ocasión de trazar. Su intención era regresar a estas tierras de su elección todos los inviernos, lo que le hubiera permitido seguir recorriendo y (re)conociendo su geografía con su mirada atenta y curiosa, así como continuar profundizando en el conocimiento de su historia, de sus gentes y de sus costumbres. Lamentablemente, su fallecimiento, ocurrido en enero de 1968, poco después de publicarse *Vendange faite*, no lo hizo posible, por lo que su testimonio lírico se convierte en doblemente singular.

A modo de ilustración, nos permitimos incluir aquí los dos movimientos que jalonan su suite insular: la obertura, dedicada a Tenerife[7], y el tiempo final en el que se despide de estas tierras afortunadas.

TENERIFE

Petits chemins de lave épousant les basaltes
A travers des cactus aux massifs rabougris,
Des bananiers frileux aux creux des ravins gris
Et des fleurs de Noël souriant à nos haltes,

Vous vous offrez comme un bouquet à l'Océan
Qui vous gifle de son éventail inlassable
Mais vous ne passez pas la ceinture de sable
Que brasse autour de vous une main de géant.

Les villages d'argile aux murs de pierre sèche
Sont des oiseaux cloués au sol que tout empêche
De connaître jamais le désert africain.

Ou bien les profondeurs de la mer ténébreuse
Qui hantaient le sommeil de l'âme aventureuse
D'un marin qui naquit du temps de Charles Quint.

---

7 Este poema, al igual que los dedicados al carnaval tinerfeño, han sido dados a conocer en su versión española en distintos artículos de divulgación (Oliver y Curell, 2004 y 2006).

DÉPART

Emportés par l'élan du moderne hippogriffe,
Aventuriers venus conquérir la Toison,
Nous voyons disparaître au bout de l'horizon,
Les Iles fortunées, Las Palmas, Ténérife,

Fuerteventura, Gomera, toutes enfin
Et le dernier lambeau de lave, Lanzarote...
Adieu, pays qui eut enchanté don Quichotte
Et toi, Teide géant sur le ciel d'azur fin!

Dans le crachin boueux des villes hivernales,
Nous allons évoquer vos plages virginales
Où les barbares blonds se dorent au soleil,

Et vos filles aux yeux pleins de rêves étranges,
Et vos matins couleur de rose et de méteil
Dans vos ports débordants de citrons et d'oranges.

Como se habrá podido constatar en estos ejemplos, además de legarnos unos sonetos impresionistas y de gran belleza, Jean Camp nos deja un original relato de su paso por Canarias que, siguiendo el precepto horaciano *utile dulci*, a la vez que nos deleita, nos instruye y nos invita al viaje.

Referencias bibliográficas

BORER, Alain, BOUVIER, Nicolas, COATALEM, Jean-Luc et al. (1992) *Pour une littérature voyageuse*, Bruselas, Éditions Complexe.
COGEZ, Gérard (2004) *Les écrivains voyageurs au XXe siècle*, París, Seuil.
GENETTE, Gérard (1991) *Fiction et diction*, París, Seuil.
LESTRINGANT, Frank (2002) «Conclusions», en Sophie Linon-Chipon, Véronique Magri-Mourgues y Sarga Moussa, *Poésie et voyage. De l'énoncé viatique à l'énoncé poétique*, Mandelieu-La Napoule, Éditions La Mancha, pp. 327-331.
LÉVI-STRAUSS, Claude (1955) *Tristes tropiques*, París, Plon.
MOUREAU, François (2002) «Introduction», en Sophie Linon-Chipon, Véronique Magri-Mourgues y Sarga Moussa, *Poésie et voyage. De l'énoncé viatique à l'énoncé poétique*, Mandelieu-La Napoule, Éditions La Mancha, pp. 7-11.

OLIVER, José M. y Clara CURELL (2004) «Los poemas canarios de Jean Camp (I)», *La Opinión de Tenerife: 2·C Revista semanal de Ciencia y Cultura*, 229 (17 de julio de 2004), pp. 12-13.

OLIVER, José M. y Clara CURELL (2006) «Los poemas canarios de Jean Camp (III): Carnaval en versos franceses», *La Opinión de Tenerife: 2·C Revista semanal de Ciencia y Cultura*, 299 (4 de marzo de 2006), pp. 6-7.

OLIVER, José M. y Clara CURELL (2007) «La esperanza compartida: homenaje de Jean Camp a Pedro García Cabrera», en Belén Castro Morales (coord.), *Actas del Congreso Internacional Pedro García Cabrera*, La Laguna, Servicio de Publicaciones de la Universidad de La Laguna, II, pp. 595-607.

PÉREZ MINIK, Domingo (1969) «Homenaje a Jean Camp», en *Entrada y salida de viajeros*, Santa Cruz de Tenerife, Ediciones Nuestro Arte, pp. 97-101.

PRUNET, Anne (2007) «Poétiques du voyage au vingtième siècle. Victor Segalen, Alain Daniélou, Michel Leiris, Nicolas Bouvier», *Astrolabe*, 14, en línea: <http://www.crlv.paris4.sorbonne.fr/revue_crlv/FR/Page_article_detail.php?P1=69>.

QUARANTA, Jean-Marc (2002) «De *Sylvie* au *Contre Sainte-Beuve*: voyage, citation et création poétique dans les cahiers de *À la recherche du temps perdu*», en Sophie Linon-Chipon, Véronique Magri-Mourgues y Sarga Moussa, *Poésie et voyage. De l'énoncé viatique à l'énoncé poétique*, Mandelieu-La Napoule, Éditions La Mancha, pp. 205-220.

Un voyage romanesque dans la Romancie du Père Bougeant en 1735

ESTRELLA DE LA TORRE GIMÉNEZ

Le jésuite Guillaume-Hyacinthe Bougeant aimait le fantastique et les « canards ». Auteur de trois comédies satiriques, d'un *Amusement philosophique sur le langage des bêtes*, où il affirmait la supériorité de l'âme des animaux sur celle des hommes et d'une préface d'un livre de cuisine, il voulut devenir un auteur de prestige comme il l'affirmait dans ses *Lettres philosophiques*, mais malheureusement il n'est resté qu'un inconnu :

> Plusieurs de ceux, qu'on regardait de leur temps comme des hommes fous et dangereux, passent aujourd'hui pour des modèles de sagesse, et de courage, et cette pensée ne m'enhardit point. L'espérance d'un nom, écrit un jour au Temple de Mémoire, ne me console pas de le voir effacé de mon vivant du nombre des gens sensés : j'aime mieux la gloire dont je puisse jouir, que celle que l'on peut me promettre; et toute obscure qu'est ma réputation, je la préfère à l'éclat incertain de celle qu'on me fait espérer (Bougeant, 1750 : pp. 6-7)

Depuis la fin du XVIIe siècle s'était produit en France une double crise, celle des valeurs du classicisme qui donnera comme résultat l'énorme essor de la littérature de voyage et celle du genre romanesque, critiqué par les romanciers eux-mêmes pour son caractère mensonger. Bougeant réussit à les réunir tous les deux en imaginant son *Voyage merveilleux du prince Fan-Férédin dans la Romancie. Contenant plusieurs observations historiques, géographiques, physiques, critiques et morales.* Pour George May, ce récit constitue :

> [...] un des ouvrages du temps, sans doute le plus complet et le plus spirituel de ceux qui furent la grosse artillerie dont les positions des auteurs et lecteurs de romans furent alors pilonnés. (G. May, 1963 : p. 22)

Le récit de Bougeant n'est qu'un jeu littéraire, il parodie non seulement les romans, mais en aussi le genre qui sert à sa parodie, le récit de voyages. Le jeu se complique à la fin du roman quand un autre genre sert à expliquer l'ensemble de l'histoire, le rêve. Chargé de sens allégorique, le lecteur se trouve amené à regarder le tout comme la représentation directe d'un univers plaisamment absurde. Le roman apparaît comme un exercice sur les virtualités contradictoires du langage de la fiction, l'écriture des romans s'y donnant en spectacle.

Si la fonction médiatrice des préfaces des voyages imaginaires du XVIIIe siècle permettait aux auteurs d'effacer les limites entre le fictif et le réel des pays décrits, dans la préface du *Voyage merveilleux*, un auteur anonyme s'adresse à une Dame tout aussi anonyme, C** B**, pour lui annoncer les raisons qui l'ont poussé à rédiger son récit. En réalité il ne s'agit pas d'une préface mais d'une « épitre dédicatoire » adressée à une inconnue qui aimait le genre romanesque et qui avait engagé l'auteur de mettre par écrit les raisons qui le poussaient à le critiquer, le rédacteur de l'épître s'exprime en toute clarté au moment de les rédiger. Il avoue l'avoir composé pour attaquer les romans qu'il ne peut pas souffrir, mais qu'il savait très à la mode parmi un bon nombre de lecteurs. S'il s'est décidé à utiliser la description du prétendu voyage de son protagoniste, le prince Fan-Férédin, à travers la *Romancie*, il l'a fait pour donner à ses raisonnements « un tour agréable » :

> [...] faire une dissertation raisonnée, une controverse de Casuiste ou de Philosophe pédant ? Non, dis-je en homme d'esprit ; il faut donner à mes raisons un tour agréable, les envelopper sous quelque idée riante, sous quelque fiction qui amuse ; et pour cela j'imagine le Voyage merveilleux du Prince Fan-Férédin. Le voilà fait : c'est un Roman ; et c'est moi qui l'ai fait. O Ciel ! c'est-à-dire, que vous avez trouvé le moyen de me faire faire un Roman, à moi l'ennemi déclaré des Romans. (Bougeant, 1735 : p. II-III)

La rédaction des préfaces des voyages imaginaires était confiée au narrateur des voyages, mais dans celle du *Voyage merveilleux*, Bougeant ne voulait pas laisser cette tâche à son protagoniste, le Prince Fan-Férédin. Malgré le voile de l'anonymat, l'auteur veut assumer tout le poids de sa responsabilité, son dessein est de démasquer dès l'introduction ses intentions : critiquer au fur et à mesure qu'il l'élabore le genre détesté.

La plupart des préfaces de ce type de voyages servait aux auteurs à simuler que ce qui allait être narré correspondait à la réalité rapportée par les véritables récits de voyages, pour Jean-Michel Racault : « la préface est [...] médiatrice, en s'efforçant d'effacer leurs limites respectifs, entre le fictif et le non fictif, entre le vrai et le faux » (Racault, 1986 : p. 83) ; par contre, dans le cas qui nous occupe l'auteur s'en sert pour annoncer que ce qu'on va lire est aussi faux que le genre que renferme le nom du pays visité.

Bougeant savait parfaitement que la littérature de voyage qu'on rédigeait en Europe fluctuait entre le romanesque et le document réel. À mi-chemin entre le mensonge et la vérité, elle occupait une position ambiguë entre la réalité et la fiction, raison fondamentale qui le poussait à utiliser le genre pour critiquer de l'intérieur le genre dont la fiction était le trait dominant, le roman :

> Je vous promets de plus que si ce petit ouvrage répond à mes intentions, en vous inspirant à vous et à ceux qui le liront, un juste dégoût de la lecture des romans, je vous pardonnerai de me l'avoir fait écrire. (Bougeant, 1735 : pp. V-VI)

Si nous savons, à travers la lecture de la lettre dédicace, que les propos de l'auteur sont de railler les mauvais romans, rien ne le fait soupçonner quand le lecteur commence l'histoire. Dès le premier chapitre, le héros-narrateur se montre un grand lecteur de romans qui, à la manière de Don Quichotte, part à la recherche du pays de Romancie qu'il imagine très différent de celui où il habite, présidé par la monotonie et l'ennui :

> Agité de mille mouvements inconnus, le cœur plein de beaux sentiments, & l'esprit rempli de grandes idées, je commençai à me dégoûter de tout ce qui m'environnoit. Quelle différence, disois-je, de ce que je vois & de tout ce que j'entends, avec ce que je lis dans les Romans !
>
> [...] Abandonnons-les à leur grossiereté, & allons chercher quelque glorieux établissement dans ce pays merveilleux des Romans, où le peuple même n'est composé que de Héros. (*Id.* : pp. 3-5)

Le voyage entrepris par le protagoniste, le Prince Fan-Férédin, n'est que le résultat de sa dépendance aux romans initiée par sa mère, la princesse Fan-Férédin, dès son enfance. La princesse, qui n'avait pas aimé les romans, commença à les trouver utiles après la lecture de *De l'Usage des Romans*. Le nom de l'auteur d'un ouvrage si dangereux n'y est pas mentionné, mais tout le monde le connait, Langlet du Fresnoy. Le vrai propos de Bougeant en rédigeant son roman, sorti un an plus tard, n'était que de répondre à Langlet et de lui démontrer qu'il n'avait pas raison dans son plaidoyer pour le roman. Comme l'avait fait Lucien dans son *Histoire véritable*, satire littéraire qui tournait en dérision les inventions incroyables des poètes ou des historiens, Bougeant utilise le personnage du prince Fan-Férédin pour parodier le type de récit utilisé par les voyageurs pour critiquer les inventions des romanciers à la mode.

Le voyage imaginé par Bougeant, il le reconnaît dès le titre : « merveilleux ». Le lecteur n'est jamais trompé, il rentre dans une fiction, il devient le récepteur des expériences vécues au cours d'un voyage à l'intérieur de l'univers fictionnel le plus absolu, celui du roman. Le merveilleux utilisé par Bougeant s'identifie à celui qui, tout au long du XVIIIe siècle se constitue en Europe, un merveilleux proprement littéraire, à mi-chemin entre le surnaturel traditionnel et le symbolisme. Il s'agit d'un merveilleux qui, comme Jacques Bousquet affirme :

> [...] n'exige pas la croyance, mais il ne vise pas cependant au simple amusement ; il tend à créer, sur un autre plan, une zone nouvelle de réalité, nous dirions aujourd'hui : de surréalité (Bousquet, 1972 : p. 108).

L'utilisation du merveilleux permet à l'auteur d'accorder de la fiabilité au jeu et compte sur la crédulité qui organise rationnellement des faits sur lesquels la raison n'a pas grand-chose à dire :

> Car enfin, disois-je, si ce pays n'existoit pas réellement, il faudroit donc traiter de visions ridicules & de fables puériles tout ce qu'on lit dans les Romans. Quelle apparence ! Eh ! que faudroit-il donc penser de tant de personnes si raisonnables d'ailleurs qui ont tant de goût pour ce lectures, & de tant de gens d'esprit qui employent leurs talent à composer de pareils Ouvrages ? (Bougeant, 1735 : p. 7)

Considérer le voyage du prince Fan-Férédin comme un voyage humoristique serait faux, il partage les motivations fondamentales du récit de voyage traditionnel. La principale est le savoir, les protagonistes voyagent pour découvrir, pour connaître. Les mêmes intentions poussent Fan-Férédin quand il décide d'aller à la recherche de Romancie.

> Allons chercher quelque glorieux établissement dans ce pays merveilleux des Romans, où le peuple même n'est composé que de héros.
>
> [...] Après m'être muni secrètement de tout ce que je crus nécessaire pour mon voyage, je partis pendant une belle nuit au clair de la lune, pour tenter, en parcourant le monde, la découverte que je méditais. (Bougeant, 1735 : p. 5)

Comme le dit Jean Roudaut :

> Le récit de voyage se double d'un récit de quête : celle d'un centre du monde qui mettrait justement fin au voyage, non pas dans la désolation de l'équivalence générale de tout, mais dans la plénitude que conférerait le sentiment d'être parvenu à l'omphalos (Roudaut, 1997 : p. 594).

Le récit imaginé par Bougeant conserve ce principe fondamental, il représente une quête. La quête du narrateur-voyageur qui connaît parfaitement son pays de prédilection, mais uniquement à travers ses lectures et que, comme d'autres voyageurs veut s'y déplacer pour constater que la réalité visitée fait justice à la réalité lue :

> La plupart des voyageurs aiment à vanter la beauté des pays qu'ils ont parcourus & comme la simple vérité ne leur fournirait pas assez de merveilleux, ils sont obligés d'avoir recours à la fiction. Pour moi loin de vouloir exagérer, je voudrais au contraire pouvoir dissimuler une partie des merveilles que je vuës, dans la crainte où je suis qu'on ne se défie de la sincérité de ma relation. (Bougeant, 1735 : p. 20)

Comme nous l'annonce le titre : *Voyage merveilleux du prince Fan-Férédin dans la Romancie. Contenant plusieurs observations historiques, géographiques, physiques, critiques et morales*, Bougeant adopte la méthode descriptive des missionnaires jésuites dans leurs relations de voyages : voyage, description du pays et mœurs des habitants. Après une chute dans un abîme, le protagoniste tombe par hasard dans Romancie. Chapitre après chapitre le narrateur nous y transporte à travers son histoire naturelle, ses habitants et ses « mille choses curieuses ».

Pierre-François Moreau dans *Le Récit utopique : droit naturel et roman de l'État,* distingue le voyage réel, le voyage fictif où l'auteur fait semblant d'avoir vu des pays où il n'est jamais allé, et le voyage imaginaire à travers lequel l'auteur raconte ce qui ne peut être vu. Le voyage imaginé par Bougeant constitue un cadre narratif qui permet l'ouverture à d'autres mondes, à des expériences de vie nouvelles et à un exercice renouvelé de la satire. Pour Raymond Trousson « dans le voyage imaginaire à l'état pur, l'auteur insiste sur le dépaysement, l'exotisme, l'éloignement » (Trousson, 1979 : p. 27).

L'auteur du *Voyage merveilleux* a usé très librement du voyage imaginaire, cette « forme éminemment plastique du récit de voyages susceptible d'accueillir les contenus intellectuels les plus divers » comme le certifie Alain Montandon (Montandon, 1999 : p. 93), le lecteur y est transporté à travers un univers romanesque où s'imposent la satire, le roman à clés, la fable philosophique, l'allégorie, la morale, etc.

F.A. Paradis de Moncrif, dans ses *Réflexions sur quelques ouvrages faussement appelés ouvrages d'imagination*, en 1741, critiquait devant ses confrères de l'Académie Française au moment de la proscription des romans décrétée par d'Aguessau, au nom de l'invraisemblance, ces voyages imaginaires fondés sur le merveilleux, le surnaturel, qui confondaient contes de fées et voyages imaginaires. Moncrif leur reprochait « d'amplifier encore les défauts communs à toute la littérature romanesque » (Baczko, 1978 : p. 41). L'engouement du public qui s'expliquerait par un goût malsain pour le bizarre et les voyages ne sont pour lui qu'une variante des contes de fées ou des songes.

La liberté narrative permet à Bougeant d'intégrer sous cette forme vide toute sorte d'aventures. Il en profite pour faire une critique de la beauté et des mérites conventionnels des héros des romans, leurs conversations en galimatias et leurs belles tirades, leurs aventures extravagantes, leurs amours toujours idéales, les épreuves, enlèvements, duels, méprises, esclavages par lesquels doivent passer les amoureux, l'omniscience des auteurs qui connaissent en détail les entretiens les plus particuliers. En ressort sa maîtrise de l'ironie par ses attaques des romanciers baroques qu'il surnomme de façon très comique mais assez éclairante : les « souffleurs », « enfileurs », « brodeurs », « ravaudeurs » ou les « lanterniers ». Conscient de l'évolution que le roman était en train de subir, il divise la Romancie en Haute-Romancie et Basse-Romancie ; la première est habitée par les héros glorieux des romans antiques ; la seconde, plus récente, qui représente le roman de facture moderne, est peuplée de personnages moins illustres :

> La première est demeurée aux Princes et aux Héros célèbres ; la seconde a été abandonnée à tous les sujets du second ordre, voyageurs, aventuriers, hommes et femmes de médiocre vertu. Il faut même l'avouer à la honte du genre humain. (Bougeant, 1735 : p. 107)

Pour ajouter une constatation en ces débuts du XVIIIe siècle : « La Haute-Romancie est depuis longtemps presque déserte [...] au lieu que la Basse-Romancie se peuple tous les jours de plus en plus » (*Id.*).

Le chapitre XIII : « Arrivée d'une grande Flotte. Jugement des nouveaux débarqués », reste le récit allégorique de comment les lecteurs, et surtout les lectrices de romans, décidaient de la sort des romans dépendant des rôles donnés par les auteurs à leurs héros et à leurs héroïnes. Dès l'arrivée à port d'une « Flotte » de « Vaisseaux », qui n'est en réalité qu'un ensemble de différents romans connus des lecteurs de son temps :

> Ils étoient tous distingués par leurs pavillons comme les Vaisseaux d'Europe, & surtout par leurs Devises et leurs noms différents. J'aurois de la peine à me les rappeler tous : Les quatre Facardins, Fleur d'Epine, Les Contes Mogols, Les

> Contes Tartares, Madame Barnevelt, La Constance des promptes Amours, Aurore & Phébus, & plusieurs autres, ce qui faisoit un spectacle fort varié. (*Id.* : p. 220)

Leurs « Armateurs », les véritables auteurs des romans, seront jugés par un Tribunal composé d'hommes et de femmes :

> [...] tous les Armateurs sont obligés à leur retour de se présenter à la Présidente du Conseil pour lui rendre compte de tout ce qui leur est arrivé. Elle les écoute, & après leur rapport, elle les punit ou les récompense selon la bonne ou la mauvaise conduite qu'ils ont tenuë dans le cours du voyage. S'ils ont conduit & gouverné leur monde avec art & avec sagesse, on leur donne dans la Romancie un des premiers rangs; si au contraire ils ont fait faire à leurs Passagers un voyage ennuyeux, trop dangereux, s'ils les ont fait échoüer, s'ils les ont traités avec trop de rigueur, en un mot s'ils leur ont donné de justes sujets de plainte, le Juge les punit en les condamnant les uns à la prison, les autres au bannissement, ou à quelque peine plus rigoureuse. (*Id.* : pp. 223-224)

Le cible des critiques de Bougeant c'est l'Abbé Prévost, dont il critique les aventures malheureuses et invraisemblables qu'il fait subir aux protagonistes de ses romans.

Bougeant emploie la première personne pour bien marquer la vocation critique de son roman. La revendication de la fiction du héros qui nous raconte son « aventure » s'accompagne d'une mise en question des codes romanesques à la mode, sous la forme d'une parodie. Bougeant, à travers son éternel jeu littéraire, construit un roman allégorique. Cette forme de fiction accompagnait souvent le récit d'un voyage imaginaire. Le romancier, à travers son roman allégorique, confie à son narrateur-protagoniste le soin de raconter l'histoire pour souligner qu'il y a dans les objets étrangers qu'il représente, un sens à trouver, de la même manière que le voyageur réel rapporte des faits dont la signification lui est encore inconnue. Bougeant fait imiter la démarche du voyageur, non seulement à son héros, mais aussi au lecteur, en le transportant dans le domaine du texte littéraire.

La fonction du narrateur tend à être plus celle d'un témoin ou d'un spectateur que celle d'un héros agissant : « [...] comme mon dessein est moins de parler de moi-même. Que de raconter les choses admirables que j'ai vuës, j'ai crû devoir omettre ce détail, & toute autre circonstance inutile à mon sujet » (*Id.* : p. 2), en analogie avec les relations des voyages où l'intérêt se portait surtout vers l'inconnu. L'utilisation de la première personne provoque un effacement de la trame narrative au profit d'une succession de descriptions et de spectacles, que permet de relier entre eux la fiction d'un spectateur-voyageur commun.

Bougeant fait intervenir un autre personnage, le prince Zazaraph, « Grand Paladin de la Dondindandie », rencontré par le protagoniste dans la « Forêt des aventures », qui lui servira de guide dans Romancie à partir du cinquième chapitre. Dès leur rencontre commence un nouveau jeu, celui des dialogues qui permettent au voyageur de faire la connaissance du pays visité renseigné par un de ses habitants. À partir de l'apparition de Zazaraph, l'auteur double les points de vue. Il ne s'agira plus de voir Romancie à travers les yeux d'un seul visiteur-lecteur, mais il nous en donnera l'avis d'un autre personnage attiré dans ce pays pour aller à la recherche de la femme « parfaite », introuvable dans un autre endroit comme lui confia un « sage » :

> Non, me dit-il, n'espérés pas trouver dans vos Etats, ni dans les Royaumes voisins aucune beauté parfaite. On n'en voit de telles que dans la Romancie, & si quelque chose peut dans ce Pays-là rendre un choix difficile, c'est que toutes les Princesses y sont si parfaitement belles, qu'on ne sçait à laquelle donner la préférence, C'est votre cœur qui vous déterminera. (*Id.* : pp. 88-89)

Mais comme en témoigne Fan-Férédin lui-même, c'est toujours lui qui continue à parler tout seul :

> [...] je m'aperçois que je parle tout seul, et j'oublie que j'ai un compagnon qui aurait dû partager avec moi le récit que je viens de faire. J'en demande pardon à mes lecteurs, et je vais réparer ma faute dans le chapitre suivant. (*Id.* : pp. 147-148)

L'ironie des propos et des raisonnements du protagoniste, le voyageur à la recherche du pays de Romancie, fait disparaître la nature romanesque du récit et le transforme en le meilleur exemple d'antiroman et d'anti récit de voyages. Bougeant hésite parfois entre une critique analytique des lieux communs du roman et la simple parodie : « Oüi, je vis les choses les plus étonnantes, les plus admirables, les plus charmantes qu'on puisse voir. Je vis en un mot le pays des Romans » (*Id.* : p. 19)

Cette indécision stylistique, avec sa critique moitié ironique, moitié sérieuse des Romans, sera vivement dénoncée dans le compte rendu apparu dans le *Journal des savants* de 1735.

Le couple voyage-quête d'un récit de voyage est lié à la notion du retour à la fin de l'histoire. Le lecteur attend le retour à sa patrie du Prince Fan-Férédin après son voyage en Romancie. Comme il arrive dans les contes fantastiques, tout est possible dans un voyage merveilleux. Dans le récit de Bougeant le retour du voyageur s'avère être un retour à la réalité qui suit le sommeil. Le narrateur s'éloigne par instant du voyageur, il se presse de nous avertir de ce qu'il nomme un « instant fatal » :

> Je me croyais sur le point d'arriver au terme, lorsqu'un instant fatal me ravit un si parfait bonheur; mais pour bien entendre ce cruel événement, il faut reprendre la chose de plus haut & prévenir les Lecteurs que je vais changer de ton. (*Id.* : p. 271)

La capacité d'imaginer du créateur de Fan-Férédin arrive à son sommet à la fin du récit. Le Prince, éternel narrateur et perspicace voyageur, n'est que Monsieur de La Brosse, un grand lecteur, qui s'étant endormi, a rêvé tout le voyage merveilleux dans Romancie. Son éternel compagnon de voyage, le Prince Zazaraph, c'est son beau frère, M. de Mottes, et leur épouses représentent les princesses Anémone et Rosebelle de l'histoire. Le seul trait commun entre Fan-Férédin et son sosie, M. de la Brosse, c'est leur goût pour les romans. Dans leurs univers respectifs ce goût malsain va les pousser l'un à la folie et l'autre à recréer dans un songe toute une histoire chimérique.

Bougeant utilise le procédé du songe pour mieux marquer le ton « romanesque » de son récit. Le rêve permet toute sorte de faits insolites. Bougeant qui se moque des romans en en composant un autre, sort de la possible incongruence en faisant le seul responsable à l'univers rêvé. Ce procédé du rêve est souvent employé en littérature pendant le XVIIIe siècle car il permet une grande liberté et des visions fantastiques qu'il n'est pas besoin de justifier. Jacques Bousquet affirme :

> Assurément, beaucoup de songes du XVIIIe siècle sont-ils purs prétextes à dissertations philosophiques ou sociales ou à complaisances érotiques plus ou moins audacieuses. Mais à côté de ces rêves artificiels, dépourvus d'imagination, il en est de très vivants et de très riches. (Bousquet, 1972 : pp. 108-109)

Rien ne nous a fait prévoir la fin du récit, même si dans l'intitulé du chapitre XI, le narrateur nous l'annonce : « Des grandes épreuves et ressemblance singulière qui fera peut-être soupçonner aux lecteurs le dénouement de cette histoire » (*Id.* : p. 168)

M. de Brosse raconte son rêve aux membres de sa famille, qui sont les protagonistes de l'histoire, et ceux-ci l'obligent à le mettre par écrit. On peut lire dans *La Poétique de la rêverie* de Bachelard :

> Notons d'ailleurs qu'une rêverie, à la différence du rêve, ne se raconte pas. Pour la communiquer, il faut l'écrire, l'écrire avec émotion, avec goût, en la revivant d'autant mieux qu'on la récrit. (Bachelard, 1986 : p. 7)

La fin du roman restitue à tous les personnages leur véritable identité, mais l'auteur fait appel à une mode qui venait de la société précieuse du XVIIe siècle, se servir des noms des héros et des héroïnes des romans pour s'identifier entre eux, mais ici leurs propos sont différents, ils le font pour « conserver du moins quelques débris de [leur] ancienne fortune » (Bougeant, 1735 : p. 275)

Le narrateur cherche la complicité constante de ses possibles lecteurs jusqu'à la fin de l'histoire, les derniers mots nous seront adressés : « Ami lecteur, [...]. Je souhaite qu'elle vous ait fait plaisir » (*Ibíd.*)

Construit sur trois pivots discursifs, le narrateur, l'écriture et le récepteur du discours, le roman de Bougeant, comme le reste des récits de voyage à la mode, se mue en un lieu où se rencontre l'émetteur et le récepteur. Il se construit à partir de deux points de repère discursif : d'abord « voir » et ensuite « se souvenir ». Tout le voyage se laisse gouverner par ces deux verbes qui concluent l'accord du narrateur avec le lecteur : le but du voyage est l'espace sacré dont le récit assure un certain plaisir et agrément au lecteur.

Références bibliographiques

BACHELARD, Gaston (1986) *La Poétique de la rêverie*, Paris, Presses Universitaires de France.
BACZKO, Bronislaw (1978) *Lumières de l'utopie*, Paris, Payot.
BOUGEANT, Guillaume-Hyacenthe (1750) *Lettres Philosophiques Sur Les Physionomies*, La Haie, Chez Neaulme.
—, (1735) *Voyage merveilleux du Prince Fan-Férédin dans la Romancie*, Paris, Chez P.G. Le Mercier.
BOUSQUET, Jacques (1972) *Anthologie du dix-huitième siècle*, Paris, Jean-Jacques Pauvert.
MAY, Georges (1963) *Le Dilemme du roman au XVIIème siècle*. Paris, Presses Universitaires de France.

MONTANDON, Alain (1999) *Le Roman au XVIIIe siècle en Europe*, Paris, Presses Universitaires de France.

MOREAU, Pierre-François (1982) *Le Récit utopique : droit naturel et roman de l'État*, Paris, Presses Universitaires de France.

RACAULT, Jean-Michel (1986) *Métamorphoses du récit de voyages*, Paris, Champion-Slatkine.

ROUDAUT, Jean (1997) *Dictionnaire des genres et notions littéraires*, Paris, Albin Michel.

TROUSSON, Raymond (1979) *Voyages aux pays de nulle part*, Bruxelles, Éditions de l'Université de Bruxelles.

[1]Viajes de papel: Sicilia y Vincenzo Consolo

WALTER GEERTS

Vincenzo Consolo, nacido en 1933 no pertenece, por muy poco, a la generación de Calvino, Pasolini, Sciascia. Estos tres autores, nacidos todos antes de los años 20 del siglo pasado, murieron hace ya tiempo. Consolo falleció en el 2012. Podemos considerar su obra como una retrospectiva sistemática de diferentes periodos históricos de su lugar de nacimiento, Sicilia. Dedicándose en los últimos tiempos sobre todo al tema del terrorismo y la mafia, a las raíces del fascismo y al Risorgimento. La narrativa poética es así extremadamente personal y renovada[2].

El texto sobre el que me quiero centrar hoy, está dedicado al siglo XVIII y tiene la forma de una historia de viaje. Me refiero al texto titulado *Retablo*, publicado en 1987[3]. Se podría considerar *Retablo* como un refinado tríptico literario. En el panel central, el más extenso, es Fabrizio Clerici quien toma la palabra. En esta parte, él es un ficticio noble milanés, contemporáneo de Cesare Beccaria y Verri. Fabrizio Clerici era sin embargo un artista gráfico, contemporáneo y amigo de Consolo[4]. En *Retablo* aparecen así dibujos originales del auténtico Clerici, elaborados especialmente para el texto. Todos juegan con la ilusión óptica, característica del Barroco tardío siciliano, así como del propio texto de Consolo, como veremos más adelante. El Clerici de la historia es el amante rival de Beccaria y compite con él por la mano de Teresa Blasco, mitad siciliana, mitad española. Beccaria es quien finalmente consigue su mano. Precisamente es para no ser testigo de este suceso, por lo que Clerici emprende su viaje. ¿Qué viaje? Un viaje de arqueología e historia del arte en el oeste siciliano. Esta es la pieza central del retablo. Todas

1 V. Consolo, *Retablo* (trad. por Juan Carlos Gentile), Barcelona, Muchnik, 1995.
2 *Cfr.* Gaetana MARRONE, Encyclopedia of Italian Literary Studies (New York-Oxford, Routledge, 2007), vol. I, pp. 507-509.
3 Palermo, Sellerio, 1987. En castellano: Muchnik Editores, Barcelona, 1995.
4 Se vea el catalogo: Claudio STRINATI y Maria Teresa BENEDETTI, Fabrizio Clerici. Una retrospettiva (Perugia, EFFE, 2004).

las otras historias tejidas alrededor de esta pieza central, las otras piezas que conforman el retablo, tratan sobre Isidoro, el criado de Clerici, monje furtivo. Esta parte es la verdadera contrapartida popular al aristocrático panel central. Cuenta la erótica búsqueda y el nostálgico lamento de Isidoro, que no puede olvidar a su amor de una noche, la bella y joven Rosalia. Compuesta con gran éxito, esta parte es el contrapunto entre el controlado languidecer del aristócrata don Fabrizio y la apasionada lujuria de Isidoro.

En primer lugar es *Retablo* una historia de viaje, una historia de un viaje por Sicilia y por la Sicilia del siglo XVIII. En otras palabras, un viaje exótico, que el artista Milanés emprende al fin del mundo, adaptada a las reglas de su tiempo, y que pone en contacto al lector con la florida cultura del oeste siciliano, situada en la tangente entre el mundo mediterráneo y el mozárabe. Es un erudito «Künstler-reise» escrito para un lector con «Bildung». Desde el punto de vista geográfico se señalan todas las ciudades importantes, incluido sus patrimonios artísticos y sus paisajes. Su llegada a Palermo en *paquet boat* le permite hacer una descripción sucesiva de la bahía con las montañas del interior, las líneas de defensa, las cúpulas de la época árabe y normanda, las puertas de la ciudad- los barrios, el ruido y el zumbido de los barcos y los muelles, hasta llegar finalmente, a la ciudad. La historia vuelve a mostrarnos en dos lugares diferentes, la percepción de don Fabrizio y de Isidoro, moderada e insegura por parte del melancólico aristócrata, pobre y con instinto de supervivencia de la parte del ex monje enamorado. Una vez que los dos se encuentran, el camino empezará una ruta que nos llevará sucesivamente por el normando Monreale, el oriental Alcamo, el griego Selinunte, el contradictorio Salemi, el fenicio Mozia y el «moderno» e industrial Trapani.

Una carta de presentación de su colega, el artista Serpotta, le pone en contacto con las personalidades locales que a su vez, le ayudan a descubrir la moral y las costumbres del lugar. A menudo se hace alusión también al Milán del norte del país, brumoso y racionalista, en contraposición con la exuberancia del sur. En este sentido se observa un pequeño anacronismo ofrecido por Consolo: cuando Fabrizio y su amigo Beccaria eran adultos aún jóvenes, el primero en el mundo imaginario y el segundo en el mundo real, ya llevaba Serpotta algunos años muerto.

Lo que llama la atención de cada una de las ciudades anteriormente citadas es una antiquísima estratificación de sus mundos y culturas. En Palermo y Monreale se cruzan Islam, edad media y Barroco, Alcamo nada aun en lujo oriental, en Selinunte y la isla Mozia, la modernidad se resiste a la antigüedad griega y fenicia. La interpretación y el intercambio de culturas es el mecanismo de flotación de la cultura con la que Fabrizio toma contacto una y otra vez. Es el origen también de su permanente *stupor*. Pasa literalmente, de asombro en asombro. La extrema cultura barroca que es también la suya, y que Serpotta consigue representar de manera magistral, surge como resultado, en el arte visual, de este continuo asombro.

El cruce de realidad y ficción, de autenticidad e imitación única, es otro de los aspectos de una cultura cuyo objetivo es dejar mudo al espectador. Cansados como están a su llegada a Alcamo se les ofrece fruta para refrescarse, y en ella clavan los dientes con entusiasmo. Sin darse cuenta de que se trata de imitaciones dulces y perfectas, elaboradas con pasta de almendra. El apellido del caballero de Alcamo, fundado por un general árabe de 800 A.D., aun es Soldano. No se sabe en honor a qué dios o diosa se dedicó el único y majestuoso templo de Segesta. Aunque tampoco importa. Pues el mismo respeto, *pietas*, por lo que es capaz de superar la gente y su tiempo, se encuentra en la base de la humilde comida que le ofrece a Frabizio un pastor local. También el pastor muestra su respeto por la Mater pagana antes de empezar a comer. Así, no sólo destaca en Segesta y Selinunte lo sobrehumano, sino también la máxima capacidad humana. Las medidas y proporciones de las columnas, escaleras y salas, respetan las leyes de la aritmética en las que aun hoy se apoya nuestro juicio estético. Empedocles mostró su buen juicio desplazando el curso del Selíno en Selinunte para erradicar la malaria de la región.

Un pensamiento parecido asalta a Fabrizio cuando, por mar, llegan a la isla de Mozia. La primera cultura llegó a Mozia de manos de los fenicios, cultura tanto material, como inmaterial. Trazaron en el poco profundo mar- entre Sicilia y la isla- por el fondo marino, un camino que, gracia a unos especiales vehículos de carga provistos de altas ruedas, aseguraban el transporte. Pero los fenicios trajeron también al igual que a otros lugares, nociones del alfabeto y de cálculo. Isidoro quedó horrorizado al enterarse de la crueldad en la cultura de las ofrendas de los fenicios. Se ofrecían a los dioses las primeras ganancias conseguidas de la tierra, pero también todos los primeros recién nacidos. Fabrizio reflexiona entonces sobre lo que Montesquieu escribe a este propósito en *L'Esprit des lois*, para él la cultura de los Siracusanos debe ser valorada de manera más elevada ya que, cuando estos vencieron a los Cartaginenses, les pusieron como única condición que eliminaran la ofrenda de niños. Montesquieu olvida eso sí comentar, añade Fabrizio, que esos mismos Siracusanos, bajo el mando del tirano Dionisios, crucificaban a los colaboracionistas griegos. Hay crueldad en todos los momentos de la historia. También en este siglo llamado de Las Luces existen las torturas, y así lo señala Fabrizio a su llegada a Palermo, sentado en el muelle, entre las mercancías y las herramientas. La nueva horca y la resplandeciente rueda que el *lumi* no ilumina en todas partes con la misma intensidad.

La estratificación histórica de los lugares es también un tema importante en el viaje y las meditaciones de Fabrizio. Fabrizio revela con los dibujos de su diario, paradigmas culturales que van más allá de los límites de la isla. Los baños de azufre de Segesta recuerdan otros baños, cerrados, en Damasco, Bagdad o incluso antes, en Córdoba. Los puertos a los que llega son lugares cosmopolitas del Mediterraneo donde se ha cristalizado la historia de tantas otras ciudades portuarias, de Chipre en Rhodos, pasando por Venecia, Amalfi, Genua y Pisa, hasta Barcelona, Menorca y Cádiz. Cada ciudad es, para Fabrizio, un puerto, incluso aquellas del interior. Quedando esto simbólicamente expresado con sus desplazamientos portado en silla de viaje, oscilando entre ciudades emplazadas en las montañas. Balanceándose como un barco sobre las olas del mar.

El objetivo del proto-turista Fabrizio no es ampliar su cultura mediterránea, sino profundizar en ella. No es por tanto casualidad que su próxima parada sea España. El resultado de esta «moderna» tolerancia es que se vuelven a poner en cuestión numerosos conceptos. Isidoro representa ahí el papel de alumno de, por así decirlo, el Maestro Wilhem de Fabrizio. La crueldad es otro de estos conceptos. Hay más. La noción de «extranjero» y de «otro», la llamada *Othernes*, es otro de ellos.

En Palermo sentado en su silla de camino a Monreale comprueba que las caras y ricamente decoradas telas de vestiduras y estandartes que se llevan en las procesiones religiosas no pertenecen a la ciudad de la Cuenca d'oro. El mismo tipo de espectáculo religioso, lo encuentra también en España, así lo escribe en su libro de viaje, en honor a la Virgen, de dolor y gloria, espectáculos que no son tan diferentes, así lo cree, de esos «bailarines» que también en España, se enfrentan en el ruedo con el toro. El placer por el espectáculo depende del lugar, aunque parezca algo universal. Lo que parece extraño y deferente no lo es. Todo requiere estudio y comprensión, y por supuesto viajar mucho para poder entenderlo. Así se puede evitar que siendo milanés del norte de Italia, los trabajadores de piel morena de Soldano se queden mirando al «sultán», al blanco y que otros te pellizquen la piel.

También la diferencia entre cultura material e inmaterial es otro de estos conceptos. La raíz de la palabra «sapere» en italiano la encuentras de nuevo en «sapido» que se aplica a un «sabroso» y agradable sabor. La sabiduría alcanzada en la poda y el injerto de un naranjo, tiene tanto que ver con el concepto estético, como con el hecho de cortar y serrar.

Lo que para los albañiles iletrados de Mozia es un simple terreno con escombros, es para Fabrizio un descubrimiento arqueológico. «¿Qué buscan aquí?» Les preguntan a su llegada a Mozia. «Antigüedades», responden. «¿Qué son antigüedades?», preguntan entonces. «Pues, estas paredes y piedras, estos cántaros». La reacción es una sonora carcajada.

Todo lo anterior nos hace suponer que don Fabrizio no es viajante naif y que improvisa. Admira enormemente las imágenes de *stucco* de Serpotta y quiere perfeccionarse en el arte de la pintura. Por eso busca ejemplos de arte clásico, por un camino que, como es sabido, ya había sido trazado por Goethe.

Por otro lado su melancólica despedida de doña Teresita y su experiencia en el viaje, le llevan a otros pensamientos, esta vez más filosóficos. Se preguntará especialmente qué significa «viajar» en el absoluto. Una vez visto que su amor no es correspondido, es lógico que viajar signifique en parte, una especie de huída. Don Fabrizio no quiere volver a dejarse llevar por la pasión, pues le ha visto su carácter fugaz, y experimenta cada día la influencia nefasta que esta tiene sobre su criado Isidoro, y la considera, aunque con dificultad, como agua pasada. Aun así, a los pies del templo de Segesta, en completo éxtasis clásico, y después de haber renunciado definitivamente al amor, en lugar de un templo, dibujará en el rugoso papel del convento, el perfil de una hermosa mujer.

También el diario de viaje está, en definitiva, dedicado a Teresa Blanco. Por mucho que él se empeñe en decir que el viaje es el «antídoto» del amor, la mejor manera imaginable de «cuarentena» – periodo después de la pasión, o el mejor aporte de consuelo, Teresita le resulta tan difícil de olvidar como a Isidoro, Rosalia. Meditar sobre la vida, el amor y viajar sólo lo acrecienta. De la rabiosa, imprevisible y voluble vida, o lo que es lo mismo, de la vida misma, uno sólo puede desconectar, liberándose no sólo del tiempo, sino también de lo que está unido a ese tiempo. Fabrizio sólo desea el contacto con lo pasado y lo petrificado.

De ahí su obsesión por las antigüedades. De ahí también su búsqueda, en la dirección contraria a las agujas del reloj, del origen del arte y de las diferentes formas de cultura. Es un coleccionista de antigüedades porque sólo estos objetos, se aproximan lo más posible y le ofrecen la menos incompleta libertad estética y existencial.

La necesidad de viajar surge del profundo descontento que nos rodea, escribe Fabrizio en el ascenso al monte-templo de Segesta. Nos imaginamos el tiempo pasado como un periodo dorado, y por eso viajar es siempre soñar. También la escritura es una respuesta a este descontento y también escribir es soñar, frenar el presente, ponerlo en suspenso. Escribir sobre viajes es por tanto lo máximo en relación con esta teoría.

Cuando vuelve a Palermo y el viaje de vuelta es un hecho, Fabrizio va al encuentro de Serpotta, el mayor artista siciliano de su tiempo. Busca sobretodo inspiración en su talento para crear en su trabajo una especie de «teatro en movimiento», la esencia, en otras palabras del arte barroco. El dato aparece ya en el texto cuando asisten en Alcamo a la exposición de un retablo y al efecto mágico-milagroso que tiene sobre ellos. Una ilusión, le confiesa Fabrizio a Isidoro, un engaño, charlatanería. Este tema, no es original, ya que de las cosas invisibles que se vuelven visibles, ya había tratado antes Cervantes en su *Retablo de las maravillas*. Lo que sí queda más claro con esta referencia es la estética misma de la historia de viaje del propio Consolo, que recibirá el título de *Retablo*. Lo que ciertamente no persigue al autor son efectos milagrosos y sí, la estratificación y la pluralidad.

El doble punto de vista, representado por Fabrizio por un lado e Isidoro por el otro, es un buen ejemplo de ello. También con la integración de algunos capítulos en el texto: la confesión de Isidoro, la despedida de Rosalia. Si Serpotta crea imágenes en movimiento, entonces es el *Retablo* de Consolo, en la estela de Cervantes, un texto literario «en movimiento». Y, ¿Qué más se puede esperar de una historia de viaje?

Referencias bibliográficas

CONSOLO Vincenzo (1987) *Retablo*, Palermo, Sellerio.
—, *Retablo* (trad. por Juan Carlos Gentile), Barcelona, Muchnik, 1995.
MARRONE Gaetana (2007) *Encyclopedia of Italian Literary Studies*, New York-Oxford, Routledge, vol. I, pp. 507-509.
STRINATI Claudio y BENEDETTI Maria Teresa (2004) *Fabrizio Clerici. Una retrospettiva*, Perugia, EFFE.

El viajero Paul Morand

INMACULADA ILLANES ORTEGA

«L'univers est une espèce de livre ouvert dont on n'a lu que la première page quand on n'a vu que son pays.»

Paul Morand (1888-1976) pasa por ser uno de los principales representantes del cosmopolitismo literario francés de la primera mitad del siglo XX. Hijo y nieto de artistas, con una sólida formación intelectual y diplomático de carrera, su verdadera profesión fue, sin duda, la de viajero y escritor, pues ambas actividades aparecen íntimamente ligadas entre sí a lo largo de toda su vida.

Los títulos de la extensa obra morandiana revelan de forma bastante evidente esta vocación cosmopolita de su escritura: *L'Europe galante, East India and Company, New York, La Route des Indes, Venises, Paris-Tombouctou, Hiver-Caraïbe...* o el significativo *Rien que la Terre* ilustran la atracción del autor por un mundo que los modernos medios de locomoción hacen cada vez más accesible.

La bien nutrida biblioteca y las amistades artísticas e intelectuales de su padre, el escultor y dramaturgo Eugène Morand, son las ventanas por las que el joven Paul se asomará por vez primera a un mundo que se promete fascinante[1]. Inmediatamente después vendrán los estudios, la Exposición

---

[1] «Quand mon père vint se fixer à Paris, il se lia surtout avec des Anglais ou des anglicisants: Marcel Schowb, Mallarmé, O. Wilde, Franck Harris, Vance Thompson, l'historien américain du symbolisme. Schowb, que j'ai très bien connu enfant, me passionnait avec ses récits d'aventures, que je retrouvais ensuite dans Poe et les préshakespeariens. C'est aux conseils de Lord Alfred Douglas que je dois être allé plus tard à Oxford, où je fus immatriculé en 1908-09. Je partis seul en Angleterre à l'âge de treize ans. A partir de dix-sept ans je n'ai plus jamais fait des études où la France n'était considérée qu'en fonction des autres pays; de la géographie, mais universelle; de l'histoire, mais diplomatique, c'est-à-dire l'histoire des relations entre États; du droit, mais du droit international. À vingt ans, j'ai lu un livre de Joseph Texte, jeune normalien mort prématurément: Les Origines du Cosmopolitisme littéraire; cette thèse, qui est à l'origine de la littérature comparée en France, m'ouvrit beaucoup d'horizons» (Lefèvre, 1924: pp. 37-8).

Universal de 1900, y las primeras salidas al extranjero: vacaciones de verano en Venecia, traslado familiar a Munich, estudios en Oxford...

La primera afirmación personal de su vocación internacional la constituye quizá su decisión de abandonar los estudios de Ciencias Políticas en favor de la carrera diplomática. Los destinos profesionales le proporcionarán una participación activa en el complejo mundo de las relaciones internacionales, al tiempo que contribuirán a desarrollar su reputación de exquisito habitual de fiestas y reuniones mundanas, cuyo ambiente reprodujo con gran éxito en algunas de sus primeras obras.

Destinos laborales, estudios, vacaciones o la simple curiosidad de viajero llevarán a Morand a recorrer el continente europeo, que pronto resultará pequeño para sus aspiraciones, por lo que, en 1925, pedirá ser destinado a la legación diplomática francesa en Bangkok, iniciando así la etapa de los grandes viajes: el Lejano Oriente (Japón, China, Singapur...), el continente americano (los Estados Unidos, Canadá, los países caribeños y la mayor parte de Latinoamérica), el África negra, los países árabes..., periplos de varios meses por destinos lejanos, inaugurando incluso alguna línea aérea, que alterna durante años con sus constantes desplazamientos por toda Europa.

Morand se convierte así en *l'homme pressé* (título de una de sus novelas), que recorre incansable el planeta, incapaz de permanecer en un mismo lugar ni siquiera el tiempo de una estancia relajada. Su pasión por los automóviles (en una época en la que la industria del motor era aún incipiente, confesaba contar los años por las marcas de sus coches), su espíritu activo y deportivo, sus numerosos viajes y, sobre todo, el universo mundano y cosmopolita de sus relatos darán lugar al mito del viajero Morand, amante de la velocidad, los placeres y la vida, lanzado a una frenética carrera contra el tiempo y el espacio, en un ambicioso deseo de abarcar el mundo con sus manos. El propio escritor contribuirá a reforzar y difundir esta imagen de sí mismo con sus actitudes y declaraciones: «Je voudrais qu'après ma mort on fît de ma peau une valise» (Morand, 1964: p. 104). Una imagen que, sin embargo, intentará matizar años más tarde, cuando la madurez y los acontecimientos de su vida personal hayan asentado, dentro de ciertos límites, al viajero impenitente:

> Enfin, l'on me croit drôle et brillant : voilà bien la preuve que la légende est bâtie par les gens qui ne m'ont jamais vu. On m'imagine grand voyageur : écumeur du globe, détrousseur de continents, une sorte de Chinois issu d'un Pamir immobile et qui court après les trains, une valise à la main. Dieu seul sait si je hais la fumée, les

gares, les hôtels, l'éloignement des êtres chers ! (Vous voulez rire: « Morand n'aime personne ») « Cosmopolite. Mais ne peut-on être Français et cependant voyager ? » (Morand, 1929: pp. 19-20).

Como ya hemos señalado, para Morand el viaje está ineludiblemente ligado a la creación literaria. Si el autor visita innumerables rincones del planeta, sus personajes y sus historias se sitúan en otros tantos lugares, transmitiendo al lector la realidad de ambientes diversos y permitiéndole así viajar sin salir de casa, conocer el mundo a través de la mirada de un observador de excepción. Libros de viajes, novelas, relatos breves, artículos y poemas recogen la experiencia viajera de Morand y lo colocan entre los autores de mayor éxito editorial en Francia en la primera mitad del siglo XX[2].

Pero, ¿en qué consiste este nuevo cosmopolitismo que fascina a los lectores? El propio Morand señala que la novedad no está sino en una actitud más abierta, diametralmente opuesta al tradicional exotismo literario de los viajeros del siglo anterior:

> Le nouveau n'est que ce que nous n'avons pas encore su voir, ou pu faire. Pour ma part, je serai très heureux si j'avais pu contribuer à démoder l'exotisme, cette photographie en couleurs. Etymologiquement, exotique veut dire : ce qui est en dehors. L'exotisme, c'est l'utilisation littéraire de ce qui se trouve au loin, hors de nos frontières, par exclusion et aux dépens de ce qui est en dedans. Or, ce que nous voulons faire, c'est justement le contraire : établir pour nous-mêmes et pour autrui des rapports nouveaux, exacts et constants entre notre pays et le reste de l'univers. (Lefèvre, 1924 : pp. 31-2)

Siete años más joven que él, Morand se confiesa abiertamente admirador de Valery Larbaud, cuyo Barnabooth le descubrirá la poesía del viaje moderno, si bien su concepción de la vida viajera no coincide totalmente con la de este millonario amante de las largas estancias en los hoteles de lujo.

---

2 Su fortuna literaria cambiará radicalmente tras las acusaciones de colaboracionismo que le llevarán al exilio voluntario en Vevey. A pesar de que su ingreso en la Academia (no exento de polémica) y la publicación de sus *Nouvelles complètes* en la Pléiade en 1992, su obra es hoy prácticamente desconocida, algo que Álvaro Mutis explica por lo anacrónico de su estilo: «Creo que el gusto por cierta prosa y cierta escritura se ha perdido en Francia en un laberinto de pedantería. [...] Lo que pasa con Morand es que un francés de hoy no lo entiende, no lo sabe leer, no lo puede leer. Esa manera de ver y de decir ya no encuentra lectores. Hay una definitiva sordera para su música» (Mutis, 1994: p. 21).

En primer lugar, el viaje no es concebido ya como evasión (este término le parece propio del lenguaje carcelario). No se trata de escapar de un ambiente opresivo, sino de no limitarse a un pequeño universo cuando el planeta ofrece miles de posibilidades al alcance de la mano. En pocas horas, la velocidad de los nuevos coches permite abandonar las brumas de París y disfrutar de la luminosidad de la Riviera; les trenes, cambiar el asfixiante verano madrileño por la fresca costa cantábrica; los aviones, saltar de un continente a otro... ¿Por qué limitarse entonces a una existencia monótona en un único lugar, si se ha nacido en una época privilegiada de las comunicaciones y se dispone de medios para disfrutarla?

El mundo se ofrece, pues, como un gran libro abierto para el ávido lector cosmopolita, ansioso por conocerlo. Y ello solo es posible desde la propia experiencia. Los libros suponen, sin duda, una posibilidad de acercamiento a la nueva realidad, una especie de tarjeta de presentación que, primero, despierta la curiosidad y luego, documenta sobre aquello que se va a encontrar. Pero la lectura resulta claramente insuficiente para satisfacer la curiosidad de quien necesita experimentar personalmente, vivir todo lo que el mundo le puede ofrecer[3]. De ahí la constante necesidad de partir, de desplazarse a nuevos lugares, de no dejar un rincón del planeta sin explorar, en una abierta carrera contra el tiempo: una vida parece insuficiente para un universo tan extenso, sobre todo cuando no se renuncia a disfrutar en repetidas ocasiones de determinados lugares cuyo atractivo resulta especial[4].

3   Como los sueños, el viaje y la literatura llevan también implícito el deseo de cambio, de experimentar nuevas sensaciones, de transformarse en algo distinto a lo que se es. En este sentido, el escritor, como el viajero, no deja de ser un soñador:
    «Or que met-on dans ses livres? Ce qu'on n'est pas et ce que l'on voudrait être, comme dans les rêves» (Morand, 1929: p. 5).
    «Qu'aimez-vous encore? Dans vos livres, on dirait que vous n'aimez rien.
    - Et moi qui croyais faire un inventaire naïf des merveilles du monde. [...] Les rêves, dit-on, sont soumis à la loi des contraires. Or, l'écriture n'est qu'un rêve; cherchez et vous trouverez» (Morand, 1992: pp. 348-349).

4   «Nous voulûmes réagir contre ceux de nos prédécesseurs qui avaient mis l'accent sur l'immensité de l'univers, sur leur propre solitude, sur les dangers imaginaires courus au loin et qui avaient encombré les scènes étrangères de leurs amours ou de leurs tristesses. Nous nous mîmes à dévorer la terre, impatients de la lenteur des paquebots, excités par notre soudaine liberté. Nous cherchâmes à vivre au plus vite et à nous immobiliser le moins possible, à nous fondre dans ce qui nous apparut comme l'essence même de toute vie: le mouvement. Nous renversâmes donc volontairement le pont dramatique du voyage et, au thème de l'héroïsme du

El hombre domina las distancias y las fronteras pierden su sentido: «deberían ser de goma, ya que se abren para dejar pasar ejércitos y se cierran para obstaculizar el camino a las agujas» (Morand, 1966: p. 13)[5], y los pasaportes resultan incongruentes cuando la Tierra se vuelve cada vez más pequeña gracias a la técnica (¿para qué sirve esta placa de identidad que todos se empeñan en retener?). El mundo se ofrece en toda su inmensidad y el temor a recorrerlo ya no es más que un prejuicio burgués de quien cree ver seguridad en el inmovilismo: «O doux duvet de la sécurité, assurance contre la vie!», exclama Gilles, el barnaboothiano protagonista de *Le voyageur et l'amour*, ante la obstinación de la joven Régine, incapaz de comprender el placer del desarraigo y la música del movimiento incesante:

> Les bateaux, c'est tout à fait ça... des instruments de musique, des mandolines avec des voiles, des commandants debout chefs d'orchestre de la tempête ; tambourinements des averses de 5 heures, arpèges du vent, vagues syncopées... (Morand, 1992 : p. 626)

Vivir se convierte, por tanto, en un continuo disfrute de la libertad de movimiento. Y, para ello, el viajero desarrolla una serie de principios que configuran su particular concepción del viaje, actividad en la que se convertirá en un admirado experto a los ojos del mundo («comme les morts, les voyageurs ont toujours bonne presse»).

En primer lugar, la afirmación de la libertad personal y la consideración de la pequeñez del mundo frente al hombre suponen, ante todo, la posición central del yo: el espacio sólo se concibe en función de quien puede percibirlo y vivirlo.

«C'est très facile d'être un voyageur quand on est un égoïste», reprochará Ludovic al viajero Gilles de *Le voyageur et l'Amour*. Y, efectivamente, la opción por la vida viajera implica una gran dosis de egocentrismo, un interés prioritario por el desarrollo personal, que no excluye, sin embargo, el cultivo de las relaciones personales. Las amistades suponen, como los lugares, un componente esencial de ese universo que se pretende conocer, pero, como ocurre con ellos, la relación con las personas

---

globe-trotter romantique, nous opposâmes le thème de la petitesse de la terre» (Fidus, 1936: pp. 575-584).

5   Palabras pertenecientes a la conferencia que Morand pronunció en el Ateneo de Madrid el 21 de abril de 1964. No sabemos en qué lengua realizó su intervención, pero el texto se encuentra bastante cercano al publicado ese mismo año por Hachette bajo el título *Le voyage (notes et maximes)*.

puede limitarse a un simple «pasar», dar lugar a reiterados contactos o prolongarse indefinidamente. En cualquier caso, el viajero Morand es esencialmente individualista:

> ¿El compañero de viaje? Yo creo que es mejor no tenerlo, para viajar bien hay que estar solo [...] Si un viaje de seis es peligroso, un viaje de dos es una prueba terrible y mortal. (Morand, 1966: p. 25)

El viaje en solitario constituye, sin embargo, más una recomendación que un principio inamovible. A lo largo de toda su vida, Morand realizó viajes sin compañía alguna, no solo pequeñas escapadas, sino incluso largos periplos internacionales, pero también fueron muchas las ocasiones en que viajó acompañado de amigos y/o de su esposa, Hélène. La compañía supone cierta limitación a la absoluta libertad de movimientos y el riesgo de discrepancias, cuya gravedad se ve siempre acentuada por las circunstancias del viaje, pero, a pesar de todo, existen ocasiones en las que el deseo de partir no excluye el de disfrutar, al mismo tiempo, de los placeres de la amistad o el amor[6].

La afirmación del principio de individualidad significa, más bien, un abierto rechazo del turismo de masas. La evolución de los medios de transporte, los avances en materia de derechos sociales (vacaciones pagadas), el desarrollo de la industria turística y el nacimiento de un renovado espíritu viajero entre las clases medias dan lugar, en la segunda mitad del siglo XX, a un nuevo fenómeno que disgusta profundamente al elitista Morand: la multiplicación incesante del número de personas que recorren espacios antes reservados a una minoría de privilegiados. El turista «invade» los distintos territorios, alterando la naturaleza y el carácter de espacios que antes solo disfrutaba, intactos, la rara especie de los viajeros:

> Existen todavía refugios perfumados, silenciosos, edénicos, pero penden de un hilo: un artículo del New York Herald o de Vogue basta para destruirlos. La masa acude: el lugar de ensueño queda profanado para siempre (Morand, 1966: p. 20).

---

6   Por eso Gilles, el viajero impenitente, incapaz de renunciar al movimiento, propondrá a su amada Régine recorrer juntos el mundo, algo a lo que ella, sin embargo, renuncia (Morand, 1992: p. 629).

Pese a reconocer el valor que el turismo tiene para la economía de determinados países (entre los que España constituye uno de los casos más representativos), Morand se lamenta de la destrucción de privilegiados espacios naturales, principalmente costeros, a favor del desarrollo incontrolado de la infraestructura necesaria para el turismo de masas[7]. La oferta reservada a este tipo de demanda enmascara el auténtico carácter de los lugares en que se implanta, destruyendo su encanto a favor de aquello que el turista espera y desea encontrar. Por eso Morand lamenta que algunos de sus «paraísos terrestres» preferidos, como la isla de Mallorca o la Costa del Sol (que cambiará por Tánger como lugar habitual de descanso), se vean progresivamente invadidos y destruidos por un creciente número de visitantes, que hace imposible disfrutar de ellos; al tiempo que agradecerá que los elogiables Paradores Nacionales españoles dispongan de un número reducido de habitaciones, impidiendo así que las hordas turísticas destruyan su particular encanto.

Y es que el viajero Morand no comparte, en modo alguno, las motivaciones de esta nueva generación de trotamundos, cuya única obsesión es, a sus ojos, estar lejos de lo habitual, en un defensivo reflejo anti-social, aunque siempre de forma programada, tratando de economizar al máximo el tiempo y el dinero[8]:

---

7   A pesar de las dificultades que suponía cruzar la Península Ibérica en coche en los años cuarenta y cincuenta (escasez de gasolineras, falta de talleres...), Morand lamenta los efectos negativos del desarrollo turístico:
    «Je regrette pourtant cet âge quaternaire, car j'avais alors un pays à moi tout seul, ce qui est un vrai cadeau du dieu Mercure, père du tourisme» (Morand, 1961: p. 56).
    «Que nous voilà loin des plages de Palma ou de Formentor! Plus loin encore de el Arenal!, de tous les Torremolinos et Fuengirolas du monde, avec leurs pêcheurs qui ne pêchent plus que la femme nordique, avec leurs caciques, qui ouvrent des cabarets de nuit et où toute la population abandonne les travaux des champs pour le service de table!» (Morand, 1963: p. XX).

8   De este turismo organizado se burlará en *Nazaire Droguet*, donde un viajero de alta escuela ofrece sus servicios a una moderna agencia de viajes:
    «-Vous commentez vos itinéraires à coups de haut-parleur; je veux être un bas-parleur, un chuchoteur pour croisières de grand luxe; je parlerai ce langage pour lequel il n'est pas de lexique, le langage de l'âme; je serai le lecteur d'horaires secrets, un guide pour les ciels, les saisons, les plantes et les animaux négligés. Mon rôle commencera au tambour de sortie des musées; j'emmènerai vos clients sur toutes les pistes où le gibier touristique ne passe pas; je serai le biographe des malheurs dont il est mal élevé de parler, l'analyste de subconscient des concierges, des inventeurs pauvres, des apprivoiseurs de moineaux. J'initierai vos étrangers aux humiliations européennes,

> Para gastar menos se ha inventado el viaje colectivo. Hay para todos los precios, cien o mil dólares; usted podrá, a su gusto, matar el gran ciervo en Rumanía carpática, el visón en Canadá, el pato salvaje en la Albufera de Valencia, la chocha en Escocia...
>
> [...] Los cuidados amorosos del cicerone para reagrupar a los turistas esparcidos en un museo o en un jardín, las llamadas de claxon del conductor del autocar, las advertencias de las agencias de viajes o de sus representantes equivalen a la solicitud de la abuela más atenta o de la madrina más tierna. (Morand, 1966: pp. 15-16).

Su sentido del viaje es mucho más egotista y va encaminado al cultivo y el disfrute personal, lo que lleva aparejado, por otra parte, una elevada dosis de elitismo[9]. El gusto por los placeres no significa, sin embargo, que el lujo o la comodidad sean elementos irrenunciables. Bien es cierto que, a lo largo de su vida viajera, Morand se hizo experto conocedor de los hoteles de lujo[10] y que se contó entre los primeros en disfrutar de los más modernos medios de transporte, pero esto no le impide considerar superada la época de los viajes «à la Barnabooth», con voluminosos y refinados equipajes, en favor de un pragmatismo adaptado a las necesidades de cada ocasión[11], para que las condiciones materiales no sean un obstáculo que impida conocer y disfrutar todo lo que los distintos lugares pueden ofrecer. Así, en diferentes textos, el escritor narra la experiencia vivida durante su primera visita a Mallorca, en 1919, cuando sufrió los inconvenientes de la falta de infraestructuras en Miramar[12].

> je leur montrerai les verrues nationales que la propagande des grands États, devenus petits, s'efforce de cacher. J'insisterai sur notre crépuscule sublime que nous envient les civilisations dinausoriennes.
> - Mais notre clientèle déteste tout cela!» (Morand, 1992: p. 363)

9   Morand nunca ocultó su desprecio por las masas populares ni su temor ante la fuerza de sus movimientos, casi siempre irracionales y a menudo violentos. Sirvan de muestra el público que aplaude enfervorizado las corridas de toros o la escena de la tortura y muerte del Conde del Águila ante el Ayuntamiento en *Le flagellant de Séville*.

10 «Todas sus novelas tienen cuarto de baño y se puede estar seguro de que su automóvil nos llevará a ver espectáculos diferentes en los que el *chauffeur* ha adquirido palco» (Gómez de la Serna, 1965: p. 1572).

11 «Decid adiós a esas maletas de tonos rojizos con olor a piel de Rusia que encantaban a Valery Larbaud y su joven Barnabooth y que se admiran en los catálogos de artículos de viaje. Recordad, al comprar una maleta, que en el curso de un largo viaje no faltará un momento en que os veáis obligados a llevarla vosotros mismos» (Morand, 1966: p. 24).

12 «Je m'aperçus alors que si on était à peine couché, on n'était pas nourri; pas de téléphone; et pas même un œuf à acheter; je dus me nourrir uniquement de figues

No significa esto, en modo alguno, que Morand sea un aventurero. Muy al contrario, la metódica preparación del viaje supone para él un placer comparable incluso a la propia realización del mismo, por cuanto tiene de sueño prometedor de nuevas experiencias:

> Un viaje debe prepararse con método; no silenciemos estos comienzos, pues son la génesis de nuestros amores con el espacio [...] Ningún viaje es tan hermoso como aquel que se sueña... voluptuosidad de los primeros preparativos [...] Podría escribirse una narración en la que el héroe, seducido por esta primera experiencia, más poética que el viaje mismo, se agotaría en sus tentativas de marcha, como esos actores que no se resuelven a dejar la escena, anuncian su retirada, dan una representación a su beneficio y se quedan (Morand, 1966: pp. 27-9).

En esta labor de preparación, los libros ocupan, por supuesto, un lugar de privilegio. La experiencia anterior de otros en los lugares que se proyecta visitar servirá para introducirse en ellos. Es la «mística de los viajes», en la que la lectura se convierte en «un primer periplo realizado hacia latitudes desconocidas» (Morand, 1966: p. 28).

De este modo, los testimonios ajenos se convierten en una primera forma de viaje, y de placer, a la que Morand quiere también contribuir con su propia escritura. Por eso, de un modo u otro, toda su obra literaria está ligada a su vida viajera. A la labor de creación se suma el deseo de dar a conocer a sus lectores aquellas realidades que él ha descubierto con curiosidad y fascinación, de hacer el mundo cada vez más pequeño para ensanchar los horizontes de una sociedad que corre el riesgo de encerrarse en sí misma. Y es que «la littérature doit surtout être un moyen de locomotion international, le plus perfectionné, le plus aérien» (Lefèvre, 1924: p. 41).

Se trata, en definitiva, de una forma de didactismo, puesto que el viaje es, por encima de todo, una lección de civilización: se parte para conocer nuevas realidades, para apre(he)nder el mundo y verlo cambiar alrededor del propio yo, en cuyo desarrollo y conocimiento se profundiza finalmente. El viajero será, por tanto, ante todo un observador[13] de los mundos

---

pendant trois jours, en attendant que le taxi revint pour me conduire à Soller» (Morand, 1963: p. XIV).

13 «Yo nunca he visto a Morand como un globe-trotter. Es un francés, y un francés que pasea por el mundo su condición de francés, que mira al mundo desde esa ventana. En sus libros de viajes no encontramos el deleite por lo que está describiendo. [...] No está mostrando nada pintoresco. Tampoco hay juicios de valor. Es la visión pura de un francés, el ojo occidental por excelencia» (Mutis, 1994: p. 20).

que visita, de los que tratará de extraer su más profunda esencia[14], y su método de observación se basará en la sorpresa ante la novedad. Viajar es extrañarse, descubrir realidades diversas, en cuyo estudio no es necesario sin embargo profundizar sobre el terreno. La primera impresión es la más importante, la que se capta con la mirada libre de todo condicionamiento, y no habrá de ser nunca abandonada en la ulterior reflexión:

> Gardons-nous de médire du voyage trop rapide, le voyage « pour y être allé ». L'impression que nous cause une ville, le choc d'un pays nouveau, c'est en somme l'affaire des premières quarante-huit heures. Sinon, il y faudra des années (Morand, 1964 : p. 13).

En uno de los textos que componen *Le réveille matin*, titulado «Portraits de villes», Morand define su labor de viajero-escritor como la de un pintor retratista que pasease su caballete por el mundo, deseoso de dejar tras él una galería de efigies de su época. Las ciudades se identifican así con rostros humanos, femeninos, de los que un observador hábil es capaz de obtener el carácter más íntimo del ser al que pertenecen:

> Peut-on faire le portrait d'une ville comme on fait celui d'une femme ? Pourquoi pas ? Une ville est aussi facile à cerner, puis à pénétrer de l'extérieur, qu'un être humain. Un étranger y réussit d'ailleurs mieux qu'un indigène, car il a plus de recul[15] (Morand, 1937 : p. 46).

El observador externo es capaz de abarcar la ciudad de forma global, con perspectiva, algo que escapa a quien se siente inmerso en ella. De ahí que no sea necesaria una estancia prolongada para hacer un retrato literario de la misma.

En cualquier caso, más que de un retrato pictórico, parece tratarse de una instantánea fotográfica, aunque no de una imagen superficial. La habilidad del encuadre y el sentido de la oportunidad en la captación del

---

14 « Le cosmopolitisme qui, loin d'être une foi, est un scepticisme, qui, loin d'être une passion, est une expérience ; qui, loin d'être démagogique, est le propre d'une élite ; qui ne s'applique avec égoïsme et désintéressement qu'à acquérir une connaissance plus parfaite de l'univers, une conscience plus nette de ses valeurs ; qui, loin de s'effrayer de l'incohérence et de la disparité, en voit le charme et la recherche » (Palabras de Morand citadas por Bernard Delvaille, 1977 : p. 18-20).

15 En «La nuit catalane», el narrador-personaje realiza la acción inversa al presentar al personaje de Remedios: sentado frente a ella en el tren, se dedica a leer sus rasgos como un mapa, para no perder la ruta en un «pays captivant et accidenté que limitent des souliers et un chapeau» (Morand, 1992: p. 78).

detalle se completan con un importante trabajo ulterior en el revelado: la documentación histórica y la reflexión personal, que, lejos de falsear la imagen, la hacen más auténtica y profunda:

> Surtout les portraits des villes m'ont beaucoup intéressé et amusé à faire à cause de la substructure historique que je leur ai donnée ; je n'ai jamais voulu écrire sur le moment, comme un article de journal, parce que je crois que le recul est absolument nécessaire : d'abord un arrière-fond historique et ensuite de la réflexion, avant de donner des instantanés ! Il faut que ça ait l'air d'instantanés et que ça n'en soit pas ! (AA.VV., 1990 : p. 75).

Aplicando este método, Morand puede, pocos meses después de regresar de un rápido viaje, publicar un libro sobre el lugar visitado y ofrecer en él una imagen fidedigna, a la vez que atractiva, del mismo[16]: «Faire exact = reportage, photographie, Faire vrai = roman, œuvre d'art», anotará Morand en su diario personal el 21 de agosto de 1971 (Morand, 2001: p. 553).

Una breve *nouvelle* puede así recoger, en una sencilla anécdota, aparentemente excepcional y fugaz, el carácter propio de un lugar o de una sociedad. Y es que sus lectores, regalados con el placer de una lectura ágil, variada y entretenida (como lo es el propio viaje), están llamados también a la labor intelectual de extraer de ella una reflexión más profunda:

> On me reproche souvent de m'en tenir à l'exceptionnel, de ne pas chercher, en écrivant, l'humain et le permanent. Mais c'est au lecteur à le chercher, à découvrir des conclusions que je m'efforce de voiler, de ne pas lui imposer ennuyeusement (Lefèvre, 1924 : p. 39).

Morand ofrece así instantáneas, detalles que componen el universo, rasgos que revelan el carácter de los distintos lugares y de las sociedades que los habitan, y es en la selección y en el tratamiento que de ellos hace donde se encuentra la clave para acceder al alma de cada nuevo espacio: «Pour moi, l'exceptionnel est une manière d'atteindre le permanent» (Lefèvre, 1924: p. 40). Una forma realista a la vez que impresionista de cosmopolitismo, en la que no se debe desdeñar, sin embargo, el filtro y la parcialidad que supone la mirada del artista:

---

16 « Ne quittez jamais le point de vue esthétique en ce qui me concerne. Cela explique les contradictions et tout le reste » advierte Morand en una entrevista (Sarkany, 1969 : p. 233). Y así lo subraya también Ramón Gómez de la Serna (1965 : p. 1571) : « Sin embargo, Morand es el embajador entre el mundo ansioso de amenidad y el arte lleno de secretos poéticos ».

> Le cosmopolitisme du réel constate des faits et les propose au bon sens des lecteurs. Mais l'inventaire des phénomènes cosmopolites chez Morand, quoique très riche, est loin d'être complet. Il ne prétend pas atteindre la totalité objective des faits parce que pour lui, l'écrivain est avant tout un artiste. Aussi néglige-t-il ce qu'il ne peut pas exploiter en tant que poète, et notamment ces larges masses d'humbles qui, à l'esthète, paraissent grisâtres. [...] C'est donc d'un œil d'impressionniste qu'il regarde l'horizon mondial, et au hasard, de sorte que son cosmopolitisme, partiel, et partial, n'est réaliste qu'en apparence seulement (Sarkany, 1969 : p. 188).

El ímpetu de la juventud llevará a Morand a recorrer el mundo, física y literariamente, a toda prisa, pero la madurez le impondrá un mayor respeto por la velocidad[17], dando lugar entonces a «excursiones inmóviles»[18] a través de la historia de los espacios ya conocidos. En cualquier caso, es siempre el mundo, inmenso y pequeño a la vez, el material del que está hecha la obra morandiana. Su diversidad le atrae irremisiblemente, hasta el punto de sentirse incapaz de renunciar a exigirle su tributo literario:

> Alors le romancier pose sa plume et commence à regarder autour de lui. Peu à peu, il se laisse gagner par le jeu complexe et chatoyant des races, les combinaisons mobiles de la couleur des peaux et du poil ; les intrigues se compliquent, l'observation se renouvelle, des feux lointains s'allument et il semble que la terre soit devenue plus chaude. Il ne refusera plus ces richesses nouvelles. Les rois de France tiraient jadis d'importants revenus de tous les étrangers ou aubains qui passaient ou demeuraient à portée de leur juridiction : à leur exemple ne faut-il pas profiter littérairement du droit d'aubaine ?[19]

Un tributo del que, sin duda, el administrador Morand ha sabido sacar como escritor un rendimiento difícilmente superable, en beneficio de todo aquél que se acerca a sus obras.

---

17 « On a souvent dit que j'étais un adorateur de la vitesse. Je l'ai en effet beaucoup aimée. Ensuite, moins. En cherchant à la mieux comprendre, je me suis aperçu qu'elle est loin d'être toujours un stimulant ; elle est aussi un déprimant, un acide corrosif, un explosif dangereux à manier, capable de faire sauter non seulement nous-mêmes, mais l'univers entier avec nous si nous n'apprenons pas à le connaître et à nous défendre ». (Morand, 1931 : pp. 271-272).
18 Este es el título de un volumen publicado en 1944 por Flammarion. Sarkany habla de un giro, a partir de 1932, hacia un cosmopolitismo de lo ideal, basado en el culto a las grandes figuras del pasado.
19 « Le Droit d'aubaine », artículo de Morand publicado en *Les Nouvelles littéraires* el 20 de junio de 1925 y citado por Michel Colomb en la edición de las *Nouvelles Complètes* (Morand, 1992 : p. 1004).

Referencias bibliográficas

AA.VV. (1990) *Entretiens avec Paul Morand,* Paris, La Table Ronde.
DELVAILLE, Bernard (1977) «Le dernier des Mohicans», *Magazine littéraire,* 129, pp. 18-20.
FIDUS (1936) «Paul Morand», *Revue des Deux Mondes,* tome IV, pp. 575-584.
GÓMEZ DE LA SERNA, Ramón (1965) «Retratos contemporáneos», *Obras completas,* vol. II, Barcelona, AHR.
LEFÈVRE, Frédéric (1924) *Une heure avec...,* 2e série, Paris, NRF Gallimard.
MORAND, Paul (1929) *Ma légende,* Paris, Champion.
—, (1931) *Papiers d'identité,* Paris, Grasset.
—, (1937) *Le réveille-matin,* Paris, Grasset.
—, (1961) «J'irai revoir mon Ibérie», *La revue des voyages,* 41, pp. 56-61.
—, (1963) *Majorque,* Barcelona, Noguer.
—, (1964) *Le voyage (notes et maximes)* Paris, Hachette.
—, (1966) *El viaje: ayer y hoy,* Madrid, Editora Nacional.
—, (1992) *Nouvelles complètes,* Paris, NRF Gallimard, Bibliothèque de la Pléiade.
—, (2001) *Journal inutile (1968-1972),* Paris, Gallimard.
MUTIS, Álvaro (1994) *A propósito de Paul Morand.* Entrevista con Ernesto Fernández Busto (octubre 1994) <http://letraslibres.com/pdf/4353.pdf>.
SARKANY, Stéphane (1968) *Paul Morand et le cosmopolitisme littéraire,* Paris, Klincksieck.

La reescritura de la escala en Tenerife en los relatos de Dumont d'Urville[1]

BERTA PICO

El enunciado del título basta para poner de manifiesto una especificidad de Tenerife, no sólo en los relatos de viaje de los que se trata aquí sino en la inmensa mayoría de las obras de los viajeros hasta entrado el siglo XIX: Canarias —pero en especial Tenerife— representaron largo tiempo una escala, y no un destino, en una navegación hacia mares y tierras más lejanos. Por su situación, las Islas quedaron naturalmente excluidas del circuito de los escritores franceses que durante varios siglos cruzaron los Pirineos, lo cual no significa en modo alguno que estuvieran ausentes de las letras francesas. Dejando totalmente al margen la lejana tradición paradoxográfica derivada de la inserción desde antiguo del Archipiélago en la «geografía mítica», la mención y la descripción de Canarias son constantes en los relatos de los viajeros navegantes, especialmente a partir de la segunda época de los grandes descubrimientos, el siglo XVIII. Esta etapa de las grandes exploraciones se cierra hacia mediados del siglo XIX, y en Francia concluye con Dumont d'Urville, «le dernier grand marin de découvertes», que lleva a cabo la última circunnavegación de exploración a vela.

1. Algunos datos sobre Dumont d'Urville y sus expediciones

Según cuentan sus biógrafos, cuando tenía quince o dieciséis años Jules-Sébastien-César Dumont-d'Urville había apostado con sus compañeros del instituto de Caen, en Normandía, que a los cincuenta años sería contra-almirante, y, efectivamente, el 31 de diciembre del año 1840, en que

---

1 Este trabajo se enmarca en el Proyecto de Investigación FFI2008-03695.

cumplió esa edad, fue nombrado contra-almirante. Llegar a alcanzar ese sueño de adolescente fue un largo camino lleno de tenacidad, esfuerzos, sacrificios y obstáculos.

Este navegante, naturalista y explorador, nació en 1790 en la pequeña ciudad normanda de Condé-sur-Noireau, en el seno de una familia de ascendencia noble empobrecida. Cuando tenía siete años, a la muerte de su padre, sabía leer pero no escribir, y sería un tío suyo, el abate de Croisilles, el que, trasladándose a casa de su madre, se dedicaría intensamente a su instrucción, tan bien que, según afirma:

> Le peu que je vaux, j'en suis redevable à mon bon oncle, dont le savoir était aussi aimable que varié. Au bout de deux ans je traduisais assez couramment Quinte-Curce et Virgile ; je sus l'arithmétique et la géométrie.

Mientras su madre le forjaba el carácter con métodos espartanos: «je dois la force de mon tempérament à ma respectable mère», dirá más tarde. Durante sus años de instituto es un lector voraz, que se apasiona con los relatos de los viajes de Bougainville o de Cook, y sobre todo por la botánica. A los diecisiete años, se orienta decididamente hacia la marina y marcha a Brest. Como por entonces aún no habían sido creadas las escuelas de marina, el único camino era empezar desde abajo, y así embarca como grumete en *L'Aquilon*, cuyo capitán Maingon lo inicia en astronomía y en el manejo de los instrumentos náuticos, de modo que en menos de un año obtuvo el primer puesto entre numerosos candidatos al grado de aspirante de segunda clase. Desde pronto sabe que no le interesa la marina de guerra, sino la de exploración y descubrimientos:

> Je trouvais que rien n'était plus noble, plus digne d'une âme généreuse, que de consacrer sa vie aux progrès des sciences. C'est pour cela que mes goûts me poussaient plutôt vers la marine à découvertes que vers la marine purement militaire.[2]

Y cuando se traslada a El Havre y ve frustradas sus esperanzas de navegar, aprovecha la inactividad forzosa para formarse en física, ciencias naturales, lenguas clásicas y modernas. Consigue ser destinado a Toulon, donde obtiene el grado de aspirante de primera clase a los veinte años y a los veintidós es nombrado alférez de navío. Si su carácter huraño le vale el

---

2   Introducción a Souvenirs d'un voyage autour du monde, citado por Yves Jacob, Dumont d'Urville, le dernier grand marin de découvertes, Grenoble, Glénat, 1995, p. 25.

apodo de «Le Hibou» entre sus compañeros, su curiosidad enciclopédica le lleva a estudiar más lenguas y a ampliar sus conocimientos de física, química, botánica, relojes marinos, hidrografía y todo lo relativo a la navegación. Frecuenta el Observatorio de Toulon y tiene una estrecha relación con el conservador del jardín botánico de la ciudad y con destacados marinos y naturalistas.

Tras varias pequeñas campañas por el Mediterráneo, intenta sin éxito participar en la expedición de *L'Uranie* con destino al Pacífico, al mando de Freycinet. Su suerte va a cambiar cuando en 1819 el capitán Gauttier lo elija para secundarlo en los trabajos de hidrografía que debe llevar a cabo la gabarra *La Chevrette* por las islas del Mediterráneo, confiándole igualmente los trabajos de botánica, arqueología y entomología. A su regreso, Dumont d'Urville publica los resultados del viaje en la *Relation de la campagne hydrographique de la Chevrette* y, en latín, la *Enumeratio plantarum quas in insulis Archipelagi aut littoribus Ponti-Euxini*. Esa campaña le vale cierta notoriedad: es condecorado y ascendido a teniente de navío, se traslada a París y es recibido en sociedades científicas, pero, por un azar del destino, esa promoción se debe, más que a sus trabajos en la campaña, a su intervención para que Francia comprara la Venus de Milo. Al hacer la lectura en la Academia de Ciencias de su *Relation de la campagne hydrographique de la gabarre du roi la Chevrette dans le Levant et la mer Noire*, dirá: «à ma grande stupéfaction, tout l'intérêt de la séance fut pour l'épisode relatif à la découverte de la Vénus de Milo»[3].

---

3   En su diario a bordo de *La Chevrette*, cuenta que el 16 de abril de 1820 durante una escala en Milo, D'Urville realiza excursiones botánicas y arqueológicas con su amigo el teniente Matterer, y son informados por el cónsul de Francia, Brest, del descubrimiento de unas estatuas por un campesino, Yorgos, que labraba el campo. Van a ver las estatuas, dos de Hermes, y otra de una mujer desnuda, en dos trozos, con la nariz dañada, y cuya mano izquierda sostenía una manzana y la derecha un cinturón drapeado que le caía hasta los pies; esas manos estaban amputadas del cuerpo, y había también un pie y otra mano. D'Urville cree que representa la Venus del juicio de Paris y la bautiza como Venus Victrix. En la cena en casa del embajador en Constantinopla, marqués de Rivière, D'Urville convence al embajador, así como al secretario de embajada y arqueólogo vizconde Charles de Marcellus, de que la estatua es una obra maestra que Francia se honraría en poseer. El secretario de la embajada recibe el encargo de partir en la goleta *L'Estafette* y adquirir la Venus. El embajador deja Constantinopla y desembarca con la estatua en Marsella, que será ofrecida al rey Luis XVIII en marzo de 1821, el cual la destina al Louvre.

A partir de entonces, todo su afán se va a centrar en la exploración de las tierras australes, las menos conocidas, y en las que Francia compite con Inglaterra. De ahí que las grandes expediciones contaran con el patrocinio gubernamental, y que en su preparación participara no sólo el Ministerio de marina sino la Academia de Ciencias y el Muséum de historia natural. Además de los marinos de profesión, con una amplia y sólida formación científica, a bordo viajaba un numeroso equipo de especialistas en numerosos campos: médicos, geógrafos, hidrógrafos, astrónomos, botánicos, zoólogos, dibujantes, jardineros, etc., y el viaje debía desarrollarse de acuerdo con unas instrucciones oficiales precisas. El éxito de la empresa solía recompensarse con la promoción de los oficiales.

D'Urville preparó en París, junto con su amigo Louis-Isidore Duperrey, un viaje científico de circunnavegación, que fue aprobado por el ministro de marina y por el propio Luis XVIII. La corbeta *La Coquille* salió de Toulon el 11 de agosto de 1822 con destino al Pacífico, al mando de Duperrey y con D'Urville como segundo de a bordo, encargado de botánica y entomología. Treinta y tres meses más tarde, en marzo de 1825, llegó de regreso a Marsella, tras una campaña «científicamente ejemplar», como la calificó Cuvier en la sesión solemne de la Academia de Ciencias que tuvo lugar a su vuelta.

Ese viaje recibió el reconocimiento general, así como la promoción de su estado mayor a un grado superior. Dumont d'Urville recibiría en mayo la Cruz de San Luis y sería ascendido a capitán de fragata meses más tarde (en noviembre de 1825). Al día siguiente de recibir la Cruz de San Luis, D'Urville presentó al ministro de marina un plan elaborado para llevar a cabo una nueva campaña dirigida por él con destino a las tierras australes. El proyecto fue aprobado, con el objetivo de llevar a cabo un especial reconocimiento de las costas de Nueva Zelanda y Nueva Guinea, así como de encontrar buenos fondeaderos para la flota francesa e intentar localizar los restos de la malograda expedición de La Pérouse, en cuyo honor *La Coquille*, que haría el viaje, recibió el nombre de *L'Astrolabe*[4].

---

4   La expedición de La Pérouse, al mando de *L'Astrolabe* y *La Boussole*, fue una de las mejor preparadas por Francia. Partió de Brest en agosto de 1785 y la última noticia que se tuvo fue la salida de los barcos el 10 de marzo de 1788 desde la Bahía de la Botánica (donde se levantaría Sidney) con rumbo hacia las islas Tonga. La conmoción que supuso la desaparición de La Pérouse y de los numerosos científicos que lo acompañaban determinó el envío de varias misiones de búsqueda (1791, *La Recherche*, al mando de D'Entrecasteaux, y *L'Espérance*, mandada por Huon de

El nuevo *Astrolabe* se hizo a la mar en Toulon en abril de 1826 y, tras un periplo de 25000 leguas y considerables descubrimientos (además del hallazgo de los restos de la expedición de La Pérouse, la exploración y cartografía de las costas del sur de Australia, sur de Nueva Zelanda, islas Tonga y Fiji, sur de Nueva Caledonia, islas Carolinas y Molucas), regresó a Marsella en marzo de 1829. El éxito científico se vio empañado por la muerte de doce tripulantes y por el desembarco de catorce en la isla Bourbon (La Reunión).

Ascendido a capitán de navío a su regreso, tras la revolución de julio, D'Urville fue encargado de conducir al exilio en Inglaterra a Carlos X y su familia. Se suceden años de dificultades y de cierta marginación, durante los que el marino se retira para ocuparse de la redacción y publicación del relato del viaje de *L'Astrolabe*, de la elaboración del *Voyage pittoresque autour du monde*, de su Diario y de la educación de su hijo. Cuando, en 1835 son publicados los veinte tomos del viaje de *L'Astrolabe*, D'Urville deja París por Toulon. Finalmente, en 1837 consigue que el gobierno le confíe el mando de una nueva campaña de exploración con destino a Oceanía, que Luis Felipe amplía al continente antártico. *L'Astrolabe* y *La Zélée* parten el 7 de septiembre de 1837 con esa misión, de la que regresarían en noviembre de 1840 (pasando por el Sur de América, el Estrecho de Magallanes, la Antártida, Nueva Zelanda, el Estrecho de Torres, Timor, La Reunión, para arribar a Toulon: Atlántico, Pacífico, Índico, Atlántico…). Entre las nuevas tierras descubiertas en la Antártida se encuentran la tierra de Louis-Philippe, la tierra de Joinville, y la tierra Adelia, llamada así en honor a Adèle, la esposa de D'Urville. Los descubrimientos científicos, especialmente para la geografía y la navegación, fueron de gran importancia, pero el viaje atravesó muchas dificultades y peligros, sobre todo entre los hielos con barcos poco preparados, y el escorbuto y la disentería diezmaron la tripulación (murieron 25 tripulantes, 13 desertaron, 14 tuvieron que ser desembarcados en distintas escalas).

Kermadec; 1800, Baudin con *Le Géographe* y *Le Naturaliste*; 1817, Freycinet con *L'Uranie*; 1822, Duperrey con *La Coquille*). Sería Dumont d'Urville, con el nuevo *Astrolabe*, el que encontrara restos del naufragio en Vanikoro en 1828, donde hizo levantar un pequeño mausoleo en memoria de los navegantes desaparecidos. Otras expediciones tuvieron lugar en 1958, 1959 y, finalmente, en 1964 la expedición organizada por la Marina, al mando de los capitanes Brosset y Brossard, identificó los restos y estudió las circunstancias del naufragio.

En reconocimiento de sus campañas, y especialmente de la última, Dumont d'Urville recibe el nombramiento de contra-almirante el último día de 1840, cumpliéndose así el sueño de su adolescencia. Se consagra a la redacción de los primeros tomos de la *Histoire du voyage au Pole Sud et dans l'Océanie*, y tanto la Academia de Ciencias como el Muséum de historia natural reconocen la importancia de los logros de esa expedición. D'Urville había sido galardonado durante el viaje con la Legión de honor, y en 1842 fue nombrado presidente de la comisión central de la Sociedad de Geografía.

El domingo 8 de mayo de ese año 1842, el marino decide asistir en Versalles con su mujer y su hijo a las fiestas acuáticas en honor del rey, y regresan en el tren de la reciente línea de ferrocarril entre Versalles y París. El convoy de dieciocho coches, con dos locomotoras y varios centenares de pasajeros, descarrila en Bellevue, se incendia, y entre los que mueren abrasados en los coches cerrados con llave se encuentra Dumont d'Urville y su familia.

Varios accidentes geográficos hacen perdurar su nombre, y una de las dos bases científicas que Francia mantiene en la Antártida se llama «estación Dumont d'Urville», en Tierra Adelia.

Este cuadro a grandes rasgos podría completarse con varias pinceladas que nos acercarían algo más a la personalidad del marino. Los retratos oficiales nos lo presentan en uniforme de gala, pero varios testimonios nos dicen que lo llevaba en raras ocasiones y señalan su total despreocupación por el atuendo cuando trabajaba en el barco, vestido como cualquier marinero —R.-P. Lesson habla de «dédain philosophique de toilette»:

> Grand, robuste, à ossature épaisse, de santé parfaite, se moquant volontiers des médecins, d'Urville était increvable dans ses courses à terre, il avait la sobriété excessive d'un Espagnol et le dédain d'un *lazarone* pour la toilette. Il portait un accoutrement curieux, plus délabré que celui des matelots, et l'uniforme dans des cas très rares.

Y mientras los diarios de algunos tripulantes inciden en rasgos negativos de carácter (desdeñoso, rencoroso, ávido de gloria), otros, como Quoy y Gaimard, admiran su tenacidad, su perseverancia, su intrepidez y su presencia de ánimo en situaciones difíciles. Su correspondencia y su diario nos muestran también la profunda ternura durante toda su vida hacia su esposa Adèle, así como el dolor por la pérdida de su primogénito Jules, con siete años, mientras él circunnavegaba el mundo en *La Coquille*, la muerte de su hijo Adolphe, de dos años, en la epidemia de cólera de 1832 en París, la de Sophie, también a los dos años, en otra epidemia de cólera cuando regresan a Toulon en 1835, y, en fin, las cartas desgarradoras de su mujer y su hijo, que recoge en Valparaíso en 1838 y que le informan de que otra epidemia de cólera ha terminado con la vida de su pequeño Émile, de poco más de un año:

> Cette funeste lettre me porta un coup bien douloureux ; j'eus peine à comprimer mes larmes et je maudis mille fois l'instant où j'avais entrepris ce voyage. Toutefois, je m'armais de courage pour conduire l'Astrolabe jusqu'au mouillage...

Así lo confiesa en la relación del viaje. De igual modo había tenido que prescindir de sus sentimientos y armarse de valor al despedirse de Adèle para emprender esta última circunnavegación:

> Ce moment fut bien douloureux pour moi. Deux fois j'avais déjà subi cette cruelle épreuve, mais alors j'étais jeune, robuste, plein d'espoir et d'avenir, et sous l'empire des illusions. Mais en 1837, j'étais vieux [tenía 47 años], sujet aux atteintes d'une cruelle maladie [la gota], complètement désenchanté, et sans aucune illusion. Je quittais tout ce qui m'était cher au monde, je renonçais volontairement au seul bonheur que je pouvais goûter, pour me lancer, de nouveau, dans une carrière pénible, ingrate... Ainsi, quand je donnai le dernier baiser à mon Adèle, toutes ces idées vinrent m'assaillir. Je ne pus retenir mes larmes, et je maudis ma triste destinée. Mais il était trop tard. J'avais empli le calice: il fallait le vider. Je jetai un dernier regard sur les murs de mon humble retraite, puis m'éloignai rapidement et me rendis à mon bord. Là, je sentis ma fermeté renaître. Toutes mes pensées furent consacrées sans réserve au mandat que je m'étais imposé[5].

2. La escala en Tenerife en los relatos de las expediciones de Dumont d'Urville

Cuando *La Coquille* fondeó en Tenerife en agosto de 1823 las autoridades sanitarias la sometieron a cuarentena por proceder de un

---

5   Introduction al Voyage au Pole Sud et dans l'Océanie par les corvettes L'Atrolabe et La Zélée, exécuté par Ordre du Roi pendant les années 1837-1838-1839-1840, sous le commandement de M. J. Dumont d'Urville, Capitaine de vaisseau, publié para Ordonnance de Sa Majesté. Histoire du voyage par M. Dumont d'Urville, París, Gide, 1842, pp. LXXXI-LXXXII.

puerto mediterráneo, de modo que las páginas dedicadas a la escala se limitan a evocar conocimientos y a describir lo visto desde el barco, por lo que no entrarán en consideración.

En cambio, en el tomo primero de la historia del viaje de la corbeta *L'Astrolabe* durante los años 1826 a 1829[6], los capítulos III, «Excursion au Pic de Ténériffe», y IV, «De Ténériffe à La Trinité», redactados por D'Urville, corresponden a la estancia en la Isla entre el 15 y el 22 de junio de 1826 (pp. 29-51). Al final de ese volumen se incluyen las notas extraídas del diario del oficial René-Constant Quoy, profesor naturalista y segundo médico en jefe de la marina, que ofrecen otro punto de vista complementario.

La estancia en Canarias figura asimismo en sendos Capítulos IV, «Iles Canaries», del *Voyage pittoresque autour du monde* (1834) y de la *Histoire générale des Voyages*[7], dirigidos o redactados por Dumont d'Urville.

En el viaje de las corbetas *L'Astrolabe* y *La Zélée* hacia el Polo Sur y Oceanía, D'Urville decide reemplazar la escala que le prescriben las instrucciones oficiales en Cabo Verde por la de Tenerife, y relata su estancia del 30 de septiembre al 7 de octubre de 1837 en el capítulo II, «Séjour à Ténériffe», del tomo primero de la Historia del viaje. También en esta ocasión al final del volumen figuran los diarios de varios oficiales; destacan en especial las 33 páginas de notas de Joseph-Fidèle-Eugène Du Bouzet, por entonces teniente de navío —promovido a capitán de corbeta a su regreso, y más tarde comandante de Nueva Caledonia y almirante—, y no carecen de interés las del secretario del comandante César Desgraz[8]. A esta publicación oficial se suma un relato de la misma escala por el médico mayor de *La Zélée*, Élie Le Guillou, ayudado por Jacques Arago

---

6   Voyage de la corvette l'Astrolabe exécuté par Ordre du Roi pendant les années 1826-1827-1828-1829, sous le commandement de M. J. Dumont d'Urville, capitaine de vaisseau, publié par Ordonnance de Sa Majesté, Histoire du voyage, París, J. Tastu, 1830, t. I. Las notas del diario de R.-C. Quoy se recogen en pp. 167-182.

7   Voyage pittoresque autour du monde. Résumé général des voyages de découvertes publié sous la direction de M. Dumont d'Urville, capitaine de vaisseau, París, L. Tenré, 1834, t. I, pp. 15-25 ; se sabe que la redacción de esta obra fue confiada al escritor Louis Raybaud. La reproducción literal de ese capítulo figura en la Histoire générale des voyages par Dumont d'Urville, D'Orbigny, Eyriès et A. Jacobs. t. I. Voyage autour du monde par Dumont-d'Urville, París, Furne, 1859, pp. 19-28.

8   *Voyage au Pole Sud et dans l'Océanie...*, cit., t. I, cap. II, pp. 12-34. Notas de los diarios de los oficiales de estado mayor Du Bouzet, pp. 177-201, Coupvent Desbois, pp. 201-202, Desgraz, 202-206 y Roquemaurel, pp. 206-207.

—que había pasado por Tenerife en 1817, como dibujante de la campaña de circunnavegación de las corbetas *L'Uranie* y la *Physicienne* al mando de Freycinet, y que había publicado sus recuerdos en dos obras, *Promenade autour du monde...* y *Souvenirs d'un aveugle. Voyage autour du monde*—, colaboración que se plasma en el *Complément aux Souvenirs d'un Aveugle. Voyage autour du monde de l'Astrolabe et de La Zélée*[9].

3. El Corpus

El *corpus* así constituido comprende obras de muy distinta índole y que representan no sólo diferentes estadios de escritura sino también diversas situaciones comunicativas.

a) En primer lugar, están las publicaciones oficiales, bajo el patrocinio real, que implican una primera práctica de reescritura a partir de las notas del diario de a bordo; así, los volúmenes de Historia del viaje que redacta Dumont d'Urville de las expediciones de 1826-29 y de 1837-1840, cuyos lectores serían autoridades, marinos y científicos, no el gran público (se trata de obras de más de una veintena de volúmenes en gran formato). La situación de los diarios de los oficiales al final de la Historia del viaje, como notas, y con tipografía más reducida, sin duda permite a sus autores una mayor libertad en la expresión y les ofrece la posibilidad —que hemos comprobado— de introducir impresiones más subjetivas que las del comandante de la expedición, lo que da lugar a cierta polifonía.

b) La publicación oficial puede, a su vez, ser un producto productivo y generar un segundo tipo de relato a partir de un nuevo proceso dinámico de reescritura en función de nuevos destinatarios, en este caso el gran público. Es lo que lleva a cabo el mismo D'Urville al dirigir el *Voyage pittoresque autour du monde*, como deja patente en la Introducción:

---

9 Complément aux Souvenirs d'un Aveugle. Voyage autour du monde de l'Astrolabe et de La Zélée sous les ordres du Contre-Amiral Dumont-d'Urville, pendant les années 1837, 38, 39, 40. Par Élie Le Guillou, Chirurgien-major de La Zélée... Mis en ordre par J. Arago, París, Berquet et Pétion, 1842. El capítulo 2, « Ténériffe », comprende las páginas 7 a 33.

> Au sein de notre patrie, la Restauration n'a-t-elle pas payé un glorieux tribut aux sciences par l'exécution et la publication des campagnes scientifiques de l'*Uranie*, de la *Coquille* et de l'*Astrolabe* ? Mais ces grandes et périlleuses entreprises, ces nobles conquêtes de l'esprit humain, demeurent peu connues ; elles n'acquièrent pas toute la publicité qu'elles devraient avoir ; et, il faut avoir le courage de le dire, cet inconvénient tient au luxe même de ces publications, luxe qui les place hors de la portée du public, en même temps qu'il en retarde souvent outre mesure l'achèvement. Des éditions populaires auraient toujours dû, dans notre opinion, suivre de près le retour de ces expéditions, sauf à laisser ensuite le temps convenable à la publication des éditions somptueuses.
>
> Indépendamment de ces motifs, il en est encore deux autres qui s'opposeraient à ce que la classe ordinaire des lecteurs pût avoir connaissance de tous ces voyages […] les navigateurs consciencieux ont été obligés de consigner dans les relations les principales indications nautiques et météorologiques, et ces indications sont ordinairement fastidieuses pour l'homme du monde, qui n'en peut saisir toute l'utilité (p. i).
>
> Mes collaborateurs et moi, nous ferons en sorte que la lecture de notre *Voyage pittoresque autour du monde* soit à la fois instructive et amusante, but essentiel de tout ouvrage destiné à une masse nombreuse de lecteurs (p. viii).

Se trata, por consiguiente, de una transposición que ponga al alcance de numerosos lectores una versión aligerada, y sobre todo amena, del texto de estos viajes. En este sentido, hay que señalar que al adoptar el título de viaje «pintoresco» se está utilizando el adjetivo tanto como calificativo de lo que llama la atención por su originalidad como en la nueva acepción que adquiere en ese siglo para calificar las publicaciones acompañadas de ilustraciones, pues, en efecto, la obra está bellamente ilustrada al incluir numerosos dibujos de Sainson, dibujante en la campaña de *L'Astrolabe*.

c) En tercer lugar, un nuevo procedimiento que aleja más el relato de viaje de su carácter de género factual (es decir, próximo a lo real) se produce con la transposición literaria de un material documental, tal como ocurre con los diarios del médico de la expedición de D'Urville al Polo Sur, Élie Le Guillou, reescritos por Jacques Arago en el *Complément aux souvenirs d'un aveugle*, en donde el diálogo predomina sobre la narración y la ficción tiene mayor cabida. Si D'Urville pretendía hacer más populares las grandes expediciones, en este caso la convergencia del texto con un potencial receptor en cuyos intereses predominaría la distracción sobre la instrucción determina una mayor transformación del relato del viaje, cuya vocación referencial queda atenuada por una reescritura decididamente subjetiva y que hace nuevas concesiones al gusto del público al introducir elementos imaginarios, por mucho que el prefacio de esta obra proclame la veracidad del relato:

> Oui, nous sommes vrais dans nos récits, oui, nous sommes vrais dans les détails et dans les faits généraux ; oui, nous le sommes dans l'esquisse des mœurs et des coutumes de peuples avec lesquels nous avons fraternisé (p. III).

Naturalmente, todas estas obras mantienen las convenciones del género en cuanto a presentar los acontecimientos en orden cronológico lineal y en su carácter homodiegético, en que la voz narrativa siempre es el *yo*, la primera persona. Y cuando se trata de una reescritura para acercar el texto al lector, Dumont explica y justifica la introducción de un yo ficticio:

> C'est pour rendre aussi populaire que possible la connaissance des grandes expéditions de découverte exécutées jusqu'à ce jour, que nous avons imaginé la publication du Voyage pittoresque autour du monde. Notre voyageur, sorte d'Anacharsis circum-navigateur, personnage fictif et essentiellement indépendant, ne figure, dans notre ouvrage, que pour nous procurer le droit de nous exprimer à la première personne, et donner ainsi plus de piquant et d'actualité à notre récit. (*Voyage pittoresque autour du monde*, t. I, p. I).

Es obvio que este recurso implica también una nueva transformación del material inicial al hacer del protagonista una especie de Anacarsis[10], observador extraño con una mirada más distante.

Por otra parte, el relato de la escala en Tenerife no escapa a otra de las características de la escritura del viaje: la mediatización del autor por las lecturas de autores precedentes, la relación del texto con textos anteriores leídos antes o durante el viaje —lo que constituía la «biblioteca del viajero»—, lo cual da lugar a un entramado intertextual de inserciones y alusiones. Este rasgo —que había alcanzado su paroxismo en los relatos del renacentista André Thevet— se agudiza por la naturaleza excepcional de un viaje de circunnavegación, que tenía mucho de gesta en la época de la navegación a vela, de manera que los barcos de las grandes expediciones científicas iban provistos de buenas bibliotecas, y los protagonistas de la expedición, al menos los oficiales, ya conocían lo que se había escrito

---

10 El *Voyage du jeune Anacharsis en Grèce dans le milieu du IVe siècle avant l'ère vulgaire* fue publicado por el abate Jean-Jacques Barthélemy en 1788. Se trata de un viaje imaginario erudito que se sirve del personaje ficticio de un príncipe escita para describir las ciudades de la Grecia clásica y hacer digresiones críticas sobre costumbres, tradiciones, filosofía, etc.

anteriormente sobre los lugares en los que se detendrían. Lo pone bien de manifiesto el médico y naturalista Lesson, compañero de D'Urville en *La Coquille*:

> À mesure que nous approchions de Ténériffe, nous nous retracions tout ce qu'on avait déjà écrit sur cette île. J'étais pour ma part rassasié de tout ce qu'en disent les voyageurs; son éternel *pic de Teyde* et sa *Caldiera*, ses Guanches, son dragonnier, qui semble dater du déluge, et cette famille Cologant, dont le nom est stéréotypé dans toutes les relations, me revenaient sans cesse à la mémoire[11].

En efecto, esos temas son recurrentes y aludiremos a ellos solo parcialmente cuando nos parezca significativo. En los testimonios de los viajeros sobre Tenerife se detectan tantas repeticiones, coincidencias —cuando no apropiaciones o plagios de textos anteriores—, que para nuestro propósito carecería de interés ver las reformulaciones en diacronía de esos temas. Para los viajeros naturalistas era totalmente ineludible la excursión al Teide (como sigue siéndolo hoy para cualquier visitante de la Isla), así como la descripción del endemismo que es el drago, exótico para un europeo, y también era inexcusable la mención de la población pre-hispana. Sin embargo, sólo vamos a tomar unos breves ejemplos que sirvan para ilustrar la escritura y reescritura de la escala en Tenerife en el *corpus* elegido.

Por último, obviamente, ningún relato de viaje es un reflejo especular de la realidad, ya que siempre se trata de una relación con lo real mediatizada y filtrada por la mirada del viajero, y, como se ha repetido muchas veces, «regarder est un acte éminemment culturel, chargé de présupposés, de stéréotypes»[12]. Este hecho se pone de manifiesto muy agudamente cuando se trata de la mirada de viajeros franceses, que focalizan y privilegian determinados aspectos en detrimento de otros. De esta manera, la escala en Tenerife puede servir de pretexto para incidir sobre los indudables contrastes entre las sociedades francesa y española de ese momento histórico, así como para dejar traslucir una ideología.

---

11   René-Primevère Lesson, Voyage autour du monde entrepris par ordre du Gouvernement sur la corvette La Coquille, París, Pourrat, 1839, pp. 8-9.

12   J.-M. Goulemot, P. Lidsky, D. Masseau, *Le voyage en France*, París, R. Laffont, 1995, p. x.

4. La relación oficial y su reescritura

El tratamiento de la población aborigen canaria pre-hispánica, los guanches, nos sirve para ilustrar el proceso de reescritura cuando el texto se inscribe en otra situación comunicativa. Durante su escala en 1826 al mando de *L'Astrolabe*, Dumont d'Urville les dedica únicamente un breve fragmento, situado en el contexto de una visita al gabinete de historia natural del domicilio de Juan Meglorini[13], en el que había una momia guanche. En la historia del viaje se lee:

> Ce qui fixa le plus mon attention, dans cet amas d'objets hétérogènes, fut une momie complète de Guanche, qu'on me dit être celle d'une femme [...] je contemplai avec émotion ces uniques vestiges d'une race d'humains douce, paisible et digne d'un meilleur sort, si l'on en croit les historiens qu'a produits la nation même qui les a tous exterminés jusqu'au dernier. Cependant, tout en détestant la férocité des conquérants, il est permis de ne pas trop se passionner en faveur des Guanches ; car on a acquis la certitude que, comme parmi tous les peuples à demi-sauvages, chez les Guanches si vantés, la caste privilégiée affectait le plus profond mépris pour les individus de la basse classe, et souvent même les traitait de la manière la plus inhumaine (pp. 49-50).

Once años después, al hacer nuevamente escala en Tenerife pretende visitar de nuevo el gabinete de curiosidades del señor Megliorini, pero encuentra la casa cerrada, por lo que no hay ninguna otra mención del pueblo guanche en los relatos oficiales de sus viajes.

Por el contrario, cuando redacta el *Voyage pittoresque autour du monde*, destinado al gran público, utiliza la «biblioteca del viajero» para desarrollar con gran amplitud a lo largo de muchas páginas en gran formato a doble columna lo que se decía de Canarias en la Antigüedad (Platón, Homero, Dionisio de Halicarnaso, Diodoro de Sicilia, Estrabón,

---

13   Juan Megliorini y Espínola, de origen genovés, había llegado a Tenerife como ayudante mayor del regimiento de Ultonia en 1799 a raíz del ataque de Nelson. Se casó en Tenerife y se integró en la élite santacrucera. En su domicilio de Santa Cruz creó un gabinete de historia natural, que fue ampliando con una importante colección de objetos que procedían de un panteón real de El Sauzal. Tras su muerte (1837) esos objetos fueron comprados por Sebastián Pérez Yanes para formar parte del «Museo Casilda» de Tacoronte (*Vd.* M. Fariña y A. Tejera, *La memoria recuperada. La colección Casilda de Tacoronte en el Museo de Ciencias Naturales de La Plata (Argentina)*, S.C. Tenerife, Cajacanarias, 1998, p. 17). Once años más tarde, en 1837 D'Urville intenta sin éxito ver de nuevo el gabinete de Megliorini.

Plinio, Ptolomeo...), la historia de las islas Canarias a partir de su redescubrimiento: menciones de Luis de la Cerda tomadas de Viera y Clavijo, los detalles de la conquista por Jean de Béthencourt y Gadifer de La Salle en el siglo XV, y los hechos que siguieron hasta que todo el Archipiélago pasó a manos españolas. Para ello se vale de «un beau travail inédit de M. Berthelot, Français fort instruit que je vis à Ténériffe... Voici un fragment textuel du manuscrit qu'il me confia», y sigue, a continuación, la inserción en su texto de una larga cita de Berthelot (sin duda, de las *Misceláneas canarias*), entrecomillada, que D'Urville apostilla con los elogios más encendidos de todas las virtudes del pueblo guanche. Prosigue hablando de su origen, los vestigios de su lengua, los embalsamamientos que practicaban, el aspecto físico, la estructura social y el gobierno, las creencias y prácticas religiosas, la alimentación, etc., las leyendas, con alusiones a otros autores como los redactores de la crónica de la conquista, Alonso de Espinosa, Cairasco, Mercator, Dapper, el padre Feijoo, Viera y Clavijo, Abreu Galindo..., e insertando de nuevo fragmentos textuales de otros autores, esta vez de Bory de Saint-Vincent (*Essais sur les îles Fortunées*...), para concluir: «voilà, toute exagération écartée, ce qu'on sait de plus positif sur les Guanches», pasando inmediatamente a narrar su excursión al Teide. Se ve, pues, un despliegue de informaciones eruditas y un afán enciclopédico que no tuvieron cabida en las publicaciones oficiales de los viajes de circunnavegación, pero que ahora convierten el texto en un cruce de textos y en un mosaico de citas, ilustración de intertextualidad.

5. De lo factual a lo ficcional

En la relación del viaje de las corbetas *L'Astrolabe* y *La Zélée*, publicada por ordenanza real, al final del primer tomo, las notas del diario del teniente de navío Du Bouzet relativas a la excursión al Teide junto con varios tripulantes, entre los que se encontraba el médico de *La Zélée*, Le Guillou, dan cuenta del breve encuentro con un compatriota:

> Nous rencontrâmes bientôt après un compatriote qui fut dans le ravissement de retrouver des Français avec lesquels il pût parler sa langue natale et qui, dans l'effusion de sa joie, fut sur le point d'abandonner les affaires que le conduisaient à

La reescritura de la escala en Tenerife en los relatos de Dumont d'Urville 115

> Sainte-Croix, pour nous accompagner jusqu'à l'Orotava et nous y recevoir chez lui. Nous apprîmes de lui qu'il était directeur du jardin botanique de cette ville (p. 182).

Prosiguen su camino en distintas direcciones, y al día siguiente los excursionistas visitan el Jardín botánico de la Orotava, en donde son recibidos por la mujer del francés:

> Nous fûmes parfaitement accueillis à notre arrivée par la señora don Miguel Daguaire, ou plutôt madame Daguaire, comme elle nous dit, épouse du jardinier que nous avions rencontré sur notre route avant Matanza. Après nous avoir raconté avec une volubilité surprenante son histoire, celle de ses malheurs et du naufrage qui l'avait condamnée à cet exil, elle nous sauta presque au cou, tant elle paraissait heureuse, comme son mari de retrouver des Français (p. 185).

Estos breves pasajes de narración en estilo indirecto son reescritos y amplificados dramáticamente mediante el recurso al diálogo en estilo directo por Le Guillou y Arago. En este caso es el francés, llamado don Miguel Daguerre, no su mujer, el que cuenta el naufragio:

> —La mer a ses caprices, messieurs, vous le savez, ou vous le saurez bientôt, puisque vous la parcourez. Hélas ! je suis une des mille victimes de ses fureurs. En 1815, je partis avec ma femme sur un beau navire qui devait nous porter à Montevideo. J'allais tenter la fortune loin, bien loin de chez moi, comme si la capricieuse prenait à tâche de ne jamais se fixer à nos côtés. À la hauteur des îles du cap Vert, une tempête violente pesa sur nous et nous poussa vers les côtes d'Afrique ; les flots nous vomirent sur la plage ; le navire fut brisé ; ma femme et moi nous perdîmes notre petite fortune ; mais nous arrivâmes sains et saufs sur le rivage inhospitalier. Nous y serions morts de faim, de soif, de misère, si la Providence ne nous eût envoyé un bateau pêcheur. Le patron nous accueillit, et le lendemain nous fîmes voile pour Ténériffe, où nous trouvâmes des cœurs généreux. Je me fis jardinier, ma femme m'aida dans mes travaux rustiques ; je vécus bien, car mon travail était de la reconnaissance ; et peu de temps après, grâce à mon zèle, à mon dévouement, à mes connaissances acquises, je fus nommé directeur du jardin botanique d'Orotava (p. 11).

Y en la visita al jardín botánico el diálogo con «l'excellente Madame Daguerre» gira en torno a un supuesto encuentro casual de esta con el príncipe de Joinville (pp. 16-17), lo que sirve de pretexto para introducir una página con una ilustración que representa a «S.A.R. le Prince de Joinville dans la plaine de Laguna»[14].

14   Respecto al llamado Miguel «Daguaire» en un texto y Miguel «Daguerre» en el otro, hay que precisar que se trata de Miguel Dugour, que no fue nunca director del Jardín de Aclimatación de La Orotava (tal vez quiso darse importancia ante sus

6. El filtro de la mirada: Tenerife como pretexto

Los relatos de la escala en la Isla inciden en los aspectos negativos, sin duda totalmente reales, de la forma de vida de la población, si bien, al igual que en otros ejemplos, su presencia es mayor o menor en el texto en función del potencial receptor.

Por ejemplo, en el trayecto de Santa Cruz a La Laguna durante la excursión al Teide de Dumont d'Urville y sus oficiales, el comandante de *L'Astrolabe* mira y describe el estado del camino erizado de bloques volcánicos, las escorias en los campos próximos y la escasa vegetación de *Cactus* y *Euphorbia canariensis*, en tanto que, años más tarde, en el *Voyage pittoresque*, el campo visual se amplía a la presencia humana y su miseria: «Et, devant de misérables huttes, quelques enfants demi-nus, qui nous souhaitaient le bonjour en tendant la main» (p. 21), escena que sí aparecía, en cambio, en las notas del médico y naturalista de *L'Astrolabe* Quoy cuando mencionaba «Tant de pauvres couverts de haillons, habitant sous des huttes plutôt faites pour des chiens que pour des hommes, et demandant sans cesse l'aumône, à tel point que le salut des enfants est de vous demander un liard (quartillo)[15]» (p. 168), y que, once años más tarde, en el mismo lugar, vuelve a reflejar amplificada el teniente de navío Du Bouzet en sus notas:

> Des misérables huttes voisines disséminées au bord de la route, on voyait sortir des enfants à demi-nus, sur la figure desquels des mouches se disputaient le peu de place qui n'avait pas été envahi par la crasse, et qui venaient nous demander sur le ton habituel des mendiants de tous les pays un *quartillo* (p. 178).

La mendicidad y la miseria de la población son señaladas una y otra vez en los diarios de los oficiales, entre los que destaca el de César Desgraz durante la escala de 1837, por sus impresiones absolutamente negativas de todo lo que ve. «En général le peuple est dégoûtant, sale, en haillons, couvert de vermine... les habitations du peuple sont dégoûtantes à voir. La plupart de ces cases étaient bâties comme des écuries» (p. 204), dice. Y a la miseria va unida la lacra de la prostitución, señalada también por otros

---

compatriotas al presentarse como tal), sino que fue nombrado jardinero el 27 de julio de 1835, a propuesta del entonces director Manuel de Ossuna, y ejerció su actividad en distintos periodos hasta 1860.
15 Liard = 3 deniers, ¼ de sou. Cuartillo = 1/4 de real.

viajeros. Desgraz hace alusión a lo escrito por Labillardière casi cincuenta años antes sobre la prostitución y la transmisión de enfermedades venéreas a la tripulación:

> Aussi, comme au temps de Labillardière, cette malheureuse population est livrée à la plus abrutissante prostitution, et, comme les gens du navire où il se trouvait, plusieurs personnes des nôtres auront à se souvenir longtemps d'avoir cédé aux prévénances des femmes de Santa-Cruz (p. 205).

Esto es lo que decía Labillardière a su paso por Tenerife en 1791[16]:

> La multiplicité des pratiques religieuses introduites parmi les habitants, n'empêchoit pas que plusieurs de ces femmes n'allassent, un chapelet à la main, au-devant des nos matelots toutes les fois qu'ils descendoient à terre : plusieurs ont eu long-temps à se repentir de s'être laissé séduire par tant de charmes (p. 29).

Este apartado podría seguir ampliándose con diversidad de temas, pero, para cerrarlo, reproducimos una descripción del ambiente de Santa-Cruz en el *Voyage pittoresque* de Dumont d'Urville, por donde desfilan todos los tópicos sobre la España del momento:

> Les mendians pullulent à Santa-Cruz, et sont d'une effronterie qui ne le cède qu'a leur malpropreté. A chaque pas, des enfans en guenille vous saluent et vous demandent un quartillo. Les Espagnols se promènent d'un pas grave, sous le manteau de drap qu'ils portent l'été comme l'hiver. Les prêtres, les ermites, les moines traversent incessamment les trottoirs ; ils ne sauraient faire un pas sans être arrêtés par leur manche, que les dévots baisent tour à tour. Les marchands qui veulent obtenir pour leur commerce la sainte protection de Notre-Dame de la Candeleur, présentent de menus cadeaux à ces révérends pères. Il y a un inquisiteur à Santa-Cruz : cependant le zèle du saint-office est tempéré par les mœurs commerciales. Sous l'influence de la politique métropolitaine, il se borne tout au plus à proscrire nominalement les ouvrages pernicieux et philosophiques et à déblatérer contre les francs-maçons. Des placards exposés dans les églises donnent les titres des productions défendues : c'est un catalogue pour les esprits avides de nouveautés [...] Ces précautions du reste ne s'adressent qu'à la classe aisée ; le peuple n'y entre pour rien. Toujours occupés de cantiques et le chapelet à la ceinture, l'artisan, le vigneron, le cultivateur, chaussés de l'espadrille et coiffés du filet de soie, traversent les carrefours en psalmodiant. Les muletiers, les colporteurs, les villageois qui retournent dans les campagnes avec leurs chameaux, ont tous à la bouche un verset sacré, un *oremus* (p. 16).

16   Jacques-Julien Houtou de Labillardière, naturalista de la expedición de D'Entrecasteaux que, por orden de la Asamblea Constituyente, había partido en 1791 en busca de La Pérouse (*Relation du voyage à la recherche de La Pérouse...*, París, H.J. Jansen, año VIII de la República [1800], p. 29).

La conclusión del capítulo sobre Canarias es clara: «Tel est l'archipel Canarien, destiné sous un gouvernement libre à devenir une riche possession» (p. 25).

En este fragmento se encuentra una verdadera acumulación de estampas sombrías, hasta el punto de que, dado que ninguna descripción semejante se encuentra en los diarios ni de D'Urville ni de sus compañeros de viaje, podamos preguntarnos si, en este caso, no estaremos ante una reescritura a partir de todo un compendio de discursos librescos tendenciosos, sobre los que todavía se proyecta, cincuenta años después, la sombra del paroxismo hiperbólico de las diatribas antiespañolas o anticlericales del opúsculo *Voyage de Figaro à l'Isle de Ténériffe* (1786).

Sea como fuere, al terminar aquí, quedan patentes las sucesivas transformaciones de las que fue objeto la primera escritura de una escala en Tenerife, desde el diario de a bordo, pasando por su primera reelaboración para la publicación oficial hasta llegar a una obra destinada al gran público, con lo que la primera mirada ha quedado difractada y se ha ido cargando de adherencias y connotaciones.

Referencias bibliográficas

ARAGO, Jacques (1842) *Complément aux Souvenirs d'un Aveugle. Voyage autour du monde de l'Astrolabe et de La Zélée sous les ordres du Contre-Amiral Dumont-d'Urville, pendant les années 1837, 38, 39, 40. Par Élie Le Guillou, Chirurgien-major de La Zélée...*, París, Berquet et Pétion.

BARTHÉLEMY, Jean-Jacques (1788) *Voyage du jeune Anacharsis en Grèce dans le milieu du ive siècle avant l'ère vulgaire.*

DUMONT D'URVILLE, Jules S.C. (1842) *Voyage au Pole Sud et dans l'Océanie par les corvettes L'Atrolabe et La Zélée, exécuté par Ordre du Roi pendant les années 1837-1838-1839-1840, sous le commandement de M. J. Dumont d'Urville, Capitaine de vaisseau, publié para Ordonnance de Sa Majesté. Histoire du voyage par M. Dumont d'Urville*, París, Gide.

—, (1830) *Voyage de la corvette l'Astrolabe exécuté par Ordre du Roi pendant les années 1826-1827-1828-1829, sous le commandement de*

M. J. Dumont d'Urville, capitaine de vaisseau, publié par Ordonnance de Sa Majesté, Histoire du voyage, París, J. Tastu, t. i.

—, (1834) *Voyage pittoresque autour du monde. Résumé général des voyages de découvertes publié sous la direction de M. Dumont d'Urville, capitaine de vaisseau*, París, L. Tenré, t. i.

DUMONT D'URVILLE, Jules S.C, D'ORBIGNY, Alcide, BENOÎT EYRIÈS, Jean-Baptiste et JACOBS, Alfred *(1859) Histoire générale des voyages par Dumont d'Urville, D'Orbigny, Eyriès et A. Jacobs. t. I. Voyage autour du monde par Dumont-d'Urville*, París, Furne.

FARIÑA GONZÁLEZ, Manuel A. y TEJERA GASPAR, Antonio (1998) *La memoria recuperada. La colección Casilda de Tacoronte en el Museo de Ciencias Naturales de La Plata (Argentina)*, S.C. Tenerife, Cajacanarias.

GOULEMOT, Jean Marie, LIDSKY, Paul, MASSEAU, Didier (1995) *Le voyage en France*, París, R. Laffont.

HOUTOU DE LABILLARDIÈRE, Jacques-Julien (1800) *Relation du voyage à la recherche de La Pérouse...*, París, H.J. Jansen.

JACOB, Yves (1995) *Dumont d'Urville, le dernier grand marin de découvertes*, Grenoble, Glénat.

LESSON, René-Primevère (1839) *Voyage autour du monde entrepris par ordre du Gouvernement sur la corvette La Coquille*, París, Pourrat.

El viaje de un mito literario: don Juan, de Tirso a Shadwell

Adrián J. Sáez García

Los mitos son proteicos por definición, cualidad por la que adquieren conformaciones concretas distintas a tenor de los diversos autores, épocas y circunstancias, metamorfoseándose sin que se borre su esencial fijación estructural y perdurando así en el tiempo. Don Juan constituye un caso *par excellence* porque «[d]el modo más paradójico, su naturaleza profunda consiste en no poseer otra que la que el vaivén de cada época quiera asignarle», pues es un «[a]rquetipo de la permanencia en el cambio», según Márquez Villanueva (1996: pp. 11-12)[1]. En este viaje literario y cultural que ha alumbrado más de quinientas recreaciones (Weinstein, 1959) se introducen elementos nuevos y se pierden o modifican algunos (variantes), al tiempo que se conservan una serie de rasgos que permiten su reconocimiento (invariantes)[2]. Ahora bien, la estructura medular consiste en el enfrentamiento entre don Juan y el Comendador, que anuncia la inminente muerte, las conquistas femeninas y el héroe, que cambiará en sus sucesivas caracterizaciones, aunque conservando ciertos rasgos que lo harán reconocible (García Gual, 2001).

Desde esta perspectiva, el mito de don Juan posee dos rasgos muy singulares: primero, su estatuto eminentemente literario (Molho, 1993: p. IX) y segundo, su configuración bien definida en una obra concreta como *El burlador de Sevilla y convidado de piedra*, tradicionalmente atribuida a Tirso de Molina. Porque si los límites del mito no pueden atisbarse, cabe ahondar en sus orígenes: se han rastreado elementos precedentes de raigambre histórica, literaria, mítica y folclórica que acaban por confluir en *El burlador*, si bien ha de advertirse que ninguno de ellos es definitivo para la configuración de la comedia tirsiana.

---

1 Se trata de un «[a]rquetipo de la permanencia en el cambio» (12).
2 Terminología que emplea Rousset, 1985 y recoge posteriormente García Gual, 2001.

1. Punto de partida: el burlador de sevilla

Esta comedia ostenta el mérito de haber creado y elevado a la categoría de mito a don Juan, figura de origen español pese a los intentos de Farinelli —y otros— de vincularlo a la Italia del Renacimiento[3], aunque ya sea parte del legado universal. Publicado por Manuel de Sande en Sevilla a nombre de Tirso de Molina, probablemente en 1627 (no en 1630), y de redacción bastante anterior, entre 1617 y 1619, es uno de los dramas del Siglo de Oro más afectado por cuestiones enigmáticas, como la autoría, la prioridad con *Tan largo me lo fiáis*, etc., que ahora no me conciernen[4].

En este primer texto, las burlas de don Juan culminan a menudo en el acto carnal, pero este no constituye su objetivo final: la burla puede relacionarse con la seducción y el placer, pero sus pretensiones son otras, aunque no debe olvidarse la importancia del aspecto erótico, tan eficaz para fijar el personaje y expresar con profundidad sus transgresiones (Arellano, 2001: p. 126)[5]. Sus burlas no son un fin sino un medio, ya que no persigue el simple placer por lascivia sino la honra que puede arrebatarle a ella, a su familia y a su amante —si lo hubiere—, para así aumentar la suya. No desea gozar a cuantas más mujeres mejor, calmando sus deseos insaciables o corriendo de un lecho a otro en pos de la mujer ideal que nunca encuentra, como pretenden Rico (1990: p. 241) o Ruiz Ramón (1978: p. 73)[6]. Tampoco es como el rebelde Tenorio de Zorrilla que apuesta por gozar doncellas y batirse, o el don Giovanni de Mozart y da Ponte con su fastuosa lista de conquistas. Y pese a que ha sido elevado al pedestal de héroe del amor por los románticos, don Juan —el auténtico— no se enamora, no puede hacerlo o perdería su invulnerabilidad. En el texto fundacional no es un seductor, sino un burlador. En ningún momento es un amante ni intenta serlo más

---

3   Sus ideas pueden verse rebatidas en Said Armesto (1946: 15-25 y 193-214).
4   Evitando polémicas, considero a Tirso como autor: la *princeps*, único documento explícito, está a su nombre (Arellano, ed., p. 57) y no se le puede negar ser el dramaturgo por excelencia de la burla (Vitse, 2004: 212). Para la hipótesis de Andrés de Claramonte y la preeminencia del texto de *Tan largo me lo fiáis*, remito a los trabajos de Rodríguez López-Vázquez. Emplearé, en lo que sigue, algunas ideas expuestas en Sáez (2010a y 2010b).
5   Ver vv. 684-686, 896-897, 1270-1271, 1807-1808 y 2015-2016. Cito siempre por la edición de Arellano.
6   Este rasgo que no presente en *El burlador* lo poseerá, por ejemplo, el romántico don Juan de Hoffmann, enlazando con el mito de Fausto.

que en su segunda burla[7]. Como dice Unamuno en *El hermano Juan*, «[e]l legítimo, el genuino, el castizo don Juan parece no darse a la caza de hembras sino para contarlo y para jactarse de ello [...] Lo que le atosiga es asombrar, dejar fama y nombre» (1972: pp. 550-551)

Su objetivo es lograr la notoriedad y el reconocimiento en la sociedad, destacar por encima de los demás, ya sean iguales o superiores en condición; salir del anonimato y de la invisibilidad. Él mismo señala su ambición:

> Sevilla a voces me llama
> *el Burlador*, y el mayor
> gusto que en mí puede
> haber es burlar una mujer
> y dejalla sin honor.
> (vv. 1312-1316)[8]

Busca hacer siempre «la burla más escogida de todas» (v. 1974), para que «se admire y espante / Sevilla» (vv. 2512-2513) y ser reconocido como «el gran burlador de España» (v. 1279). Más en detalle, pretende una fama que se funda en acciones antiheroicas, ya que posee un concepto de la honra invertido o pervertido (Vitse, 1969: p. 69). Del mismo modo, antepone —junto con sus corruptos familiares— el honor personal a la lealtad debida al rey. Así, don Juan logra corromper este fundamento de la sociedad, considerando el honor como mero capital que aumentar. La honra debe ser ganada con actos porque la otorgan los demás; si se gana, por tanto, ha de ser a costa de alguien, a modo de competición, pues para

---

[7] No pienso igual que Navarrete (1978) para quien don Juan está próximo a enamorarse de Tisbea (y cerca de su salvación, por tanto), aunque sea durante un breve período de tiempo. No se enamora nunca, pero finge abrasarse ante las dos villanas para poder burlarlas, especialmente con Tisbea, pues Aminta cede con más facilidad por su afán de medro. La voz «amor» carece de significado real o profundo para él, su empleo es un mero acto industrioso para lograr sus fines. Como decía Varey, «El protagonista de *El burlador* no es el gran sensualista de las versiones posteriores» (1987: 135). El amor y la salvación por amor son rasgos que ya se perfilan en la versión de Zamora (*No hay deuda que no se pague y convidado de piedra*, 1744) y que serán capitales en la de Zorrilla. En este sentido, es bastante afín al personaje de Molière, aunque el de Tirso no se preocupa en filosofar. No en vano obras posteriores (Rostand, *La última noche de don Juan*, 1921; hermanos Machado, *Don Juan de Mañara*, 1927) lo presentan como incapaz de amar.

[8] Cito siempre por las ediciones recogidas en la bibliografía final. Para Il convitato de Cicognini he consultado también la traducción incluida en Macchia (1998: 167-201).

que uno la adquiera es necesario que otro la pierda. Y don Juan, pese a ser considerado como un ser irreflexivo, demuestra ser un gran pragmático, porque burlar a una doncella es el modo más sencillo para abrir el tesoro de la honra, ya que se lo quita tanto a la joven como a su familia y a su pretendiente. Burla a hombres y a mujeres, de cualquier estrato social: no hay barreras que le contengan, porque nadie escapa a la burla y tampoco nadie se salva de él (vv. 1546-1547, 2716-2717).

Los engaños de don Juan a las cuatro mujeres afectadas —más una— pueden dividirse según una estructura binaria y simétrica (Ruiz Ramón, 1978): dos damas nobles (más una), Isabela y doña Ana (más la desconocida sevillana); y dos plebeyas, Tisbea y Aminta. Sus burlas se estructuran según el esquema engaño (bajo falsa promesa o disfraz), posesión de la mujer y huida (de sus palabras y de sus hechos, de su responsabilidad). Parker (1976: pp. 341-342) señala certeramente que cada burla no es una simple unión sexual, y ninguna es idéntica a la anterior, pues cada acción perpetrada añade un agravante sobre la precedente.

El caso de Isabela es una traición a la amistad de Octavio, que resulta imputado tras su fuga. Puede sospecharse que don Juan se acercase a él para gozar a su amada. Asimismo, en su faceta de «castigo de las mujeres» (v. 895) es una suerte de correctivo a la lasciva y culpable Isabela[9], quien permite que su supuesto amante goce de ella antes del matrimonio, acto censurado desde Trento pero común en aquellos tiempos, sin tan siquiera preocuparse de comprobar la identidad de éste hasta después de la unión sexual, momento en el que se da cuenta de que yace con un desconocido. Además, constituye un desacato de lesa majestad puesto que se comete en el palacio real de Nápoles y son sorprendidos por el rey, con quien incluso entonces don Juan es insolente y atrevido en su respuesta[10].

La deshonra de Tisbea se agrava porque viola la ley de la hospitalidad, como se refleja en la comparación con Eneas[11]. Y, por si fuera poco, le roba dos yeguas para huir. Este episodio es clave, porque representa a una desdeñosa burladora que acabará siendo burlada, final que igualmente ha de tener don Juan:

---

9   Para su catadura moral, ver vv. 187-190 y Arellano (2001: 136).
10   El rey aludirá al «yerro / [...] cometido en mi ofensa» (vv. 169-70).
11   Vv. 503-504, 613-616, 899-900 y 291-296. La comparación en su faceta más heroica (*pius Aeneas*) oculta la de seductor de Dido, luego abandonada. En el Siglo de Oro era considerado cruel por este hecho y si bien el símil no pasa de ser tópico, alerta.

> Yo soy la que hacía siempre
> de los hombres burla tanta,
> que siempre las que hacen burla
> vienen a quedar burladas.
> (vv. 1013-1016)[12]

A la supuesta burla de la tampoco demasiado virtuosa doña Ana[13] se le suma la desobediencia al rey, la muerte de don Gonzalo y una alevosa traición a su amigo Mota, de quien se aprovecha para gozar a su amada. El marqués resultará finalmente culpado del suceso al serle devuelta la capa que había prestado a don Juan, en un nuevo ejemplo de «burlador burlado» que prepara el camino final del personaje principal. No obstante, dado el carácter mujeriego del noble es también un escarmiento merecido, una suerte de ejercicio de justicia.

Finalmente, en la aventura de Aminta don Juan vence al esposo con el honor y los celos, engaña al padre y viola el sacramento del matrimonio. De este modo, atenta contra los novios y contra Dios porque el enlace cristiano incluye también a Cristo. Argumenta que la unión no está consumada (vv. 2077-2079), idea no válida al contradecir las normas tridentinas, que indicaban que la esencia del matrimonio legítimo consiste en el consentimiento de los desposados no siendo necesario el acceso carnal[14].

Del repaso se ve que don Juan es un personaje de acciones más que de palabras. En su avance no repara en norma ni ley alguna, pues engaña a su paso y se jacta de ello: «Yo quiero poner mi engaño / por obra» (vv. 2011-2012). Principalmente se sirve de los ardides de la mentira y el disfraz, amén de valerse de sus privilegios nobiliarios, de su fama de valiente y de su condición de joven galán, apuesto y bizarro. Igualmente, sabe aprovecharse de las debilidades de sus víctimas en relación con el ascenso social para hacerlas caer más fácilmente en sus redes. Los engaños verbales y la suplantación de la personalidad del amante de las damas están en distribución complementaria, porque los falsos juramentos «bajo la palabra y mano / de esposo» (vv. 938-939) solo se dirigen a las plebeyas y las sustituciones, a las nobles.

12 Ver vv. 1039-1041 y 1354-1357.
13 Desobedece la decisión de su padre de casarse con el marido escogido por el rey y manda un billete a su amante para una cita clandestina, sin asegurarse de no errar el destinatario.
14 *Catecismo del Santo Concilio de Trento*, pp. 351-353.

En la comedia las mentiras de don Juan se multiplican: a su tío para poder escapar después de haber gozado a Isabela excusando sus actos por su mocedad (vv. 61-64); a las villanas Aminta y Tisbea dándoles una palabra de matrimonio que nunca cumple con «retóricas mentiras» (v. 2072) y «juramentos cada vez más reforzados» (Arellano, 2001: p. 126); al rey y puede que incluso al final a la estatua de don Gonzalo. Precisamente, tras otorgar simbólicamente la mano a sus víctimas se escuda en su condición de caballero privilegiado para huir de sus promesas, basándose en que la nobleza es también un aval, una garantía de cumplimiento por su rango[15]. Únicamente cumple la palabra a la estatua cuando es invitado a cenar en su capilla, por lo que es comprensible que don Gonzalo dude, pero él responde casi ofendido: «Honor / tengo, y las palabras cumplo, / porque caballero soy» (vv. 2467-2469). No obstante, no lo hace por respeto al difunto o porque se trate de un enviado divino, sino por defender su honor, evitar ser tachado de infame (vv. 2693-2699) y para adquirir renombre (vv. 2510-2513). De este modo, su relación con el honor resulta contradictoria, pues actúa como si careciese de él, al tiempo que se siente orgulloso de su caballerosidad.

Igualmente se vale de la técnica del disfraz, habitual en la época para ocultar la identidad, pudiendo así acudir a encuentros con queridas y amadas, o sencillamente para ir a las mancebías. El vestido tiene un valor identificador y diferenciador en la sociedad que puede servir también para ocultar la identidad personal y social, por lo que la importancia del embozo no puede menospreciarse, pues es un elemento repetido en la comedia áurea para poder realizar con protección acciones que normalmente no se llevarían a cabo, evitando la responsabilidad derivada de tales actos. Así, apunta: «El trueque adoro» (v. 1547). Anteriormente, cuando Isabela va a sacar —ya tarde— una luz para ver al hombre con quien ha yacido él afirma ser «Un hombre sin nombre» (v. 15) queriendo con ello ocultar su personalidad, al menos hasta haber huido del lugar[16]. En el episodio en la costa de Tarragona trata de ocultar su identidad (vv. 681-682) y cuando

---

15   En *Il convitato* de Cicogini, el duque Octavio, para calmar sus sospechas, piensa: «es un príncipe y no pueden reinar en él acciones indignas» (II, 1). Don Juan, claro está, no contemplará esta norma: ver vv. 1945-1946; 1031 y 1921-1922.

16   Más adelante dirá que están «Un hombre y una mujer» (v. 23), pero creo exagerado afirmar que «El género masculino, en tanto tal, habla por la boca de Don Juan» (Rico, 1990: 240). Ver Sáez (2010ª: 137, n. 18).

habla con la estatua y ésta le acusa de haber huido tras haberle matado, dice: «Huí de ser conocido» (v. 2721). Tan solo revela su nombre en el episodio de Aminta, cuando ataca al afán de medro de la villana, para facilitar el engaño (en el de Tisbea descubre su identidad Catalinón, pero él pretendía mantenerse encubierto).

Es considerado por el vulgo como «Héctor de Sevilla» (v. 1086), símbolo de la valentía y el valor por sus «hazañas» y hechos «heroicos» en contra de las barreras de las leyes y las normas morales, por sus burlas, que al final son el elemento que más ha atraído al público. Esta percepción del vulgo del devenir de don Juan no deja de tener relevancia dramática —aun cuando se trate de una metáfora tópica— porque frente a sus acciones totalmente reprochables y condenables, entre la plebe parece causar asombro y fascinación. Obviamente sus correrías licenciosas no son un hecho aceptable en la sociedad, pero no puede negarse el grado de habilidad y destreza que requieren, si bien disfruta de una serie de ventajas que le favorecen. Sin embargo, su valentía deriva en temeridad al enfrentarse contra un rival que no puede vencer, por mucho que lo intente: Dios, representado en la estatua del difunto comendador (Vitse, 1969). No se dará cuenta de que va a ser burlado, de que cuando le dé la mano a la estatua ya no habrá más engaños como pretende y recibirá un castigo a la vez simbólico y proporcionado, de acuerdo con el principio de la *counterpassion*, pues «quien tal hace, que tal pague» (v. 2784). Morirá abrasado, para pasar la eternidad en el Infierno, lo que constituye la justicia poética más severa para Parker (1976: p. 335). En realidad, don Juan no conoce la diferencia entre valor y temeridad, no cabe en su concepción del auténtico valor, basado en no ser considerado cobarde y no temer, lo que le hace incurrir en un error de imprudencia, pues Dios es el único con potestad para vengarse y aquel al que se debe guardar un justo y respetuoso temor.

Un apoyo muy relevante de don Juan es su nobleza y los privilegios que esta le reporta, ya para sus conquistas, ya para protegerse de castigos bien merecidos. Porque —y esto es importante— pese a que se ha incidido en la condición de trasgresor y rebelde social de don Juan, él no lucha contra el sistema de modo consciente, sino que se aprovecha de la corrupción que reina en él y del amparo que le proporciona para campar a placer, burlándose de todos. En su camino no hay barreras que valgan; está más allá de las humanas y las divinas, pues unas las viola porque se lo permiten y otras las ignora. Arellano indica sagazmente que el personaje «[n]o quiere destruir un sistema que le proporciona privilegios, y si rompe las reglas es para abusar apoyado en esos mismos privilegios que utiliza sin escrúpulos» (2001: p. 131). Por tanto, don Juan es efecto más que causa de la corrupción general (Ruiz Ramón, 1978): actúa así porque le dejan y está protegido. El testimonio más convincente sobre su amparo social lo ofrece nuevamente el propio personaje:

> Si es mi padre
> el dueño de la justicia
> y es privanza del rey,
> ¿qué temes?
> (vv. 1977-1980)[17]

Así es: don Pedro protegió a su disoluto hijo cuando cometió la primera burla enviándole a Nápoles (vv. 77-93); «alas en tu favor llevo» (v. 107), dice don Juan cuando su tío le permite huir tras burlar a Isabela e inculpa falsamente a Octavio; su padre ruega al rey de Castilla, ante la venida de Octavio, que proteja a su hijo (vv. 1088-1089); don Diego está dispuesto a batirse con Octavio en defensa de su sobrino incluso estando en desventaja si el rey no lo acoge al burlador bajo su protección. Por eso, él se siente con ánimos de retar a cualquier perseguidor, pues, «¿Quién ha de osar?» (v. 37). Y para colmo, el rey no solo no castigará a don Juan, sino que le otorgará el título de conde de Lebrija, destierro que don Juan no cumple. Únicamente decidirá frenar sus aventuras demasiado tarde, cuando la justicia divina ya haya actuado.

Así pues, gracias a sus privilegios nobiliarios y al amparo que le rodea, puede moverse en la sociedad como si estuviese *solutus a legibus*, es decir, por encima de toda ley civil. Y es justo usando torcidamente de ese privilegio de clase cómo don Juan está traicionando su propia condición de caballero. A su vez, Tirso no ataca a la monarquía, sino las irregularidades del gobierno (Arellano, 2001: pp. 93-110).

Su esquivo caminar por la senda perdida ha causado más de una exégesis errónea. Don Juan cree, como es propio en una comedia del Siglo de Oro, pero actúa como si no lo hiciera, olvidando las normas cristianas de conducta cotidiana. No obstante, aunque viole las leyes divinas no es el caudillo de ninguna lucha demoníaca contra el cielo ni un rebelde de dimensiones teológicas, como tantas veces se ha apuntado a partir

---

17 Ver también vv. 2053-2055.

de comparaciones tópicas y lexicalizadas (Brown, 1974 y Egido, 1988, entre otros). Ahora bien, es relevante para destacar la fe del protagonista que desde *El ateo fulminado* italiano, Dorimond, Molière, Rosimond y Shadwell se destierra esta dimensión del personaje en sus respectivas recreaciones[18]. Es obvio que no cumple los preceptos divinos, mas no quebranta estas normas de forma deliberada y premeditada, a sabiendas del crimen o sacrilegio que comete, porque no es ateo ni impío. Una vez más Arellano acierta afirmando que no desempeña una función de oposición a Dios, porque le resulta indiferente (2001: p. 129). No expresa en ningún momento su ateísmo, al contrario que los personajes de Molière y Shadwell, y todavía menos es un ser satánico, como ha querido verse erróneamente: se burla, sí, pero no de Dios[19]. Puede decirse que es uno de aquellos «hombres que tasadamente tienen fe para que no los castiguen», como se lee en el *Guzmán de Alfarache* (Alemán, 2006: p. 123); pero ya se sabe que «la fe sin obras está muerta» (*Santiago*, 2, 26). Don Juan pospone el arrepentimiento, confiando en que bastará con unas someras palabras antes de exhalar el postrer suspiro para obtener la salvación, cuando a la importancia de la contrición se le une la necesidad de no retrasarla, de modo que la condena del personaje viene por su pertinacia.

Es igualmente un «condenado por mal confiado», —frente a Paulo en *El condenado por desconfiado*— pues, pese a todos los avisos que recibe (hasta siete) en boca de Catalinón, Tisbea, su padre y la estatua, no se arrepiente de sus malas obras, sino que lo fía para el futuro, a ritmo de la coletilla «¡Tan largo me lo fiáis!» (repetida con variantes hasta diez veces). Y aunque no hay límites para la misericordia divina, quien se niega deliberadamente a acoger el don divino mediante el arrepentimiento rechaza la absolución de sus pecados y la salvación ofrecida, endurecimiento que conduce a la perdición eterna. Más aun, presume poder salvarse sin ningún mérito, es obstinado en sus propios pecados y al fin impenitente, pues su confesión *in extremis* es meramente anecdótica ya que puede derivar del miedo final ante la condenación inminente, y porque desde la perspectiva de la coherencia dramática

---

18   *L'Athée foudroyé* fue el subtítulo de la tragicomedia de Rosimond y también de la obra de Dorimond, a partir de la edición de 1665. Recuérdese, por ejemplo, la célebre escena del *Dom Juan ou le Festin de Pierre* de Molière en la que el protagonista proclama su única creencia: «Creo que dos y dos son cuatro, Esganarel, y que cuatro y cuatro son ocho» (1981: III, 1, 35).

19   Ver *Gálatas*, 6, 7-8.

interna resultaría al menos paradójico —si no contradictorio— que don Juan fuese sincero en el preciso momento en que la verdad le ha de suponer la condenación. Igualmente, dado su *modus operandi*, como personaje de acciones más que de estrategias, no parece lógico que se detenga a meditar si ha de ser sincero o seguir mintiendo, por mucho que aún pudiese salvar su alma pecadora. Además, aunque fuera verdad, hay motivos para sospechar de él debido a sus anteriores mentiras y, de hecho, ya ha realizado todo el daño posible; como dice don Gonzalo tras escuchar la negación de haber burlado a doña Ana: «No importa, que ya pusiste / tu intento» (vv. 2789-2790). Don Juan no ha hecho méritos para salvarse —salvo pedir confesión– y el castigo es el único final posible[20].

2. El camino europeo del mito: Italia y Francia

Tras su configuración en España, rápidamente el tema viaja por Europa, no contando con nuevas versiones españolas hasta *La venganza en el sepulcro* de Alonso de Córdoba y Maldonado, de finales del siglo XVII. Primeramente arriba a Italia, donde, al margen de diversas representaciones en Nápoles a cargo de las compañías de Roque de Figueroa y Pietro Osorio[21], Cicognini compuso alrededor de 1632 *Il convitato di pietra*, cuya primera edición fechada data de 1671[22]. Por tanto, es la primera recreación italiana del mito, muy anterior a los dramas homónimos de Andreini redactado en 1651 y de Giliberto,

20 Compárese con Enrico de *El condenado por desconfiado*, quien acabará salvándose porque, pese a sus crímenes, cuida a su anciano padre, a la par que confía en la misericordia divina. Sea sincero o no el arrepentimiento de don Juan, importa más cómo se ha comportado durante toda la obra, aplazando la confesión, lo cual es suficiente para su castigo. Atina Vitse al decir que es ocioso preguntarse por su condenación, porque es evidente que no se arrepiente y merece la pena eterna (1991: 119).
21 Pietro Osorio llevó a las tablas por vez primera un *Convitato di pietra* desde el 22 de octubre hasta el 22 de diciembre de 1625, mientras que Figueroa representó *El burlador* (que él mismo había estrenado en España) en 1636.
22 Sin embargo, como advierte Dolfi (2001: 255, n. 4), es difícil establecer la fecha exacta de la *princeps*, pues solo una de las cuatro ediciones del s. XVII (una en Treviso y Bolonia, dos en Bolonia) está fechada en 1671, impresa en Ronciglione.

impreso en 1652. En esta comedia, que sigue muy de cerca el argumento de *El burlador*, se otorga mayor importancia al sirviente Passarino y al elemento cómico, en la estela de la *Commedia dell'arte*, además de dar comienzo al famoso motivo del catálogo de conquistas, presente en numerosas versiones posteriores que la ópera de Mozart con libreto de da Ponte fija en la memoria[23].

Gracias a los cómicos itinerantes italianos la leyenda arraiga en Francia, merced tal vez a las negociaciones de paz de 1659, selladas con el desposorio de Luis XIV y María Teresa, hija de Felipe IV (Ungerer, 1990: p. 222)[24]. En general, los poetas hacen que la fuerza dramática recaiga de nuevo en don Juan. Dorimond estrena a finales de 1658 *Le Festin de Pierre ou le Fils criminel*, publicado en 1659, tragicomedia en la que ya emerge un individualismo devastador. Pocos meses después, de Villiers estrena un drama homónimo, editado por vez primera en 1660, donde don Juan se erige en figura totalmente negativa. En 1664 Molière ultima su *Dom Juan ou le Festin de Pierre*, estrenado a comienzos de 1665, recreación en la que el conquistador opta por la inteligencia y los sofismas; sin burlas ni seducciones en escena, la acción se empobrece, pero aun así es el único drama de los citados que alcanza fama. Y justo antes de alcanzar la «pérfida Albión», en 1669 Rosimond lleva a las tablas *Le Nouveau Festin de Pierre ou l'Athée foudroyé*, editado en 1670. Esta tragicomedia, en la que don Juan es objeto de una destacada radicalización hasta el libertinaje, será la fuente principal de la que beberá Shadwell para su versión[25].

---

23   Para el motivo del catálogo ver Brunel (1999: 160-166) y Lida (1970).
24   Así lo atestigua Rosimond en su «Aviso al lector»: «Les comédiens italiens l'ont apporté en France» (Citado en Steiger, 1904: 24).
25   Para más información pueden consultarse las entradas correspondientes de Brunel (1999). Acerca de la relación entre los escritos de Rosimond y Shadwell, ver Steiger (1904: 23-51) y Mandel (1993: 164-170). Ungerer (1990: 226) sugiere que si el *Dom Juan* de Molière se hubiese editado en la década de 1660, Shadwell lo hubiera empleado como base, pero no deja de ser una mera especulación, al igual que el apunte de Pellegrin (1987: lxx) acerca del viaje que realizó Shadwell después de 1658 y que pudo ponerle en contacto con la pieza de Molière. Steiger apunta que «no hay conexión directa entre las obras de Molière y Shadwell» (1904: «Preface»). Ver Howe Miles para la posible influencia de Molière (1910: 236).

3. El libertino o la suma de todos los vicios

Representada el 12 de junio de 1675 en el Dorset Garden y publicada en 1676, *El libertino* (*The Libertine*) goza del mérito de ser la primera aparición de don Juan en Inglaterra, a pesar de lo cual ha sido prácticamente ignorada por la crítica o relegada a mera imitación de Molière[26]. Sorprendente, porque fue un éxito rotundo de público en su estreno, en el cual destacó la actuación de Thomas Betterton como protagonista[27]. En 1676 se continuaba representando y, con la muerte de Shadwell en 1692 se repuso con música de Henry Purcell, además de revivirse anualmente a comienzos del siglo XVIII.

Al parecer, fue escrita en unos veintitrés días, a decir del poeta[28]. Compuesta en prosa y verso, se estructura en cinco actos y requiere una gran maquinaria escenográfica. Se trata de un drama irregular, como reconoce el mismo Shadwell, con algunas escenas confusas y de tono ambiguo entre la tragedia y la comedia, que junta los elementos trágicos inherentes a la acción con la comicidad que ha perdurado desde su paso por Italia[29]. Para

26 Ungerer se decanta por el 15 de junio, «cuando el rey estaba presente» (1990: 224), fecha que Pellegrin identifica como la tercera representación (1987: xvi). Fue reimpresa en 1697, 1704, 1705 y en 1720, en sus obras completas (Steiger, 1904: 6). *La tragedia de Ovidio* (*The Tragedy of Ovid*) de Sir Aston Cockayn que señala Weinstein tan solo contiene, como él mismo aclara, un episodio de invitación y venganza de un muerto (1967: 199). Steiger cree que está basada en una representación vista de *Il convitato* italiano (1904: 7). Pioneros son los trabajos de Steiger (1904), Pellegrin (1987) y Ungerer (1990). Ver Steiger (1904: 22-23), contra opiniones como la de Frenzel (1976: 123).

27 Ver Pellegrin (1987: xv-xvi), donde se incluye el elogio de John Downes: «*El Libertino*, y *El virtuoso*... fueron ambas muy bien representadas, y otorgaron a la compañía gran reputación; *El Libertino* ejecutado por Mr. Betterton coronó la obra» (1987: xvi).

28 No obstante, en una época en la que la rapidez a la hora de componer era signo de ingenio y celebridad cabe la reserva razonable, máxime cuando Shadwell ataca a Elkanah Settle por su lentitud compositiva.

29 Se dice en dos ocasiones: «Espero que los lectores disculpen las irregularidades de la obra» (Prefacio: 5); «La obra más irregular sobre la escena / tan salvaje y extravagante como la era» (Prólogo, vv. 15-16). Debido a esto, Ungerer indica que algunos críticos han preferido ignorar la obra (1990: 224). También Rosimond se excusa por ello: «Tu t'étonneras des fautes qui sont en cet ouvrage; mais excuse une première pièce et sache qu'il est impossible de mettre celle-ci dans les règles». Pellegrin escribe: «Esta impresión inicial de la obra —de híbrido extraño que combina bufonería y terror— es

Ungerer es «un ‹collage› llamativo formado a partir de la leyenda de don Juan, la comedia de humor [the comedy of humours], la tragedia de horror y las obras de [capa y] espada españolas» (1990: p. 237).

Como en otros textos de Shadwell, posee una intención moralizante, porque es «una representación de vicios donde [el lector] puede ver un espantoso castigo impuesto» (p. 5). De hecho, tras la moda de la filosofía de Hobbes, fue conociéndose progresivamente como *El libertino destruido* (*The Libertine Destroyed*), enfatizándose la condena final[30].

Parte del texto de Rosimond, pero en la misma literatura inglesa puede rastrearse un don Juan pretirsiano en «El cuento del marinero» de *Los cuentos de Canterbury* (*The Canterbury Tales*) de Chaucer: Daun John no es ningún caballero galán, sino un «joven monje [...] de bello rostro» (VII, p. 383); desvergonzado y poco devoto, corrompe a la esposa de un mercader, que supuestamente es su amigo, con el dinero que ha pedido prestado a este y que después se niega a devolver alegando que ya lo ha restituido a su esposa, pero lo que no cuenta a su «primo» es que el pago se realizó de noche y en el lecho de su mujer. Chaucer no necesita justificar la onomástica españolizante del personaje, lo que indica que don Juan fue conocido allí no mucho antes de nacer en la pluma de Tirso. Ahora, se trata de una caracterización generalmente aceptada y no un conocimiento directo de la leyenda española, pero en ningún caso se puede atribuir a Chaucer la creación de don Juan como alguno ha querido[31].

En el prólogo, Shadwell admite una cierta deuda con la tradición de don Juan, afirmando asimismo su originalidad:

> El carácter del libertino y, consecuentemente, de sus amigos, son prestados, pero todo el argumento, hasta la parte final del cuarto acto, es nuevo. Y todo el resto es mucho más variado que nada de lo que se ha hecho acerca del sujeto (p. 5)[32].

Absolutamente cierto: el personaje que actúa en los tres primeros actos —en los que aparecen un naufragio, raptos, mujeres burladas y abandonadas y diversos asesinatos, incluso parricidios— es mucho más violento, disoluto e inhumano que sus antecesores. No en vano, en la

---

confirmada según avanza hacia delante» (p. xiii). Nicoll la ha calificado, sin acierto según creo, como comedia (1952). Ver Ungerer (1990: 224 y 229).
30 Ver Pellegrin (1987: xvi-xvii), para quien la finalidad didáctica es esencial en Shadwell (p. xx). Ver también Pellegrin (1987: xviii-xix) y Steiger (1904: 7-8).
31 Ver Márquez Villanueva (1996: 102-105) y Haugrud Reiff (2002).
32 Todas las traducciones son mías a partir de la edición de Payne Fisk.

nómina de personajes se le detalla como «[u]n arrojado, [e] intrépido hombre, culpable de todo vicio». A decir de Pellegrin: «[e]l carácter de don Juan como lo concibe Shadwell es distinto a nada imaginado por anteriores escritores del tema, una mixtura de fría ferocidad, humor sádico, coraje animal y exuberancia» (1987: p. xiv)

Así, se continúa con la radicalización del personaje comenzada en Francia por Rosimond y otros, a la vez que innova y se desvincula de las versiones anteriores. Una variante de esta versión es el dueto formado por don Antonio y don López, que acompañan a don Juan en sus aventuras.

Don Juan es, a todas luces, un compendio de todos los vicios habidos y por haber. Jacomo recuerda algunas de sus fechorías en un oscuro catálogo:

> Alrededor de treinta muertes, innumerables violaciones, frecuentes sacrilegios, parricidios... en resumen, ni uno solo de todo el catálogo de pecados se te ha escapado (I, 1, 121-23).

Y más todavía: degüella a su padre porque quería prohibirle sus placeres (I, 1, 79-88); tras matar a don Pedro, gobernador de Sevilla (I, 1, 105-107), deshonra a la hermana del fallecido (IV, 1,102-103); fuerza a dos monjas y hiere peligrosamente a una tercera que se resistió a su furia (I, 1, 117-119), pero piensa que «[l]as perversas mujerzuelas eran descorteses y merecían tal uso» (I, 1, 120); intenta engañar a María disfrazándose como su amante Octavio, pero al hallar al verdadero, se bate en duelo con él y le vence (I, 1, 378-381); además, comete una violación sobre el monumento funerario de su padre (II, 1, 32) y envenena a Leonora, quien le ama pese a sus atrocidades (III, 2, 605-606); conquista y se promete con dos campesinas, Clara y Flavia, la tarde anterior a sus bodas, para posteriormente asesinar a su padre, don Francisco, a su perseguidora esposa, y lesionar a sus prometidos; secuestra con sus amigos a una pastora (IV, 2, 119-121) y a cuatro monjas para gozarlas (V, 1, 149) y, al ver a sus desposadas, quiere consumar con ellas su matrimonio (V, 159-160), pretendiendo que su sirviente goce de una de ellas en su presencia (V, 1, 174); violan en grupo a una anciana (II, 1, 388-406), etc., todo adornado con innúmeros lances de espadas. Por ello, es la versión del mito más sangrienta y feroz de todas (Steiger, 1904: p. 9; Mandel, 1993: p. 167). Este ímpetu combativo de don Juan responde al gusto que siente por luchar, no solamente a acciones en legítima defensa. En *El burlador* don Juan no es tan violento porque no lo precisa: goza del amparo de quienes dominan la balanza de la justicia y no es perseguido como en *El libertino*.

Igualmente, es una auténtica fuerza erótica que, a ritmo de combate, burla, engaña y fuerza, sin importarle cómo sea la mujer, que para él es únicamente un elemento de placer: «No busco el amor, sino el deseo», resume. Desde la perspectiva del mito, es un personaje de envergadura dramática, no como el ser meditativo y filosófico de Molière, que no presenta ningún engaño en escena. Combina varias estrategias para sus conquistas, desde el galanteo y la promesa de matrimonio hasta la violación indiscriminada, ya presente en la primera acción de *Il convitato di pietra* de Cicognini.

Facetas muy acusadas de este libertino son el ateísmo y la rebelión contra las leyes divinas, inexistentes en la comedia originaria. Hijo directo de los radicales personajes franceses que le antecedieron y notablemente influido —directa o indirectamente— por *El ateo fulminado* italiano, ya no solo ignora a Dios, sino que rechaza cualquier manifestación religiosa[33]. Así, cuando Jacomo exclama «¡Que el cielo te bendiga!» (I, 1, 91), él responde: «¡Tú, perro, te arrancaré los sesos si osas ser tan insolente como para rezar en mi presencia!» (I, 1, 92-93). Además, suele acudir a las iglesias, pero para robar toda la plata que contengan (I, 1, 114-115). El episodio del ermitaño —comparable al del mendigo de Molière— es muy significativo porque al encontrarse le solicita una meretriz para él y sus amigos, disertando después sobre moralidad desde una concepción más que dudosa. Al final, ni cuando sus secuaces se hunden en el infierno se arrepiente, desafiando el poder divino y hundiéndose al fin rodeado de fuego y demonios. No obstante, tampoco es un ser diabólico opuesto al cielo, porque no lo empuja el demonio, sino el gusto por la carne (IV, 1, 11); únicamente atiende al goce, según revela: «Mi ocupación es mi placer: este fin siempre perseguiré sin reparar en los medios. No hay bien o mal salvo aquello que conduce a nuestros placeres futuros» (I, 1, 124-126).

Y el riesgo no solo no le detiene, sino que le motiva: «A mayor riesgo, mayor disfrute. Odio el camino común de placer» (I, 1, 345-346). No teme

---

33   Pellegrin (1987, p. lvi) escribe que este rasgo comienza con de Villiers, pero antes se rastrea en este texto, cuarto *canovaccio* de *Ciro Monarca: Dell'opere regie*, recopilación manuscrita 4186 de la Biblioteca Casanatense que contiene cuarenta y ocho textos, en su mayoría del sigo XVII. He consultado la traducción recogida en Macchia (1998: 127-141).

el peligro, ni valora en absoluto la vida de sus semejantes, incluyendo a su padre. También persigue la fama y se bate con coraje incluso en desventaja, pero en ocasiones huye, aunando la temeridad y la cobardía. Junto con su total ignorancia de «esa fantástica cosa llamada conciencia, / que no sirve para nada salvo para hacer a los hombres cobardes» (I, 1, 4-5), esta imagen de perversión se ultima con ciertos matices filosóficos de libertinismo. Es cierto que ya aparece en Rosimond, pero la corriente libertina está vinculada al Renacimiento italiano[34]; a la par, sus ideas y controversias acerca de la libertad religiosa y la conducta moral se enmarcan dentro de un fenómeno de alcance europeo, comenzado en por el racionalismo de Descartes y el materialismo de Hobbes. Asimismo, la emergencia del libertino fue uno de los más destacados sucesos sociales y culturales de la restauración inglesa (Ungerer, 1990: pp. 226-227).

4. Final

En resumidas cuentas, si ciertas interpretaciones del burlador originario acerca de su rebeldía satánica y social deben desterrarse, ha de considerarse como un ejemplo *ex contrario* de caballero modélico y un noble de religiosidad no operativa que se aprovecha de sus ventajas y de la corrupción reinante en la sociedad para actuar a su antojo en sus correrías en pos de la honra y cuyo castigo exigirá la intervención divina. A su vez, el violento personaje creado por Shadwell, cuyos rasgos más perversos se han acentuado notoriamente, resulta una figura menos verosímil dados su libertinaje y su barbarie, pero es un ejemplo de las cuantiosas y tan complejas metamorfosis del infinito caminar de un mito cuya fuerza dramática no admite duda.

---

34 Macchia ni menciona el drama de Shadwell en las páginas que dedica a don Juan y los libertinos (1998: 42-47), limitándose a considerar personajes del siglo XVIII: Lovelace de *Clarissa Harlowe* de Richardson y el vizconde de Valmont de *Liaisons dangereuses* de Laclos.

Referencias bibliográficas

ARELLANO, I. (2001a) «Las raíces del mito: Don Juan, de Tirso a Zorrilla», en *Don Juan, genio y figura*, coord. G. Santonja, Madrid, Sociedad Estatal España Nuevo Milenio, pp. 25-46.

—, (2001b) *Arquitecturas del ingenio. Estudios sobre el teatro de Tirso de Molina*, Madrid-Pamplona, Instituto de Estudios Tirsianos.

BROWN, S. L. (1974) «Lucifer and *El burlador de Sevilla*», *Bulletin of the Comediantes*, 26, pp. 63-64.

BRUNEL, P. (1999) *Dictionnaire de Don Juan*, París, Laffont.

CHAUCER, G. (2004) *Cuentos de Canterbury*, ed. y trad. J. L. Serrano Reyes y A. R. León Sendra, Madrid, Gredos.

CICOGNINI, G. A. (1988) *Il convitato di pietra*, en *Le Festin de Pierre avanti Molière. Dorimon. De Villiers. Scénario des Italiens*, ed. G. Gendarme de Bévotte, París, Nizet, pp. 355-436.

DOLFI, L. (2001) «Tirso y Cicognini: dos don Juanes frente a frente», en *Tirso de Molina: Textos e Intertextos. Actas del Congreso Internacional organizado por el GRISO y la Universidad de Parma (Parma, 7-8 de mayo de 2001)*, ed. L. Dolfi y E. Galar, Pamplona / Madrid, Instituto de Estudios Tirsianos, pp. 255-288.

EGIDO, A. (1988) «Sobre la demonología de los burladores (de Tirso a Zorrilla)», *Cuadernos de Teatro Clásico*, 2, pp. 37-54.

GARCÍA GUAL, C. (2001) «El mito de don Juan: variantes e invariantes», en *Don Juan, genio y figura*, coord. G. Santonja, Madrid, Sociedad Estatal España Nuevo Milenio, pp. 65-78.

GENDARME DE BÉVOTTE, G. (1970) *La légende de Don Juan: son évolution dans la littérature des origines au romantisme*, Ginebra, Slatkine.

HAUGRUD REIFF, R. (2002) «The Legendary Don Juan: A Possible Source for Chaucer's 'The Shipman's Tale'», *Journal of the Short Story in English*, 39, pp. 11-21.

HOWE MILES, D. (1910) *The Influence of Molière On Restoration Comedy*, Columbia, Columbia University Press.

LIDA, D. (1970) «El 'catálogo' de *Don Giovanni* y el de *Don Juan Tenorio*», en *Actas del Tercer Congreso Internacional de Hispanistas (México, D.F., del 26 al 31 de agosto de 1968)*, coord. C. H. Magis, México, El Colegio de México, pp. 553-561.

Macchia, G. (1998) *Vida, aventuras y muerte de Don Juan*, trad. M. García Lozano, Madrid, Tecnos.

Mackay, D. E. (1943) *The Double Invitation in the Legend of Don Juan*, Stanford, University Press.

Mandel, O. (1993) *The Theatre of Don Juan. A Collection of Plays and Views, 1630-1963*, Lincoln, University of Nebraska Press.

Márquez Villanueva, F. (1996) *Orígenes y elaboración de «El Burlador de Sevilla»*, Salamanca, Universidad de Salamanca.

Molho, M. (1993) *Mitologías. Don Juan. Segismundo*, Madrid, Siglo XXI.

Nicoll, A. (1952) *History of English Drama 1660-1900. I: A History of Restoration Drama. 1660-1700*, Cambridge, Cambridge University Press.

Pellegrin, H. (ed.), (1987) *The Libertine: A Critical Edition*, Nueva York, Garland Publishing.

Rico, F., «La salvación de don Juan», en *Breve biblioteca de autores españoles*, Barcelona, Seix Barral, 1990, pp. 236-268.

Ruiz Ramón, F. (1978) «Don Juan y la sociedad de *El burlador de Sevilla*», en *Estudios sobre teatro español clásico y contemporáneo*, Madrid, Cátedra, pp. 71-96.

Sáez, A. J. (2010[a]) «Algunas notas interpretativas sobre *El burlador de Sevilla*», en *Teatro y Siglo de Oro. Volumen de Homenaje a Maria Grazia Profeti (Theatralia. Revista de Poética del Teatro*, 12), ed. Y. Campbell y J. G. Maestro, Vigo, Academia del Hispanismo, pp. 131-145.

—, (2010b) «El burlador don Juan: las burlas por la honra y el amparo de la sociedad», en *Textos sin fronteras: Literatura y sociedad, I*, ed. Á. Baraibar, T. Ba, R. Fine y C. Mata, Pamplona, Eunsa, pp. 427-440.

Said Armesto, V. (1946) *La leyenda de don Juan*, Buenos Aires, Espasa Calpe.

Shadwell, T. (2005) *The Libertine*, en *Four Restoration Libertine Plays*, ed. D. Payne Fisk, Oxford, Oxford University Press, pp. 1-84.

Steiger, A. (1904) *Thomas Shadwell's «Libertine»: A Complementary Study to the Don Juan-literature*, Berne, A. Francke.

Unamuno, M. de (1972) *El hermano Juan*, en *Don Juan. Evolución dramática del mito*, ed. A. C. Isasi Angulo, Barcelona, Bruguera, pp. 542-627.

UNGERER, G. (1990) «Thomas Shadwell's *The Libertine*: a forgotten Restoration Don Juan Play», *SEDERI: Yearbook of the Spanish and Portuguese Society for English Renaissance Studies*, 1, pp. 222-239.

VITSE, M. (1969) «Don Juan o temor y temeridad. Algunas observaciones más sobre *El burlador de Sevilla*», *Caravelle*, 13, pp. 63-82.

WEINSTEIN, L. (1959) *The Metamorphoses of Don Juan*, Stanford, Stanford University Press.

El relato de viajes modernista: belleza y cultura en las crónicas de Enrique Gómez Carrillo

María José Sueza

Enrique Gómez Carrillo (Guatemala, 1873 – París, 1927) encaja a la perfección en el prototipo de hombre de inquietudes intelectuales nacido en América Latina que, tempranamente, escogiera el camino de París, seducido por el halo cultural irradiado en la época por la capital de Francia. Como tantos otros de sus compatriotas, según resalta Mona Huerta en su estudio, abandonó sus paisajes natales guatemaltecos y llegó a París siendo muy joven, atraído por promesas de inmersión en ambientes presididos por la intelectualidad, el arte, la literatura y la modernidad, promesas que fueron totalmente colmadas hasta el punto que, tras un breve período en Madrid concebido por él como un destierro, según hace constar en sus memorias, volvió a la Ciudad Luz donde se instaló definitivamente, convirtiéndose en un personaje renombrado en los ambientes intelectuales de finales del siglo XIX y principios del XX, codeándose con lo más granado de la élite artística, como atestiguan sus relaciones de amistad con Oscar Wilde, con Blasco Ibañez, con Verlaine o Moréas, o sus matrimonios, el primero con la escritora de origen peruano Aurora Cáceres, el segundo con la que fuera gran estrella de los escenarios, la española Raquel Meller, al que seguiría su tercer y último matrimonio con Consuelo Suncín, escritora de origen salvadoreño que posteriormente se convertiría en la esposa y musa del autor de *El Principito*, el francés Antoine de Saint-Exupéry.

Desde la capital gala destacó en el género en auge de la crónica ejerciendo su labor literaria y periodística, para varias publicaciones, tanto francesas como españolas o de América Latina, algunas de las cuales fundó y dirigió, adaptándose igualmente al perfil de literato que desarrolla su tarea escritora al albor que en la época experimentaba la prensa en sus diversos y novedosos géneros, como analiza Álvarez Blanco en su artículo «Nuevos espacios en la prensa de fin de siglo», artículo que destaca el avance de todo tipo de crónicas periodísticas junto con el de las publicaciones por entregas en los inicios del siglo XX.

En estas publicaciones periódicas, Gómez Carrillo escribía en español sobre las novedades parisinas de variada índole, principalmente de las de tipo cultural, contribuyendo a la difusión de la cultura francesa y europea entre sus *hermanos de lengua*, pues así consideraba él tanto a los castellanos como a los hispanoamericanos, unidos por el tesoro de la lengua común. De manera fundamental, se decantaba por la difusión de la literatura modernista, de la cual fue un claro exponente, llegando a ser considerado el padre de la prosa modernista al mismo nivel que Rubén Darío, quien se erigiera el renovador modernista de la poesía, con quien coincidió trabajando en un diario, y a partir de esta relación llegó a considerarlo su maestro, consejero y amigo.

Su heterogénea obra abarca diversos géneros tales como la autobiografía, la crónica (de novedades artísticas y literarias, de viajes, de la Gran Guerra,...) la entrevista, la novela o el ensayo literario, etc., y fue recogida y reunida para ser publicada en forma de libro de recopilación de sus innumerables crónicas periodísticas.

El objetivo de este estudio es realizar el análisis de sus crónicas de viaje con la finalidad de poner de manifiesto el hecho de que Enrique Gómez Carrillo convierte dichas crónicas de viaje en instrumento privilegiado no sólo para acercar a la sociedad consumidora de prensa a lugares lejanos y desconocidos a través de la descripción de paisajes, ciudades, pueblos, monumentos, museos, plazas, calles, construcciones típicas,... sino también para garantizar la inmersión en lo que él considera indisociable de la actividad viajera, las específicas y magníficas identidades culturales de los sitios recorridos.

Conforme al gusto de la época y enmarcado en su tarea periodística, Gómez Carrillo partió al descubrimiento de sensaciones nacidas en territorios exóticos anheladas por los lectores de la prensa en los primeros años del siglo XX. Su finalidad consistía en plasmar en ellos sus impresiones de viaje para convertir en cercana a aquella sociedad la experiencia del contacto con diferentes y lejanas culturas a través de sus crónicas, posteriormente recopiladas y publicadas en libro, libros que aún siguen reeditándose, como es el caso de *El Japón heroico y galante*, reeditado en 2009.

No obstante, según confiesa el propio Gómez Carrillo así como quienes lo conocieron o escribieron sobre su vida, el viaje no era todo descubrimiento e improvisación sino que Gómez Carrillo realizaba una preparación previa del viaje en la cual se documentaba profundamente acerca de la cultura general del país o ciudad a describir. El fruto de dichas investigaciones quedaría después plasmado en las crónicas de este viajero quien, antes que ser humano ávido de sensaciones, había sido y seguiría siendo hasta el fin de sus días un insaciable lector.

En sus relatos de viajes a través de Japón, Grecia, Rusia, Jerusalén, Europa o Marruecos entre otros, este autor combinaba la delicadeza de la descripción detallista de los paisajes contemplados con numerosas reseñas sobre la cultura general y la literatura particular específica de las latitudes visitadas. Sus crónicas son ejemplos de prosa modernista en los que salta a la vista la especial atención que el escritor concede a transmitir y plasmar en su relato los efectos cromáticos que el espectáculo de la naturaleza le ofrece, y por ello son susceptibles de ser calificadas con el adjetivo de impresionistas, estando este matiz acorde a la época, en la medida en la que se enmarca en ella el éxito del movimiento pictórico del mismo nombre. Más, junto con esta intencionalidad de reflejar fielmente paisajes y vistas convive el deseo de reflejar igualmente el paisaje cultural y artístico de las zonas recorridas, contempladas y vividas.

El propio autor confiesa que lo que le atrae del viaje o de la literatura de viajes, lo que busca en sus acercamientos a países diferentes, a la cultura del «Otro» en un intento de escapar al fenómeno de aquel tiempo que fue denominado el «mal del siglo» (mal consistente en el sentimiento insoportable de la cíclica cotidianeidad de la realidad), es la promesa de intensas sensaciones, de algo que lo impresione, que lo sorprenda y deje agradable huella, que lo haga sentir vivo. Así lo expone en su obra titulada *El primer libro de las crónicas* al afirmar:

> Por mi parte, yo no busco nunca en los libros de viaje el alma de los países que me interesan. Lo que busco es algo más frívolo, más sutil, más pintoresco, más poético: la sensación. Todo viajero artista, en efecto, podría titular su libro Sensaciones» (Gómez Carrillo, 1919a: pp. 10-11).

Como afirmábamos anteriormente, resulta destacable en las crónicas de viajes carrillistas el lugar preponderante que el autor viajero concede a la cultura del país, encarnada en su literatura fundamentalmente, aunque también alude a otras manifestaciones como puedan ser el teatro, la pintura, las leyendas populares, el folklore,... Íntimamente unidas a las descripciones sobre los paisajes sorprendentes o las vistas de especificidades turísticas propias del país o ciudad descubiertos encontramos, como si fueran varias partes de un todo, el elemento cultural, cuestión que se podría interpretar como un afán pedagógico del autor a través de su obra. Ponemos como ejemplo sus crónicas recogidas en el libro dedicado a Japón, donde el cronista ilustra prolijamente a los lectores sobre pintores japoneses, destacando entre las figuras insignes de este arte a Utamaro, Toyo-Kuny, Moronobu, Shunsho, Kiyonaga, Harunobu, Hidemaro, y comentando brevemente las características definitorias de sus respectivas pinturas. (Véase Gómez Carrillo, 1920b: pp. 41-47)

Se observa claramente en las crónicas cómo belleza y cultura convivirán en harmonía, pues entremezcladas con las digresiones artísticas generales encontraremos el placer del viajero inquieto que se extasía con detenimiento en sus descripciones de los espectáculos que la naturaleza ofrece a sus ojos atentos y observadores, descripciones llenas de matices y cromatismo. Prueba de ello podría ser la cita extraída de la obra dedicada a Japón en la que se retrata el cielo japonés tras la lluvia:

> En el cielo, que va limpiándose poco a poco, delicadísimos tonos verdes, de un verde transparente de esmeralda, aparecen a medida que las nubes huyen. Una claridad casi blanca, algo que es casi como un claro de luna extraordinario envuelve la ciudad en un velo que suaviza los contornos y embellece los objetos (*Ibíd.*, p. 16).

Continuando con las crónicas dedicadas a Japón, vemos en ellas la manera en la que el escritor atiende igualmente a todo tipo de hecho cultural, pues se preocupa en recoger los frutos del arte popular de las leyendas antiguas donde se encuentra condensada la filosofía de vida japonesa, aproximando a los lectores a la milenaria cultura del imperio del sol naciente. Algunas de esas leyendas son las relativas a geishas, cuyas acciones singulares de amor, lealtad o valentía, las consagraron en el altar del arte popular (*Ibíd.*, pp. 27-32), o como la de los 47 capitanes, leyenda que cuenta como estos héroes vengaron el honor de su superior, aún a costa de sus propias vidas, también protagonizan muchas páginas de *El Japón heroico y galante*. Todo lo *sui generis* de la cultura japonesa a los ojos occidentales se halla ampliamente tratado y expuesto en esta obra carrillista. Así, el tema del honor, del culto a la espada o la ceremonia del *Hara-kiri* son analizados en este libro por el cronista, sin obviar completarlos con datos culturales pormenorizados, como una breve historia de las etapas históricas por las que habría pasado el arte del sable, (*Ibíd.*, pp. 69-82), o como el detalle de incluir una lista de los mejores forjadores de espadas a lo largo de los siglos en el país nipón. (*Ibíd.*, p. 78)

Muestra de esta atención singular al aspecto cultural y literario es la dedicación de una crónica o capítulo completo de la obra *El Japón heroico y galante* a la poesía nipona, siendo éste un didáctico y completo resumen de sus características, ilustrado con numerosos ejemplos de la teoría poética expuesta, incluyendo numerosas explicaciones y traducciones de bellas estrofas japonesas denominadas *haikais* y *tankas* (*Ibíd*., pp. 137-158). Los nombres y obras de destacados poetas, como Masakasu, aparecen y se comentan en el citado capítulo. Reproduciremos una de estas estrofas destacadas por Gómez Carrillo incluida en el capítulo dedicado a esta poesía con la cual pretende ilustrar gráficamente la exposición teórica realizada en las líneas precedentes:

> ¡Oh! brisa celeste
> cierra con tu soplo las
> aberturas de las nubes
> para que la belleza de las muchachas
> no se escape de la tierra (*Ibíd*., p. 142).

Gómez Carrillo ofrece muestras de su excelsa erudición literaria cuando establece comparaciones entre la poesía japonesa y las estrofas populares españolas, pues afirma:

> Así, en el siglo XVII, no sólo los samurayes y los cortesanos hacían versos. Los campesinos mismos entreteníanse en hacer minúsculas estrofas de diez y siete sílabas, llamados *haikai*, especie de cantares bastante parecidos a los españoles [...] (*Ibíd*., p. 157).

La obra *La Grecia Eterna*, sería el caso más relevante del estilo de Enrique Gómez Carrillo en cuanto al entrelazamiento en sus crónicas de los aspectos de la magnificencia física y el de la cultura y la literatura de los países objeto de estudio y viaje, en consonancia, como no podía ser de otra manera, con el milenario bagaje cultural del suelo heleno. En esta obra, es absoluto el protagonismo de Homero, de Ulises, de la *Odisea*, de la mitología en general, de leyendas griegas menos conocidas como la del *Dracófago*, (relato del héroe heleno que vence a cuarenta dragones para liberar a una princesa de su amenaza y posteriormente la salva, una vez más, de entre las garras del más poderoso de los magos, (Véase Gómez Carrillo, 1920-1921: pp. 202-205)). En definitiva, las páginas dedicadas al suelo heleno se hallan pobladas de forma omnipresente por un sinfín de destacados nombres de celebridades griegas, tanto reales como pertenecientes a la ficción legendaria y literaria griega.

Ya algunos de los capítulos en los que se organiza *La Grecia Eterna* desvelan este rasgo: *El mar de la Odisea,* primer capítulo en el que describe la llegada del cronista al país (*Ibíd.*, pp. 5-16), *Los hijos de Ulises*, donde analiza la idiosincrasia ateniense, (*Ibíd.*, pp. 77-88), *El romancero*, en el cual revisa canciones y rimas tradicionales y populares (*Ibíd.*, pp. 123-136), o *La antigüedad viva*, (*Ibíd.*, pp. 137-144), en el que evoca la pervivencia a través de los siglos de los pensadores y artistas consagrados y al cual pertenece la siguiente cita evidencia lo anteriormente sostenido:

> Los siglos se borran. Las sombras milenarias se convierten en realidades visibles. Alcibíades, Aspasia, Demóstenes, Sófocles, Platón Pericles, todos los héroes del magnífico drama ático, están presentes ante nosotros (*Ibíd.*, p. 140).

Otros capítulos de esta misma obra son *Las damas de Tanagra* (*Ibíd.*, pp. 145-156), en el cual Gómez Carrilo confiesa que se recrea en la contemplación de estas figuras representativas del elegante y antiguo arte griego, pues las contempla en su escritorio de trabajo, sirviéndole de inspiración e invitación al ensueño y la fantasía, subrayando su admiración por ellas y su presencia sempiterna y privilegiada entre los objetos adquiridos como recuerdo de sus numerosos viajes. A continuación encontramos las crónicas *El palacio de Orestes* (*Ibíd.*, pp. 183-194), o *El Santuario de Epidauro*, recreación de los cultos griegos a las figuras mitológicas de *Deméter* y su hija *Perséfone* (*Ibíd.*, pp. 209-218).

Las crónicas sobre Grecia ofrecen un ejemplo del gusto carrillista por ilustrar a los lectores de sus crónicas a la vez que los transporta a lejanos paisajes. Destacamos la siguiente cita en la que Gómez Carrillo reflexiona sobre la evolución de la escultura griega, comparando las figurillas que se ofrecen a los turistas que visitan Grecia con las de épocas mucho más pretéritas, remontándose nuestro autor incluso a escultores del siglo IV a. C.:

> En efecto, muchos de los juguetes caricaturales que los coleccionistas atenienses guardan en sus vitrinas proceden de Tanagra, de Mirina y de Pérgamo. [...] Junto a los animales aparecen los dioses primitivos casi sin relieve, modelados en un ladrillo muy chato y hecho de contornos establecidos por una rutina popular. Algunos arqueólogos han querido ver en tales ídolos un arte muy antiguo, pero últimamente se ha descubierto que, aún en la época de Praxíteles y de Scopas, el pueblo seguía exigiendo a los alfareros la reproducción de ese tipo tradicional de dioses grotescos a los cuales ni siquiera se les puede dar con precisión un nombre, un atributo, un sexo (*Ibíd.*, pp. 152-153).

Cambiando de latitudes, nos ocuparemos ahora de los relatos de viaje que conforman el libro titulado *Vistas de Europa*, reunión de crónicas testimonio de su recorrido por ciudades y regiones europeas, en las que las cuestiones culturales de muchas de ellas protagonizan numerosas líneas. Así, en *Los días y las noches de Barcelona* (Gómez Carrillo, 1919c: pp. 53-92), encontramos su percepción del estado de la cuestión lingüística en Cataluña. Deja constancia Gómez Carrillo de sus conversaciones con intelectuales catalanes, los cuales le habrían comunicado su decisión de decantarse por sacrificar su éxito de llegar a más lectores si escribieran en castellano en favor de cultivar la lengua catalana. Las líneas que reproducimos a continuación corroboran lo expuesto, pues escribe Gómez Carrillo:

> Esta coquetería de no saber el castellano está tan arraigada, que parece una consigna. El primero que, hace muchos años, me sorprendió asegurándome que era incapaz de escribir en español, fue Santiago Rusiñol. Ahora es Ignacio Iglesias quien me dice lo mismo [...] (*Ibíd.*, p. 82).

Añade el cronista que, pese a este sentir de los artistas y de la élite de la intelectualidad catalana, su propia percepción de la realidad cotidiana no reflejaría este mismo sentir, pues, habría sorprendido al cronista que, en los medios culturales, la lengua catalana brillaría por su ausencia. Subraya Gómez Carrillo la amplísima y variada oferta cultural de la ciudad, y sin embargo, llama la atención que la lengua catalana no la protagonizaría en modo alguno, como atestiguaría la siguiente cita:

> Hay teatros de ópera y opereta; hay teatros de comedia en los que actúan los más eminentes actores madrileños, hay *music-halls*, y sobre todo hay cafés conciertos poblados de cantadoras. Pues bien, buscad entre estos lugares, en algunos de los cuales se pueda oír algo en catalán y no lo encontraréis...Hay diarios de todos los matices políticos. [...] Uno sólo, entre ellos, se publica en catalán, y según todo el mundo, es el que menos se lee...Hay centenares de casa editoriales y de librerías, librerías francesas magníficas, llenas siempre de gente; librerías castellanas innumerables; librerías internacionales también...Buscad librerías catalanas y no encontraréis sino una que es al mismo tiempo papelería y en la que, por lo general, no se ven muchos compradores... (*Ibíd.*, pp. 82-83).

La crónica que Gómez Carrillo dedica a Galicia en *Vistas de Europa,* es muestra también de la inclusión de la cultura en el acto viajero carrillista dado que está plagada de alabanzas y leyendas de la capital compostelana. En su afán de ofrecer novedades, Gómez Carrillo procede a desvincular la ciudad de Santiago de Compostela de lo que él consideraría la normalidad de una Galicia terrenal, pues afirma: «Santiago no es Galicia. Santiago es una ciudad santa como Damasco, un sepulcro sagrado como Jerusalén, un relicario secular como Brujas...» (*Ibíd.*, p. 118). Prosigue en su empeño de subrayar el carácter único de la joya del patrimonio de esta ciudad comparándola en términos de absoluta igualdad en cuanto a magnificencia con cualquier catedral europea: «Con sólo el Pórtico de la Gloria, prodigio de prodigios, hay lo suficiente para que [...] pueda rivalizar con las más extraordinarias basílicas de Europa.» (*Ibíd.*, p. 125), y añade: «Con sólo su atmósfera, tan propicia a la evocación de tiempos legendarios, hay lo suficiente para que Santiago se proclame la hermana de Toledo». (*Ibíd.*, p. 125). En la misma línea proseguirá destacando la fecundidad de esta tierra en insignes nombres para la posteridad y así Gómez Carrillo realiza un homenaje a la tierra de Villagarcía enumerando a sus hijos e hijas preeminentes:

> Los nombres de Emilia Pardo Bazán, de Alfredo Vicenti, de Valle Inclán, de Camba, de Rey Soto, de Pérez Lugín, de Murguía, de Linares Rivas, de Carracido y de otros muchos, muchos que figuran en primera línea en las avanzadas de la cultura española, demuestran lo fecunda que es esta tierra en fuertes cerebros (*Ibíd.*, p. 113).

En esta misma crónica y con el objetivo de ampliar el tema de las letras gallegas, Carrillo elige como exponente privilegiado de ellas a la poetisa Rosalía de Castro, a quien Gómez Carrillo dedica estas palabras llenas de admiración:

> [...] aquella mujer extraordinaria que escribió con una perfección académica en su lengua natal cuando el renacimiento gallego no estaba sino iniciado, [...], no fue, en realidad, sino una campesina que cantaba sus penas y sus goces con una inconsciencia de pájaro libre (*Ibíd.*, p. 129).

Esta reflexión sirve al autor de preámbulo para poner de manifiesto, no sin cierto pesar, lo que consideró una triste realidad, pues comparte con sus lectores la forma en la que tiene conocimiento a través de su guía en la visita, de la situación de olvido que habría sufrido la casa de la poetisa por sus conciudadanos y compatriotas. Llama la atención del cronista y así deja constancia de ello, pues relata cómo esta casa habría sido abandonada a su suerte por los gallegos siendo comprada, restaurada y conservada por una admiradora inglesa de la escritora gallega, quien la tendría abierta al público (*Ibíd.*, pp. 128-133).

La casa de Carolina Otero, otra insigne gallega, actriz y cantante, quien alcanzara fama internacional en los escenarios, más conocida como la Bella Otero, también tendrá su lugar en la crónica carrillista sobre Galicia, destacando, tanto el lado público plasmado en el embrujo de su belleza y de su arte como el lado humano y privado en las acciones de generosidad y caridad realizados por esta reputada artista (*Ibíd.*, pp. 137-140).

El paso del cronista por Verona deja igualmente su huella escrita en *Vistas de Europa,* donde una vez más se deja llevar por sus recuerdos literarios, pues, hallándose en la veronesa *Piazza del Segnori*, ante la estatua de Dante, Gómez Carrillo da rienda suelta a su erudición histórica y literaria. Así escribe en la crónica que le consagra:

> Y yo me siento conmovido al pensar que fue aquí mismo donde el Allighieri soñó en una Italia que tuviese por fronteras a Pola en el golfo de Istria, en las marcas de la Croacia, y que es desde aquí desde donde salieron los soldados que realizaron el ensueño dantesco (*Ibíd.*, pp. 186-187).

Idénticas características se encuentran en las crónicas consagradas a las experiencias y sensaciones vividas en su periplo por la tierra de los faraones, dado que respetan la misma dirección en cuanto a coexistencia entre comentario y descripción de lugares propiamente turísticos representativos de la cultura egipcia coaligados con las variadas y profundas alusiones y digresiones culturales. De nuevo los títulos de los capítulos que son crónicas recopiladas para el libro titulado *La sonrisa de la Esfinge,* evidencian este interés de Gómez Carrillo por aproximar a sus lectores al sustrato cultural de los pueblos visitados. Destacaremos «Los restos de la raza milenaria» (Gómez Carrillo, 1913: pp. 57-72), «El arte árabe» (*Ibíd.*, 107-126) o «Un pueblo de estatuas» (*Ibíd.*, pp. 127-142), todos ellos suficientemente explícitos en cuanto a su contenido. Junto al anuncio del placer extasiado expresado explícitamente por el cronista ante la belleza y riqueza de las construcciones milenarias contempladas confiesa: «Desde la entrada, el asombro y el encanto se apoderan de nuestro ánimo» (*Ibíd.*, p. 45). Las emociones del cronista plasmadas en *La Sonrisa de la Esfinge*, van acompañadas de descripciones ortodoxas sobre los lugares visitados, como la que sigue, dedicada a la contemplación de una de las mezquitas de El Cairo:

> La puerta primero, luego el vestíbulo con sus profundos nichos labrados, con sus columnas acanaladas, con sus mármoles de matices exquisitos, con sus rosetones

geométricos y con su cúpula de estalactitas, producen una profunda impresión de grandeza y esplendor (*Id.*).

Las descripciones de paisajes, sitios o edificios serán complementadas con las numerosas alusiones sobre cualquiera de los infinitos ámbitos de la cultura egipcia. Así, Gómez Carrillo ilustra a los lectores sobre el concepto de Ciencia de los egipcios exponiendo:

> Para los árabes, la Ciencia no tiene un valor indiscutible sino cuando ha sido consagrada por centenares de generaciones. La Gramática misma es, entre ellos, el eterno comentario de tratadistas de la Edad Media (*Ibíd.*, p. 82).

O elucubra sobre la esencia del librero egipcio diciendo:

> Pero un librero, en El Cairo, no es sólo un hombre que vende libros. Es un bibliófilo y un sabio. Cuando no acaricia voluptuosamente, con sus manos tardas, alguna preciosa encuadernación ornada de arabescos áureos, engólfase en largas lecturas teológicas (*Ibíd.*, p. 86).

De igual manera apoyan nuestras afirmaciones las alusiones sobre el arte egipcio, acerca del cual reflexionará nuestro cronista viajero exponiendo:

> Pero es tal la delicadeza, tal el lujo, tal el refinamiento del arte árabe, que aún en medio de materias sin valor intrínseco, experimentamos la sensación de la riqueza más fabulosa (*Ibíd.*, p. 91).

Pocas líneas después llegará a catalogar la escritura árabe entre los objetos de arte afirmando:

> Uno de los motivos más variados y más frecuentes del arte árabe es la escritura. En los vastos muros de las mezquitas como en las filigranas de las joyas, […], en todos los espacios en los que el pincel o el buril pueden dejar sus huellas, las admirables letras cúficas entrelazan los gentiles laberintos de sus líneas (*Ibíd.*, p. 95).

No sólo realizará Gómez Carrillo afirmaciones genéricas de índole cultural sino que se detendrá parsimoniosa y extasiadamente en la descripción y enumeración de tesoros contemplados, haciendo partícipe de este éxtasis a los lectores e ilustrándolos al mismo tiempo con datos históricos, artísticos, etc. Encontramos otro ejemplo de ello en las líneas de la obra sobre Egipto consagradas por nuestro cronista a la colección de cerámica admiradas en la exposición del Museo de El Cairo:

> Entre los azulejos hay también piezas admirables que demuestran el amor con que los artistas del siglo XVI cultivaron este arte introducido de Persia. Hay azulejos floridos, azulejos cincelados, azulejos que ostentan magníficos caracteres cúficos, azulejos cubiertos de polígonos, azulejos con dibujos misteriosos, [...]. Hay azulejos de todos colores, iluminados unos con miniaturas, con flores, con arabescos verdes en fondo de oro; manchados otros, de una manera caprichosa, de rojo, de azul, de blanco, de amarillo; divididos exquisitamente algunos por cipreses casi negros; y todos tan luminosos, tan frescos, tan nuevos de aspecto, que se diría recién salidos del horno (*Ibíd.*, p. 102).

Resulta destacable también en *La sonrisa de la Esfinge* el hecho de que las alusiones al libro más representativo de la literatura del Oriente Medio Medieval, la recopilación de cuentos árabes más conocida como *Las mil y una noches*, sea una constante a lo largo de los diferentes capítulos del libro, aunque este título clave del patrimonio literario oriental esté presente de igual modo en otros títulos de nuestro autor, tal era su admiración por esta joya de la literatura universal.

Para finalizar el recorrido por la producción de viajes de Gómez Carrillo en los que la belleza física admirada se combina con elementos culturales de variada índole de los diferentes lugares visitados, aludiremos a *La Rusia Actual*, obra un tanto diferente de las demás de temática viajera, pues en ella se centra más ampliamente que en otras en cuestiones de política o economía, pero aún así, no faltan algunas referencias a lo cultural e histórico, pues se detiene el cronista en comentar las biografías de algunos miembros destacados de la familia de los zares en la crónica titulada «Los grandes Duques» (Gómez Carrillo, 1906a: pp. 15-24), o en disertar sobre los iconos y la religiosidad rusos en la crónica titulada «Devociones rusas» (*Ibíd.*, pp. 25-44).

Tras el análisis anterior de la obra de viajes de Enrique Gómez Carrillo, se evidencia el gusto e inquietudes intelectuales y culturales que este cronista y escritor de origen latino pero parisino de elección, sentía y trasladaba a sus escritos de viajes como revela el hecho de que en ellos se esmeraba en enriquecerlos mediante la perfecta mezcla en coexistencia de lo paisajístico con lo cultural, para así transmitir mejor estas inquietudes a los lectores de principios de siglo XX, interesados en el descubrimiento de los paraísos lejanos, de los países exóticos, de sus formas de vida y cultura, en su búsqueda de nuevas sensaciones, de nuevas emociones, de sorprendentes aventuras quizá.

En definitiva, Gómez Carrillo se fija como objetivo el plasmar en sus crónicas de viajes la descripción y su sensación de las visitas obligadas o lugares comunes preestablecidos como imprescindibles para el viajero o turista, sin obviar cuestiones ligadas a todas aquellas informaciones, datos o explicaciones de índole cultural que forman parte indiscutible de la esencia de esos lugares comunes, de la propia realidad histórica y cultural de la ciudad, región o país recorrido. A nuestro entender, Gómez Carrillo realizaría en sus crónicas una síntesis de lo evidente y lo subyacente de las tierras y sociedades recorridas, guiado por una voluntad cosmopolita de descubrir al Otro en su dimensión histórica, artística y cultural mediante el viaje. Se trataría del objetivo de trasladar a sus lectores la visión del cronista viajero desde una perspectiva global e integradora, en sentido amplio, de la *humanidad*, de los países o ciudades, de su forma de vida, de sus producciones y acciones a lo largo de su existencia. Así pues, creemos que Gómez Carrillo se habría esforzado en plasmar en sus escritos su percepción de lo que Javier del Prado denomina la «geografía física y humana» (Del Prado, 1996: p. 187).

A modo de conclusión, queremos destacar las últimas líneas de su obra dedicada a Grecia en las que el autor confiesa las emociones experimentadas por él ante los magníficos espectáculos que los diversos países le han proporcionado, emociones profundas por la intensidad de la historia y arte condensados en ellos, pues vienen como anillo al dedo para ilustrar, una vez más, como el elemento cultural traspasa la pluma de Gómez Carrillo haciendo que este elemento sea indisociable de la presencia de los lugares comunes propios de los territorios explorados, de la experiencia general o superficial del viaje y así consta en sus escritos:

> ¡Bienaventurado el mortal que no experimenta, al penetrar entre la columnata de los Propileos, ninguna angustiosa desilusión! Yo, humilde, confieso que no soy ese hombre. Yo he padecido, allá arriba, las sensaciones terribles de vacío y soledad que tantos poetas expresaron en sus notas de Atenas. Yo me he preguntado, lleno de melancolía, cómo mi alma podía sentir helada en este santuario: mi pobra alma que lloró al pie del Gólgota; mi alma, que en el Sinaí sufrió el temblor terrible del misterio; mi alma, que en Ceylán, viendo la huella de Buda, se llenó de dulces lágrimas; mi alma, que en Nikko, ante dioses de nombres bárbaros y leyendas oscuras, tuvo un estremecimiento de fe... [...] Pero, más tarde, contemplando desde este mi balconcillo lejano la apoteosis del templo en la claridad de la aurora, he llegado poco a poco a comprender la grandeza divina de la pobre columnata en ruinas. [...] (Gómez Carrillo, 1920-1921: p. 244).

Referencias bibliográficas

ÁLVAREZ BLANCO, María del Palmar (1998) «Nuevos espacios en la prensa de fin de siglo», *Ínsula*, 614, pp. 25-28.

BAUZÁ ECHEVERRÍA, Nellie (2006) «De vendedoras de sonrisas a bellas durmientes: las hetairas niponas en *El Japón heroico y galante* de Enrique Gómez Carrillo y *La casa de las bellas durmientes* de Yasunari Kawabata», *Cultura de Guatemala,* Tercera Época, Año XXVII, volumen III, I Congreso Internacional Reencuentro con Enrique Gómez Carrillo, Guatemala, Universidad Rafael Landívar, pp. 115-124.

BOUNOU, Abdelmouneim (2006) «Enrique Gómez Carrillo y los árabes», *Cultura de Guatemala* Tercera Época: Año XXVII volumen III, I Congreso Internacional Reencuentro con Enrique Gómez Carrillo, Guatemala, Universidad Rafael Landívar, pp. 154-165.

BUJALDÓN DE ESTEVES, Lila (2001) «El Modernismo, el Japón y Enrique Gómez Carrillo», *Revista de Literaturas Modernas*, pp. 53-72.

CARRO, Jorge (2006) *El encanto de Buenos Aires* y la literatura de viajes, *Cultura de Guatemala* Tercera Época: Año XXVII volumen III, I Congreso Internacional Reencuentro con Enrique Gómez Carrillo, Guatemala, Universidad Rafael Landívar, pp. 166-180.

CELMA VALERO, María Pilar (1991) *Literatura y periodismo en las Revistas de Fin de Siglo. Estudio e Índices (1988-1907)*, Madrid.

DEL PRADO, Javier (1996) «Apuntes para una poética existencial del viaje literario». *Revista de Filología Francesa*, 9. Madrid, Servicio de Publicaciones de la Universidad Complutense, pp. 185-200.

DE LA FUENTE BALLESTEROS, Ricardo (1999) «Los espacios exóticos finiseculares: El Japón de Gómez Carrillo». En Sibbald, K.M. (ed. And prologue) Fuente R. de la (ed.); Díaz, J. (ed.), *Ciudades vivas, ciudades muertas: Espacios urbanos en la literatura y el folklore hispánicos*. Valladolid, Universitas Castellae, Colección Cultura Iberoamericana, pp. 103-111.

DONIS DE DÁRDANO, Hersilia (1936) *The life and Works of Enrique Gómez Carrillo*, University of Pittsburg Bulletin, Abstract of Theses, University of Pittsburg, pp. 72-75.

ECHEVERRÍA, Amílcar (1974) *La obra de Enrique Gómez Carrillo y su proyección en la Literatura Hispanoamericana*, Guatemala, ImpColor.

GÓMEZ CARRILLO, Enrique (1926) *Fez, la andaluza*, Madrid, Ed. Renacimiento.

—, (1922) *La sonrisa de la esfinge: sensaciones de Egipto, Obras Completas,* Tomo XIII, Madrid, Mundo Latino.

—, (1920a) *Ciudades de ensueño*, Barcelona, Madrid, Col. Universal, nº 189, Espasa Calpe.

—, (1920b) *El Japón heroico y galante, Obras Completas*, Tomo VII, Madrid, Mundo Latino.

—, (1920-1921) *La Grecia eterna, Obras Completas,* Tomo XV, Madrid, Mundo Latino.

—, (1919a) *El primer libro de las crónicas, Obras Completas,* Tomo VI, Madrid, Mundo Latino.

—, (1919b) *La vida errante, Obras Completas,* Tomo III, Madrid, 1 Mundo Latino.

—, (1919c) *Vistas de Europa, Obras Completas,* Tomo IV, Madrid, Mundo Latino.

—, (1919d) *Jerusalén y Tierra Santa, Obras Completas,* Tomo II, Madrid, Mundo Latino.

—, (1914) *El encanto de Buenos Aires*, «La novela corta», Madrid, Perlado, Páez y Cía, Sucesores de Hernando.

—, (1913) *La sonrisa de la esfinge: sensaciones de Egipto,* Madrid, Renacimiento.

—, (1907a) *El alma japonesa*, París, Garnier.

—, (1907b) *Por tierras lejanas*, Sempere y Cía.

—, (1906a) *La Rusia actual,* París, Garnier, 1906.

—, (1906b) *De Marsella a Tokio. Sensaciones de Egipto, la India, la China y el Japón*, París, Garnier.

GONZÁLEZ, Manuel Pedro (1958) *Notas en torno al modernismo*. México, Universidad Nacional Autónoma de México, Dirección General de Publicaciones.

GONZÁLEZ, Aníbal (1983) *La crónica modernista hispanoamericana*. Madrid, ediciones José Porrúa Turanzas.

GONZÁLEZ Martel, JUAN Manuel (2000) *Enrique Gómez carrillo. Obra literaria y producción periodística en libro*, Guatemala, Colección Biblioteca Guatemala.

HAJJAJ BEN AHMED, Karima (2001) *Oriente en la crónica de viajes. El modernismo de Enrique Gómez Carrillo (1873-1927)*, Madrid: Universidad Complutense.
—, (1994) «Crónica y viaje en el Modernismo. Enrique Gómez Carrillo y El Encanto de Buenos Aires», *Anales de Literatura Hispanoamericana*, núm. 23 Editorial Complutense Madrid, pp. 27-40.
HORWINSKI, Linda (1982) «Enrique Gómez carrillo: Connoisseur of La Belle Epoque: His Prose Works (1892-.1927)», Dissertation Abstract International, Los Angeles, University of California.
HUERTA, Mona, *Amérique Latine*, URL: <http://www.adpf.asso.fr/adpf-publi/folio/mondesfrancophones/04.pdf.> [Consultada el 02/12/2004].
JIMÉNEZ, Luís (2004) «El discurso viajero de Enrique Gómez Carrillo», en *Ilustres autores guatemaltecos del siglo XIX y XX,* Preble-Niemi, Oralia (ed. and introd.), Guatemala: Artemio Edinter, pp. 51-65.
MÉNDEZ DE PENEDO, Lucrecia (2006) «Gómez Carrillo, su crónica Otra del Japón Otro», *Cultura de Guatemala,* Tercera Época, Año XXVII, volumen III, I Congreso Internacional Reencuentro con Enrique Gómez Carrillo, Guatemala, Universidad Rafael Landívar, pp. 247-262.
MENDOZA, Juan Manuel (1940) *Enrique Gómez Carrillo: estudio crítico-biográfico: su vida, su obra, su época,* Guatemala, Unión Tipográfica Muñoz Plaza y Cía.
MURCIA, Claude (1988) *Enrique Gómez Carrillo, intermédiaire culturel entre la France, l'Espagne et l'Amérique espagnole,* Lille 3, ANRT.
—, (1985-1986) «Entre L'Amérique latine et Europe: Enrique Gómez Carrillo», *Palinure,* pp. 84-89.
SAMUROVIC PAULOVIC, Liliana (1967) «Enrique Gómez Carrillo, redactor de «Lettres Espagnoles» en el *Mercure de France* (1903-1907)», *Revista Iberoamericana,* vol. XXXIII, enero-junio, n° 63, Universidad de Pittsburg, pp. 71-84.
SÁNCHEZ, Luís A. (1950) «Enrique Gómez Carrillo y el modernismo». *Atenea XXVII, Revista de las Indias.*
SUEZA ESPEJO, María José y TORRE MONTES, MARÍA Luisa (2007) «Visión modernista de Jerusalén y Japón en las crónicas de viajes de Pierre Loti y Enrique Gómez Carrillo», I Congrès Luso-Espagnol d'Études Francophones, Universidad del Algarbe, Portugal. Vol. 1, pp. 57-70.

SUEZA ESPEJO, María José (2008) «La descripción en el relato de viajes modernista: la prosa impresionista de Enrique Gómez Carrillo», XVII Coloquio de la APFUE, Congreso Internacional *Texte, Genre, Discours*, Universidad de Salamanca.

TINAJERO, Araceli, «Viajeros modernistas en Asia». *Ciberletras 2001*. URL: <http://www.lehman.cuny.edu/ciberletras/> [Consultada el 23/03/2008].

TORRES, Edelberto (1956) *Enrique Gómez Carrillo, el cronista errante*, Guatemala, Librería Escolar.

TORRES-POU, Joan (2005) «El discurso colonial en las crónicas de Enrique Gómez Carrillo», *Bulletin of Hispanic Studies*. Abril, pp. 185-194.

El viaje documental en el naturalismo: Zola y la preparación de los *Rougon-Macquart*

Isabel Veloso

Para hablar de la importancia del viaje dentro de la literatura realista y naturalista deberíamos partir de una premisa: ¿de qué tipo de viaje se trata?

En la literatura, el concepto «viaje» puede abarcar diferentes naturalezas: a grandes rasgos, puede ser un viaje imaginario o real, mental o físico con un punto de partida, otro de llegada y un trayecto que une ambos. Nos quedaremos con este último: viaje real y físico.

A continuación se presenta otra disyuntiva: ¿cuál es el objeto del viaje?

Podemos encontrarnos con viajes ontológicos, por ejemplo, viajes en búsqueda de uno mismo, viajes iniciáticos o existenciales donde lo importante son las transformaciones que se operan en el viajero que se lee metafóricamente en el paisaje, como algunos de los viajes del romanticismo —*Oberman* de Senancour sería un buen ejemplo. O podemos encontrarnos con viajes cuyo objeto es la búsqueda del otro, bien sea por motivos ideológicos, como los viajes durante la Ilustración, bien por motivos estéticos en busca de lo exótico, como los viajes de los románticos franceses por España, o por motivos documentales, en busca de información, como sucedió entre realistas y naturalistas.

Por último, según el tipo de viaje con el que nos encontremos puede tratarse de un viaje solo de ida o de ida y vuelta; un viaje en el que lo importante es el punto de llegada, o solo el punto de partida, o únicamente el trayecto entre ambos. En el caso del realismo y del naturalismo, se trata de breves viajes de ida y vuelta en los que lo importante es el punto de llegada entendido instrumentalmente como fuente de información.

De este modo podemos empezar a definir el viaje naturalista como un viaje físico y real, emprendido por el yo del autor, que voluntariamente va en busca de una información considerada necesaria para crear una novela que responda a la premisa de verosimilitud y voluntad mimética.

En las novelas naturalistas no hay teóricamente sitio, aunque esto es muy discutible, para la imaginación: se pretende que el texto literario sea un «documento humano» (por utilizar las palabras de Zola), un análisis *quasi* científico del comportamiento de uno o varios grupos sociales encarnados en sus individuos más significativos. La imaginación, la subjetividad o la creatividad son consideradas a priori como el lastre romántico del que hay que desprenderse para hacer una literatura «real», en una peligrosa aproximación entre realidad y verdad.

Si a esto unimos la tendencia de los realistas y naturalistas a hacer de sus obras grandes frescos donde se reflejara toda la sociedad del momento nos encontramos con que en no pocas ocasiones, el escritor se verá obligado no solo a describir sino a analizar personajes, comportamientos, paisajes, hablas, costumbres, acontecimientos, etc., totalmente desconocidos para él. Nace entonces la figura del escritor en busca de documentación de primera mano para su novela, figura absolutamente novedosa porque hasta entonces, los escritores, en general, componían sus obras al dictado de la inspiración o de las experiencias personales que les impulsaban a escribir. A partir de ese momento se hará común —y hasta nuestros días— la imagen del novelista-investigador que, cuaderno o grabadora en mano, viaja persiguiendo la información necesaria para que su texto sea creíble[1].

Nos encontramos pues con novelistas que se ven ideológica y estéticamente «obligados» a emprender viajes documentales, esto es, viajes de trabajo y no de placer; algo en absoluto anecdótico ya que es uno de los principales argumentos que justifica el nacimiento del escritor profesional en el siglo XIX.

Por eso se trata de desplazamientos de corta duración y dentro del territorio nacional, Francia, a la sazón —si exceptuamos el caso de Flaubert, por ejemplo y su viaje a África para preparar *Salammbô*.

Una vez que han llegado al punto de destino, que suele ser el espacio donde se va a desarrollar la novela, se pone en marcha su asombrosa capacidad de observación y síntesis, pues deben, en unas pocas notas, trazar perfiles psicológicos, levantar planos de casas o ciudades, entrevistarse con gentes de la zona que, sin saberlo, prestarán su imagen y sus palabras

---

[1] Para una reflexión más detallada sobre conceptos tan importantes en el siglo XIX como «verosimilitud», «realidad» o «verdad», recomendamos la lectura de *Teorías del realismo literario* de Darío Villanueva o el capítulo correspondiente al siglo XIX de la *Historia de la Literatura Francesa*.

a personajes de ficción que hablarán, vestirán y pensarán en gran parte como ellos.

Para demostrarlo podemos referirnos a Émile Zola, el autor que más tiempo y atención dedicó a estos viajes.

Su obra principal, *Les Rougon-Macquart. Histoire d'une famille sous le Second Empire*, es un conjunto de 20 novelas que narran la vida de una familia a través de varias generaciones; los protagonistas de cada una de ellas ilustran una clase social determinada, de manera que, a lo largo de los veinte volúmenes, Zola consigue pintar un fresco muy completo de la sociedad francesa de mediados del siglo XIX.

Esta serie, una obra extraordinariamente ambiciosa, requería un triple proceso de documentación, para respetar los presupuestos teóricos del naturalismo, elaborados en su mayoría, por el propio Zola en obras tan conocidas como *Le Roman expérimental* o *Les Romanciers naturalistes*.

a) Al querer reflejar toda la sociedad francesa de la época, el autor debió investigar a fondo los diferentes estratos de la sociedad y los tipos sociales más dispares para sus novelas: ministros, campesinos, prostitutas y amas de casa de la clase media, médicos y sacerdotes, asesinos y hombres de negocios, es decir, desde los estratos más altos hasta los más marginales de una sociedad muy heterogénea y enormemente jerarquizada.

b) Cada novela desarrolla temas tremendamente específicos, extraídos, en muchos casos, de la actualidad del momento, y que el autor desconocía totalmente antes de interesarse por ellos: las huelgas mineras y las reivindicaciones del movimiento obrero; la especulación inmobiliaria y bursátil; el desarrollo de los grandes almacenes; la vida del campesino o de los ferroviarios; la artesanía medieval; la liturgia, etc., por no poner más que algunos ejemplos representativos.

c) Por último, gran parte de las novelas de la serie transcurren en diferentes regiones francesas desconocidas por el autor; lo que movió a Zola a emprender sus viajes documentales por la geografía de Francia: las costas normandas, las cuencas mineras del este, las zonas rurales del centro del país, etc.

Esta enorme necesidad de documentación requería, para ser efectiva, una mente organizada y un rigor metodológico que permitiera no perder ni un ápice de la información encontrada y transmitirla con toda la fidelidad de que fuera capaz. Lo extraordinario en el caso de Zola es que, llevado por su meticulosidad, dejó por escrito todo este proceso de documentación en lo que llamaba «dossier préparatoire».

Cada una de las 20 novelas tiene un dosier donde figuran:

- Las fichas de cada personaje;
- varios esbozos de la novela;
- todo el proceso de documentación donde se incluyen el conjunto de las notas tomadas durante sus viajes. Este proceso ocupa una media de quinientas cuartillas por novela, pasando incluso de las 1 000 en algunos casos como el de *La Débacle* (1 244 cuartillas).

En las notas tomadas durante los viajes encontramos esencialmente dos tipos de información, topográfica y etnográfica, expresada a través de pequeños textos o de dibujos esquemáticos[2].

Las notas topográficas, aunque presididas por esa voluntad mimética, están encaminadas a hacer del espacio de la novela, no un mero decorado, sino una metáfora/metonimia de los personajes que lo habitan. Uno de los ejemplos más extraordinarios lo encontramos en el dosier preparatorio de la novela *Germinal*.

En la fase previa a su redacción, Zola se trasladó durante poco más de una semana a la cuenca minera del norte de Francia, concretamente a la ciudad de Anzin, en el departamento del Nord, casi en la frontera con Bélgica, para documentarse sobre las condiciones de vida y trabajo de los mineros, protagonistas de su siguiente novela. Una vez allí, consiguió el permiso del director de las instalaciones para hacer uno de los viajes más extraordinarios que un novelista pudiera realizar en la época: descender al pozo de la mina junto con los trabajadores para experimentar en primera persona las sensaciones (de nuevo la subjetividad se abre camino en pleno proceso de documentación «científica») que luego transmitiría a su protagonista, un minero novato.

De este modo, provisto de las ropas e instrumentos habituales de los mineros, gorro incluido y lámpara incluidos, entró en la «jaula» o cabina para descender, con bastante ansiedad, a una profundidad de casi setecientos metros en el pozo Renard.

> Llego al pozo, voy a buscar la lámpara y entro en la cabina. Sensación de frío [...]. Comienza la bajada. Cuando todavía hay luz, sensación de hundimiento, de huida

---

2   Todas las imágenes se pueden consultar en el fondo de manuscritos de la Biblioteca Nacional de Francia disponible en línea en <http://images.bnf.fr>.

hacia abajo por la rápida desaparición de los objetos. Luego, ya en la oscuridad, nada de nada. ¿Subimos?, ¿bajamos? [...] Sensación de inmovilidad cuando la cabina baja recta sin tocar las guías. Luego, ligeras sacudidas, baile en las guías, choques (preocupación). Esto ocurre, sobre todo, cuando se cruzan dos cabinas [...] No se ve nada en absoluto, ni siquiera el entibado. [...]. A cierta profundidad comienza la lluvia, primero débil, luego aumentando [...]. [...]. Por fin llegamos al fondo, la cabina se detiene [...]. (Zola, 2005: p. 458)[3]

Una vez en el fondo, Zola comenzó a visitar las galerías, entre el miedo y la fascinación ante un universo negro y laberíntico, lleno de obstáculos invisibles. Durante el recorrido, vio imágenes que se graban en su memoria, no solo por su carácter informativo, sino por su fuerte potencial simbólico, como la de un tren tirado por un caballo blanco y empujado por lo que parecen niños, pero que son, en realidad, adolescentes diminutos. A medida que se acercaba a las vetas, la oscuridad, el calor y la humedad aumentaban, evocando en él el infierno de Dante. Allí, vio por fin a los picadores, los mineros más cualificados, los que llevaban a cabo el trabajo más penoso y peligroso. Los encuentro, alguno completamente desnudo, incrustados en grietas estrechísimas, obligados a picar tumbados, bajo la presión del grisú, que los deja abotargados y ciegos por momentos. Un trabajo de esclavos que desarrollan durante más de 10 horas, seis días a la semana. Ahora bien, Zola se cuida mucho de hacer manifiestas valoraciones morales en esta fase de documentación. No obstante, estas valoraciones terminarán apareciendo «subrepticiamente» en el texto definitivo, muy a pesar de las teorías iniciales.

Al regresar, visita las cuadras y es testigo del descenso de un caballo a la mina, escena que debió de conmover al espectador impasible pues al recrearla en la novela, la objetividad «científica» del investigador da paso a una de las escenas más estremecedoras de la novela, protagonizada por un caballo veterano que asiste al descenso de un nuevo compañero.

> Era Bataille, el decano de la mina, un caballo blanco que tenía diez años de pozo. Desde hacía diez años, vivía en aquel agujero, ocupando el mismo rincón de la cuadra, realizando la misma tarea a lo largo de las galerías negras, sin haber vuelto a ver nunca más el sol. [...] Quizá volvía a ver vagamente, en el fondo de sus ensoñaciones oscuras, el molino donde había nacido, cerca de Marchiennes, un molino situado a orillas del Scarpe, rodeado de extensos pastos, aireado siempre por el viento. Algo brillaba en el aire, una enorme lámpara cuyo recuerdo preciso escapaba a su memoria

---

3   La traducción es nuestra para todas las citas.

> de animal. Y permanecía con la cabeza gacha, temblando sobre sus viejas patas, haciendo inútiles esfuerzos por recordar el sol. [...]
>
> [...] el descenso duró cerca de tres minutos, ralentizaban la máquina por precaución. [...] Era un animal bayo, de apenas tres años, llamado Trompette. [...]
>
> Enseguida Trompette estuvo echado sobre las losas, como un peso muerto. Seguía sin moverse [...]. Estaban empezando a desatarlo cuando Bataille, desenganchado desde hacía un momento, se acercó alargando el cuello para olfatear a aquel compañero que así caía de la superficie. [...] Sin duda descubría en él el buen olor del aire libre, el olor olvidado del sol en la hierba. De repente, estalló un relincho sonoro, una melodía de júbilo que parecía albergar la ternura de un sollozo. Era su bienvenida, el gozo de las cosas perdidas que le llegaban ahora en una bocanada, la melancolía de ese otro prisionero que no volvería a subir sino muerto. (Zola, 1988: pp. 80-81)

Otras notas topográficas especialmente interesantes fueron las que tomó para *La Bête Humaine*, novela que cuenta la vida de un conductor de tren con pulsiones criminales. Para documentarse tanto sobre el trabajo como sobre el recorrido de la línea ferroviaria, Zola consiguió permiso para viajar en la locomotora del tren que recorría la línea Paris-Le Havre haciendo junto al maquinista el trayecto de Paris a Mantes (unos 60 kms). Además de describir pormenorizadamente el instrumental, cómo van vestidos los empleados, Zola describe como si de una película se tratara, el paisaje que recorren y lo que es más determinante y casi contradictorio respecto a las directrices naturalistas, las impresiones —necesariamente subjetivas— de quien va subido a la plataforma de la locomotora y que luego contribuirán a la caracterización de los personajes.

> Mi impresión en la locomotora. Primero una gran trepidación, piernas cansadas y a la larga, aturdimiento producido por las sacudidas. Parece que la cabeza se vacía. A derecha e izquierda, los campos no desfilan más deprisa que vistos desde el vagón. Solamente que hay más aire, más espacio, el vasto cielo sobre la cabeza y todo el campo visto de golpe. [...] La impresión de las largas líneas rectas. Las curvas que esconden la vía [...]. [...] allá, a lo lejos, un tren que se acerca en sentido contrario, muy pequeño, haciéndose cada vez más grande: parece que viene en la misma vía, que todo va a romperse, y luego pasa como un trueno, como un vendaval. (Zola, 2005: p. 553)

Pero, como ya dije, las notas topográficas pueden suministrarnos la información de manera gráfica, a través de planos y esquemas, en ocasiones acompañados de un pequeño texto. Encontramos algunos de los mejores ejemplos en la documentación previa de *Germinal* como el plano que reproduce el poblado minero construido por la Compañía para alojar a los trabajadores:

Los poblados. [...] dos filas de casas unidas por la parte trasera. Por delante, una pequeña acera de ladrillo. Por detrás, jardines sucios con arbustos ralos, [...] muy poco cuidados. Pozos comunes y lugares comunes siembran los poblados de construcciones redondas de ladrillo ennegrecido, sucio. [...]. Delante de cada casa, toneles para recoger el agua de lluvia que es mejor para la colada. (Zola, 2005: p. 450).

O la descripción de la casa de los mineros a la que fue invitado Zola y que sirvió de modelo para la casa de sus protagonistas, la familia Maheu.

La planta baja, a ras de calle. Paredes y techo pintados de color claro, muy claro. Suelo alicatado limpiamente; los domingos, se friega y se le echa una arena blanca, bastante cara [...]. Muebles de obreros, un aparador de abeto barnizado, una mesa, sillas, más allá un gran armario, etc. Un reloj de cuco. La chimenea alta tiene, en medio, una rejilla para el carbón, [...]. Prende mal. [...] Es malísimo, lo que sobra de las galerías. [...] En tiempos de huelga, la compañía lo deja de suministrar.

En esta habitación conviven todos: padre, madre e hijos. Cuantos más hijos, más sucia. [...] en la planta de arriba, primero, un pasillo donde duermen los niños. Luego, una habitación para el padre y la madre, donde, a veces, también duerme algún hijo. La familia que vi: el padre no estaba; una hija [...] con una terrible chepa, otra hija muy rubia, de rasgos carnosos, pero bastante agradable. Piel ya ajada, nuca y cuello aún muy delicados; dos o tres chicos, jóvenes, de cabeza grande e hinchada, aspecto saludable, todos comiendo rebanadas de pan; la madre, al menos cuarenta años, muy estropeada, pecho caído en un corpiño de lana, falda remendada. (Zola, 2005: pp. 450-451)

En otro dosier preparatorio como el de *La Débâcle* encontramos el plano del pueblo donde se alojó el emperador Napoleón III con su ejército poco antes de ser derrotado en Sédan en 1870. Zola repitió, veinte años más tarde, durante 15 días y 82 kms, el mismo viaje que llevó a cabo el ejército francés, acosado por los prusianos, desde Reims a Sédan, a 20 kms de Bélgica.

En Le Chesne, el emperador se alojó en la casita cuadrada del notario, el señor Lefèvre, que era además el alcalde. La casa fue, de algún modo, expropiada. Sus habitantes tuvieron que mudarse al desván [...] el emperador y el mariscal Mac Mahon fueron a pie hasta el ayuntamiento, en la calle Vouziers. [...] parecían abatidos aunque el emperador se esforzara por sonreír. [...] Le Chesne estaba lleno de tropas. No podemos ni imaginar lo que debe de ser el paso de todo un cuerpo del ejército por la calle de un pueblo. Durante 3 o 4 días, la artillería y la caballería no dejaron de pasar estruendosamente por el puente. Una locura. (Zola, 2005: p. 618)

Para la elaboración de la brutal *La Terre* —novela sobre el campesinado— Zola viajó por la región de Beauce e hizo un alto en el pueblo de Châteaudun del que trazó un plano que también se conserva, como todos los demás, en la Biblioteca Nacional de Francia. El texto que acompaña al dibujo es altamente interesante pues demuestra que las dotes de observador de Zola llevaban implícitas una determinada manera de aprehender la realidad, no exenta, a pesar suyo, de cierto componente estético que recuerda frecuentemente a la pintura impresionista.

> Châteaudun, la ciudad, el mercado. La calle de Angoûlème (hoy calle Gambetta), a continuación del camino de Cloyes, lleva a la plaza nacional (hoy plaza del 18 de octubre). Allí se instala el mercado (ver el plano). El mercado. Todos los días de 1 a 4. [...] El bullicio del gentío, el azul de las camisas de los hombres, todos de azul, de un azul desteñido por los lavados, el negro de las gorras, y en medio, las manchas de un blanco deslumbrante de los gorros de las mujeres. [...] relinchos, un caballo que se espanta, cocea y chirría contra los adoquines. [...] Vacas que orinan y defecan [...]. Alrededor del mercado, coches de caballos de todo tipo. (Zola, 2005: pp. 567-568)

Pero además de estas notas que describen espacios cruciales para el desarrollo de la novela, encontramos otro tipo de notas, no tanto geográficas como sociales. Zola, que además de novelista escribió en numerosos periódicos, practicó para sus novelas un nuevo tipo de periodismo que se extendía en la Francia de los años 80: la entrevista. A lo largo de sus viajes documentales, el escritor entrevistaba a las gentes del lugar, especialmente aquellas que formaban parte de la clase social que protagonizaría la novela en curso. Les preguntaba, les dejaba explayarse sobre sus costumbres, sus maneras de pensar y actuar, sus ritos sociales, sus formas de vivir y de morir, y muy especialmente sobre su trabajo. Porque como buen burgués decimonónico, Zola entendía el trabajo como algo sustancial a la persona. (Si en el romanticismo los personajes se leían en la naturaleza salvaje, en el naturalismo lo hacían en el ámbito laboral).

Las notas que iba tomando demuestran una gran perspicacia: no se pierden en aspectos superfluos sino que entresacan lo más definitorio del grupo social que protagonizará la novela, hasta el punto que se las ha considerado como una auténtica antropología cultural de la Francia del XIX (en palabras de Henri Mitterand)[4].

Si volvemos a *Germinal*, encontramos las notas producto de las entrevistas que Zola mantuvo con los mineros y resultado de las cuales comprendió, entre otras cosas, que las huelgas no eran tan violentas como

---

4 «Aucune anthropologie culturelle du XIXe siècle françaises ne pourrait se permettre de négliger l'apport d'Émile Zola.» (Henri Mitterand (prefacio) in Zola, 2005: I)

él había pensado, y que la vida en los poblados mineros era más terrible, mísera y tediosa de lo que él pudo haber imaginado. En sus sucesivas entrevistas con los mineros y sus familias consigue que le cuenten cómo se levantan todos los días a las tres de la mañana y van al pozo con un almuerzo escaso; cómo, una vez allí, bajan hasta el fondo y luego van en busca de las galerías correspondientes (a menudo a dos kilómetros de distancia) y pasan allí las 10 o 12 horas de trabajo, muchas veces en posturas imposibles, y vuelta a casa, hacia las tres o las cuatro, porque les estaba prohibido subir antes de esa hora; ya allí toman una sopa de verduras aguada, y, si hay suerte, algo de carne. Tras la comida se lavan o los lavan las mujeres —tal y como aparece en el capítulo IV de la novela—; hasta las siete, hora de cenar, van al bar o echan alguna partida de bolos. Tras una escasa cena todo el mundo se acuesta a las ocho.

La vida social del poblado tampoco escapa a la perspicacia de Zola. Visita los bares (*cabarets*) donde los mineros van a tomarse unas cervezas, la bebida preferida junto con el café. Hablando con las mujeres se da cuenta de que la actividad preferida de las esposas que se quedan en casa son las charlas con las vecinas y beber café a todas horas; que las muchachas, en cuanto llegan a la adolescencia, se descarrían con los jóvenes mineros (Zola llega incluso a precisar que pueden tener dos o tres hijos antes de que decidan casarse).

Los padres le cuentan que los niños van a la escuela hasta los diez o doce años y que luego empiezan a trabajar bajando al pozo si son chicos, o en superficie, si son chicas[5].

En el caso de *La Terre*, además de sus notas sobre la topografía de la región de Beauce y sus pueblos, Zola anotó minuciosamente las diferentes tareas que los campesinos le describieron en sus entrevistas: cómo se les pagaba —más en los meses de verano y menos en los otros— la necesidad de comer cuatro veces al día para poder soportar el duro trabajo, el ocio de las partidas de cartas o la costura, cómo iban vestidos los pastores, incluso visitó al notario del pueblo para investigar sobre los problemas que planteaba el reparto de las tierras en las herencias, origen de la tragedia que gobierna la novela.

---

5   Aunque en la época de la visita de Zola ya se había prohibido que mujeres y niños de menos de 12 años bajaran a la mina, en *Germinal*, los encontraremos aún en las galerías, pues la acción se sitúa en 1866. Veinte años después, las mujeres ya trabajaban solo en la superficie.

Los ejemplos son tan numerosos que sería imposible comentarlos todos aquí. Sí podemos sacar una interesante conclusión que nos ayudará a comprender las complejidades del naturalismo francés.

Por una parte, estos viajes literarios responden a la muy conocida voluntad de Zola de ser en extremo fiel a la realidad, lo que podíamos llamar el «grado cero de la escritura», una escritura en la que nada se inventase y todo fuera una trasposición de lo visto en la realidad; lo cual reduciría el proceso de la escritura a: viajar – observar – anotar y reproducir.

Pero, por otro lado, en muchas ocasiones, Zola no se limita a extraer de esos viajes datos de carácter informativo, sino que reproduce sensaciones, algo en extremo subjetivo y que vulneraría la pretendida objetividad del naturalismo. Se trata pues de textos que, con una redacción espontánea, aúnan lo objetivo (descripciones) con lo subjetivo (impresiones). Combinan pues la información objetiva del observador que se quiere imparcial, con la subjetividad del que experimenta en primera persona las «aventuras» del viaje. El que ve y el que siente, porque, a pesar de las teorías naturalistas, no se puede ver sin sentir.

Y es que, desde estos pre-textos salidos de sus viajes documentales hasta la redacción final de las novelas, todas las obras del naturalismo zoliano se empeñan en desmentir ese supuesto «documento humano», ese carácter científico que Zola les atribuía y que felizmente no tuvieron, porque incluso esas notas viajeras están impregnadas de espíritu creador, es decir de literatura.

Referencias bibliográficas

VILLANUEVA, Darío (1992) *Teorías del realismo literario*, Madrid, Instituto de España.
VVAA (1994) *Historia de la literatura francesa*, Madrid, Cátedra (coord. Javier del Prado).
ZOLA, Émile (1869-1873) *Carnets d'enquêtes*, Paris, Plon (2005). Prefacio de Henri Mitterrand.
—, (1885) *Germinal*, Paris, Garnier-Flammarion, 1988.
—, *Œuvres Complètes*, Paris, Cercle du Livre Précieux, 1966.

2
Viajes y Descubrimiento

El viaje en la obra de J.M.G. Le Clézio y de Jean Echenoz: tránsito existencial y recorrido geográfico

MARI CRUZ ALONSO SUTIL

Introducción

Le Clézio y Echenoz son dos autores que representan estilos literarios y visiones del mundo muy diferentes no sólo en su temática sino también en su manera de concebir el viaje y la forma de reflejarlo en sus relatos.

Partiendo del viaje como elemento estructurador, trataremos de analizar en *Onistha*[1] de J.M.G. Le Clézio y en *Un an*[2] de Jean Echenoz cómo las experiencias vividas, contadas o imaginadas son interiorizadas por el «yo» que se desplaza. En qué medida inciden en dicho «yo» los espacios que recorre, la itinerancia que lleva a cabo y el lugar de destino, así como el nivel de receptividad que presentan los personajes y el posible intercambio de alteridades. Por todo ello, conceptuamos el viaje no sólo como un desplazamiento, sino también como un catalizador de los cambios que éste produce en el individuo a partir de su manera de enfrentarse a lo nuevo, al Otro.

A través de este análisis expondremos algunos aspectos que determinan su estructura actancial y dinámica. Viajes de ida y vuelta, de huída, que adquieren importancia por sí mismos: causas, itinerario, simbiosis de los personajes con el entorno, etc.; o por el contrario viajes al servicio de los personajes, de manera que tienen importancia en cuanto que es necesario para el desarrollo de la acción. Incluso viajes como experiencias derivadas de un desplazamiento cuyas vivencias no siempre son consideradas como fuente de aprendizaje.

El deseo de huir de lo desagradable, del vacío, de la soledad cuya aventura termina en el momento en que finaliza el viaje, unido a las fuerzas externas representadas por amores, entorno, ruptura con la monotonía

---

1 LE CLÉZIO, J. M. G. (1991) *Onitsha*. Paris. Éditions Gallimard.
2 ECHENOZ, Jean (1997) *Un an*. Paris. Éditions de Minuit.

y tedio ejercen tal presión sobre el «yo» que le inducen a seguir en su errancia en busca de un lugar apropiado donde construir una morada imposible. Un «yo» envuelto en conflicto que le condiciona de tal manera que se ve obligado a realizar trayectos que le condenan a estar en tránsito permanente y cuya estancia llega a ser tan prolongada que a veces se convierte en laberinto.

1. Onitsha

1.1 Argumento

Onitsha, que a su vez forma un díptico con *Étoile errante*, contiene varias historias cuyo denominador común es el viaje.

El niño Fintan, emprendiendo un viaje iniciático, va a África a encontrarse con su padre, que trabaja en Nigeria. Maou, su madre, le acompaña para reencontrarse con su marido Geoffroy Allen, que aún no conoce a su hijo; para ella, el viaje pasa de la esperanza a la decepción, puesto que el hombre que encuentra en Onitsha ha cambiado. Geoffroy se había desplazado previamente a África para poder investigar sobre un tema que le apasionaba y le obsesionaba desde joven: el final del imperio meroita y el posible éxodo hacia el valle del Níger de sus últimos integrantes. El lector inicia, junto con los protagonistas, un largo viaje, cuyo destino da nombre a la obra: la ciudad de Onitsha, un espacio que, siendo real, es integrado por el narrador en el mundo de los sueños.

1.2 Un long voyage

Las primeras alusiones al viaje las encontramos ya en el primer capítulo de *Onitsha* titulado «Un long voyage», tomado de la historia que un día Fintan, a bordo del barco, decide escribir y que titula UN LONG VOYAGE:

> Alors il s'enfermait dans la cabine sans fenêtre, il allumait la veilleuse, et il commençait à écrire une histoire sur un petit cahier à dessin, avec un crayon gras. Il écrivait d'abord le titre, en lettres capitales : UN LONG VOYAGE (Le Clézio, 1991 : pp. 55-6).

Durante la travesía en el *Surabaya*, el narrador se vale de Fintan para relatar otro largo viaje, el de Esther. Esther es el nombre de una de las protagonistas de *Étoile errante*, libro con el que *Onitsha* forma un díptico. Es evidente la superposición de historias: un viaje dentro de otro viaje. Si Fintan es protagonista del viaje que relata el narrador, Esther es la protagonista del viaje imaginario que relata Fintan. Si el barco que traslada a Fintan se llama *Surabaya*, el hipotético navío que traslada a Esther se llama *Níger*, como el río. Con el fin de no confundir al lector, el narrador utiliza mayúsculas para presentar el relato escrito por Fintan.

El trayecto que va desde el estuario de la Gironde hacia la costa oeste de África lo realizan en el navío llamado *Surabaya*. El barco se convierte en un microcosmos con numerosos viajeros y con una tripulación que, a medida que surca el mar, vamos conociendo a través de sus conversaciones, encuentros y fiestas organizadas.

El largo viaje iniciado por Fintan será el mismo que un día emprendiera Le Clézio[3] de niño, a la edad de ocho años, junto con su madre y su hermano para reencontrarse con su padre, a quien no conocía, y que trabajaba como médico en Ogoja, un pueblo situado muy cerca de Onitsha. La Segunda Guerra Mundial lo había mantenido separado del resto de la familia, muy a su pesar. Le Clézio trasladará a la ciudad de Onitsha todas las experiencias y vivencias que tuvo de niño, durante los casi dos años que permaneció en Ogoja. Estas experiencias marcaron enormemente la personalidad del autor, dado el choque cultural y el carácter de viaje iniciático que supuso para él.

El narrador no sólo se limita a contar la historia y experiencias de los personajes sino que la naturaleza, los parajes y entorno a lo largo del viaje no pasan desapercibidos. Su sensibilidad se manifiesta en relación con el entorno natural: el cielo, el mar, el viento, los pájaros, las gaviotas, etc. Todo forma parte de la vida:

> Le ciel et la mer étaient d'un bleu intense, presque violet. L'air était immobile, c'est-à-dire que le navire devait avancer à la même vitesse. Quelques mouettes volaient lourdement au-dessus du pont arrière (Le Clézio, 1991 : p. 14).

Las cartas y escritos de Maou nos permiten descubrir, de forma poética, sus sentimientos de entrega total a su marido, del que lleva separada al menos ocho años. De manera que su sueño no es otro que el de poder un

---

[3] Le Clézio, J. M. G. (2004) *L'Africain*. Paris. Mercure de France.

día reencontrarse con él, de ahí que realice este viaje con gran ilusión y con la esperanza de que todo va a ir bien: «Geoffroy, tu es en moi, je suis en toi. Le temps qui nous a séparés n'existe plus. Le temps m'avait effacé [...]. C'est pour toi que j'ai fait ce voyage» (Le Clézio, 1991: p. 30).

A su vez, Geoffroy también anhela el reencuentro familiar, de manera que en las cartas que envía a Fintan y a Maou les describe su entorno africano de forma atractiva, enfatizando lo que le resulta exótico. La casa tiene especial relevancia, por lo que supone como lugar central de la vida familiar y como referencia personal en un país tan alejado y diferente de Francia.

El choque cultural que va a vivir Fintan comienza ya en el *Surabaya*, donde se puede percibir el distinto comportamiento que tienen los pasajeros europeos y los africanos que van subiendo en los puertos del itinerario. Supone el preludio de lo que van a vivir en Onitsha: Fintan y Maou observan que los nativos africanos tienen un status social inferior al de los europeos, de manera que ocupan espacios marginales en el barco, al mismo tiempo que se ven obligados a trabajar para costearse el viaje, mientras los europeos se burlan de su manera de hablar.

A lo largo de la obra se alternan vida y recuerdos. Al mismo tiempo, conocemos la motivación del trayecto hasta llegar a Onitsha. El tono del relato es amable, como las relaciones entre los personajes, porque predomina la ilusión y la esperanza ante el reencuentro familiar y ante las nuevas posibilidades que ofrece la perspectiva de vivir en África. La única nota discordante es la constatación de las duras condiciones de viaje que soportan los negros que van en el barco, hecho del que se sirve el narrador para denunciar el racismo imperante.

1.3 *A la lisière de deux mondes*

De entrada, Onitsha no parece ser el lugar imaginado y tantas veces soñado por Maou, quien recurriendo a la analepsis, nos refiere las esperanzas que había depositado en este lugar. Poco a poco el narrador nos va introduciendo en este nuevo espacio haciéndonos partícipes de las costumbres y forma de vida de sus habitantes. Con mirada retrospectiva y nostálgica, Maou va recordando momentos y situaciones en los que Geoffroy era otro. Se aportan fechas y se delimita la historia para que el lector se sitúe en las coordenadas espacio-temporales. Asimismo, a través de los recuerdos se nos presentan dos mundos opuestos, dos continentes, Europa y África, separados por la cultura, con una relación de dominante y dominado, dicotomía que parece retumbar constantemente en la conciencia del autor.

A este nuevo espacio con el que tendrán que familiarizarse los recién llegados pertenece un niño, Bony, símbolo de libertad, a través del cual el narrador quiere transmitirnos la necesidad del respeto a la naturaleza; Bony representa la conciencia que nos recuerda la pérdida de valores de nuestra sociedad.

En el escenario infantil en el que habitualmente se mueve Le Clézio nos encontramos con Oya, una adolescente que vive muy ligada al río por lo que Bony la considera «la mère des eaux» (Le Clézio, 1991: p. 90). Oya sirve de iniciación al sexo para Bony y Fintan, al mismo tiempo que es el nexo de unión entre la realidad y el mundo imaginario de Geoffroy, pues la considera heredera directa del pueblo de Meroë, junto con su pareja Okawho.

En un intento de acercar experiencias, sueños e ideales se enmarca la conversación que mantienen Geoffroy y Fintan, de la que se sirve el narrador para introducir al lector la historia de la reina de Meroë. A través de la mirada focalizadora de Fintan, el lector puede seguir el trazado de la supuesta ruta que un día siguió el pueblo de Meroë con su reina al frente, en un viaje comparable a un éxodo.

La obsesión que manifiesta Geoffroy por conocer *Aro Chuku* «dernier lieu du culte d'Osiris» (Le Clézio, 1997: p. 197), espacio mítico cargado de simbolismo y de leyendas relacionado con el éxodo meroita, produce en él un distanciamiento no solamente a nivel laboral, sino también familiar que el narrador aprovecha para presentarnos en contraposición a Maou, quien, a pesar de las adversidades y contratiempos que encuentra en su nueva vida, se acerca a las gentes del lugar y a sus costumbres.

Geoffroy recibe una carta de despido de la «United Africa Company» y la familia debe volver a Europa, pero no quiere dejar África sin antes visitar Aro Chuku. Primeramente va Fintan acompañando a Bony, en una especie de viaje-huida que parece presagiar su marcha de Onitsha. Poco más tarde, Geoffroy realiza el mismo viaje acompañado de Okawho, culminando de esta manera un sueño perseguido durante muchos años. Sin embargo, el viaje queda ensombrecido porque Geoffroy cae enfermo de malaria hasta el punto que cree morir: «tout est terminé. Il n'y a pas de paradis» (Le Clézio, 1991: p. 225). Lo que realmente termina en este momento es el sueño africano de Meroë, mientras se produce en Geoffroy una especie de resurrección que le permite emprender un viaje que adquiere carácter iniciático al darle una segunda oportunidad de comenzar una nueva vida lejos de África.

La vida ha cambiado radicalmente para los protagonistas. Existe una toma de conciencia del pasado desde un espacio diferente. Son constantes las alusiones a un tiempo que ha quedado atrás, imposible de desvincular de un presente que, por otro lado, es doloroso, pues en Nigeria están en plena guerra. Sobre la memoria de Fintan planea el bombardeo de Onitsha y el destino que hayan podido sufrir Bony y los demás amigos africanos.

A través de una carta que Fintan dirige a su hermana Marima sabemos que él nunca ha olvidado Onitsha y quiere compartir con ella el espacio y los acontecimientos que vivió allí, como si pretendiera descargarse y despojarse de tanto recuerdo, de tanto dolor ante la situación del momento.

Fintan recuerda a su hermana que ha sido engendrada en Onitsha, lo cual la convierte en africana, según la leyenda nativa. Es una manera de invitar a Marima a servir de vínculo entre Europa y África, dando así continuidad a una historia cuya primera parte ha vivido Fintan. Le duele que se esté produciendo este desenlace trágico en la tierra que le sirvió de marco iniciático a la naturaleza en estado puro, a la amistad sin condiciones, al sexo, etc. Posicionado en otras coordenadas temporales y espaciales, siente que no puede hacer nada, que ha roto todos sus lazos con el continente africano, pero deposita sus esperanzas en su hermana.

2. Un an

2.1 Argumento

A modo de sinopsis, podemos resumir diciendo que Victoire, la protagonista, huye con una suma de dinero considerable hacia el sur de Francia, donde se instala, concretamente en Saint-Jean de Luz, hasta que un joven con el que mantiene una relación sentimental le roba el dinero. Su reacción es adaptarse a lo que le queda, que es cada vez menos, llegando incluso a la mendicidad para sobrevivir. Su vida se va viendo afectada hasta el punto de llegar a tocar fondo y quedar al margen de las convenciones sociales.

Se trata de un relato corto, carente de capítulos y desarrollado en un espacio de tiempo cerrado que no guarda relación con el título que da nombre a la obra. Para el lector es fácil seguir la trama, dado que no existen saltos en el tiempo, ni capítulos que puedan romper con la historia del relato.

Forma un díptico con *Je m'en vais*. Los escasos personajes importantes que aparecen en *Un An*, Victoire, Félix, Louis-Philippe, Louise, los volvemos a encontrar en *Je m'en vais*, tras cuya lectura llegamos a entender las claves de la novela.

2.2 Les allures de l'errance

El relato comienza una mañana de febrero cuando Victoire se despierta en la cama de Félix, a quien cree muerto. Un sentimiento de culpabilidad aflora en la conciencia de la protagonista, lo que le obliga a emprender un viaje de huida. Se dirige a la estación de Montparnasse y allí se sube al primer tren con destino a Bordeaux.

Un segundo acontecimiento va a condicionar la vida de Victoire a partir de ese momento: Gérard, el joven con el que mantiene una relación sentimental en Saint-Jean-de-Luz, percibe el miedo que Victoire tiene a la policía y le roba todo el dinero que guarda en el armario, pues está seguro de que no acudirá a Comisaría a denunciarlo.

Este hecho le obliga a cambiar su modo de vida. El robo, unido a la actitud que Victoire tiene en la vida de no preocuparse por buscar un trabajo, da lugar a que inicie un camino que la va a llevar a su degradación personal y social.

Sin descuidar el entorno, y estrechamente unido a la protagonista, el narrador nos presenta a Victoire en continuo movimiento, sin domicilio fijo, condicionando su desplazamiento al dinero que tiene. En la medida en que su economía va a peor, menos pertenencias tiene:

> Victoire, quotidiennement, parcourut la région jusqu'à n'y plus rien découvrir et, ses ressources continuant de maigrir à vue d'œil, finit par se résoudre à changer d'horizon (Echenoz, 1997 : p. 52).

Como Victoire se desplaza andando o haciendo auto-stop, conocemos una galería de curiosos personajes. Las relaciones más duraderas las establece primeramente con una pareja de mendigos que se refugian en la estación de Toulouse y, posteriormente, con una pareja de homosexuales que le ayudan a recuperarse de un accidente en el que se ve implicada cuando huye al ser descubierta robando en una tienda. La acogen en su cabaña y le enseñan a sobrevivir sin mendigar y en contacto con la naturaleza.

Victoire recorrerá, en compañía de mendigos con los que se asocia y se siente segura, los alrededores de Toulouse en busca de mejores condiciones de mendicidad. Con ellos compartirá refugios, limosnas y comida. Volverá a los lugares de Las Landas que ya había recorrido sola con anterioridad. Sólo en ocasiones Victoire se siente atraída por el entorno de Las Landas, del que disfruta paseando en bicicleta.

El tercer acontecimiento importante en la vida de Victoire se produce cuando es descubierta robando junto con los mendigos, en una tienda de Las Landas. Victoire coge una bicicleta, pierde el control y se cae, recibiendo un fuerte golpe en la cabeza que la deja inconsciente. La recoge una pareja de homosexuales, que la llevan a su cabaña, donde llevará una vida sedentaria durante cierto tiempo, hasta que la presencia de la policía hace que de nuevo se marche huyendo sin rumbo.

En este momento entran en su vida estos dos personajes que le ayudan a recobrar cierta paz interior, así como a tener confianza en sí misma y en las personas en general. La acogen en su cabaña campestre y le enseñan las claves de una vida silvestre, al margen de la sociedad, que se complementan con el reciclaje de ropa, zapatos, pintura, muebles, etc., que recogen en vertederos, en obras o en contenedores. Sin embargo, la huida de Victoire cesa cuando, en un nuevo encuentro con Louis-Philippe, éste le desvela la verdad sobre Felix. Es el momento de volver a París:

> L'affaire Félix était close, fit-il savoir, il ne fallait plus y penser. On avait fini par la classer en écartant toute responsabilité de Victoire [...]. Pas de soupçon ni même de supposition : elle pouvait maintenant rentrer à Paris (Echenoz, 1997 : p. 104).

Este cuarto acontecimiento será el detonante de su regreso a París, cerrando así el ciclo vital iniciado con su huida. A partir de este momento el narrador considera que ha llegado el momento de que la protagonista recupere lo perdido, una vez que ha descendido a lo más bajo. Despojada de todo, debe recuperar su estatus inicial. Poco a poco va retomando las rutinas anteriores a su huida.

Cuando parece haber concluido y cerrado la historia, una vez que los personajes retoman su vida inicial, el narrador cierra el relato con una conversación que mantienen Victoire y Félix. El encuentro, en el café Central de París, es tan frío que no se corresponde con el que en circunstancias normales mantendría una pareja.

2.3 Un candidat au voyage[4]

Echenoz escoge cuidadosamente los títulos de sus obras. Él mismo confiesa[5] que el de *Un an* lo eligió porque, desde el punto de vista formal, se compone de dos palabras, cada una de las cuales contiene dos letras, como si se tratara de dos ideogramas. Juega al despiste con el título de la obra, dado que la historia del relato no transcurre a lo largo de un año, sino de nueve meses, comprendidos entre febrero y noviembre.

Por otro lado, si tenemos en cuenta el valor simbólico del número nueve y su estrecha relación con los meses necesarios para la gestación del hombre, se da la paradoja de que también son nueve los meses que dura la huida de Victoire, un período de tiempo que para unos simboliza la vida, el júbilo, la luz, el nacimiento. Sin embargo, el narrador lo representa como un período de soledad, decadencia, abandono, deterioro, sombra y muerte.

En esta obra, el narrador se sumerge en la errancia de un personaje que carece de domicilio fijo. Trata de una vagabunda, excluida de la sociedad y que huye porque se siente perseguida. Decide abandonar ese entorno hostil y frío para vagar y deambular sin lugar fijo, llegando incluso a la automarginación.

Es evidente la incongruencia del nombre de Victoire. Aunque aparentemente resuene a éxito y victoria, a medida que se avanza en la lectura resulta más irónico su significado, al portarlo una persona que está viviendo una degradación personal y social.

Durante la estancia de la protagonista en Saint-Jean de Luz, y a lo largo de su errancia posterior por el territorio de Las Landas, varias veces se aparece Louis-Philippe, de quien el narrador apenas da detalles, procurando así mantener atenta y viva la atención del lector. Al no saber prácticamente nada de él, queda como un personaje nebuloso y misterioso.

---

4 Jérusalem, Christine (2005) *Jean Echenoz: géographies du vide*. Publications de l'Université de Saint-Étienne, (p. 146).
5 Delouche, Hervé (1997) «Entretien avec Jean Echenoz» in *Regards* n° 26. Paris.

Para ubicar al lector en el tiempo, el narrador nos sitúa a mediados de agosto y nos describe el cambio de clima que se avecina, como si esto fuera la antesala y preámbulo que advierte al lector del cambio y transformación que padecerá igualmente la protagonista.

El eje estructurador de *Un an* es el de un viaje de huida llevado a cabo por la protagonista a partir del momento en que se siente culpable de la muerte de su compañero. Esta culpabilidad le lleva a la errancia y a la consiguiente marginación social. La historia parece inconclusa, de manera que el final queda abierto. Este es un recurso habitual en la técnica narrativa de Echenoz.

Se trata de un viaje verosímil de ida y vuelta, de manera que se cierra un círculo desde que sale de París «un matin de février» (Echenoz, 1997: p. 7) hasta que regresa a la capital en el mes de octubre. Este viaje de Victoire provoca en ella un cambio personal, que supone un viaje de «descenso a los infiernos», puesto que su modo de vida se va degradando de tal manera que acaba convirtiéndose en mendiga, con la degeneración física y moral que ello conlleva.

Victoire trata de escapar de la realidad que ha descubierto al despertar: a su lado, en la cama, yace Félix muerto. Misterioso suceso que mantiene la intriga hasta la última página.

Las dos veces en que Victoire se encuentra con la policía, por motivos ajenos al *fallecimiento*, su comportamiento refleja intranquilidad, inquietud y desasosiego. Esta gran huida está conformada por eslabones de cortas y variadas escapadas que ayudan a componer esta idea de huida principal. Se trata de desplazamientos que, sin ser de una duración prolongada, son piezas importantes que conforman y completan el *puzzle* del viaje de huida de la protagonista.

A su vez se entrecruzan las vidas de otros personajes que también huyen de su *modus vivendi* anterior: es el caso de Louis Philippe, los mendigos que Victoire encuentra en el camino, así como el de los homosexuales.

Todos los viajes que realiza Victoire son improvisados. Se trata de una errancia sin destino definido, cuyo único objetivo es esconderse de la policía. Existe una carencia total de reflexión y preparación previa del viaje. Esta falta de previsión es un factor que interviene en el deterioro de su persona, tanto físico como emocional, llegando a un punto tal que Victoire no puede caer más bajo, quedando al margen de la sociedad.

Estrechamente relacionado con su condición económica es el tamaño de su equipaje. De París sale con una maleta, que la acompañará hasta Mimizan-Plage, donde la dejará «abandonnée sous clef dans le placard de sa chambre» (Echenoz, 1997: p. 53). El hecho de viajar en bicicleta a partir de ese momento le obliga a reducir sus pertenencias al mínimo adaptable a su medio de transporte, dejando el resto guardado en la maleta abandonada en un hotel:

> Victoire dut notamment se défaire d'une robe, deux jupes, trois chemisiers, deux paires de chaussures et autres contingences, ne conservant que l'indispensable, le solide, le pratique et l'imperméable (Echenoz, 1997 : p. 52).

Aún será menor su equipaje cuando Victoire huya de la cabaña de Las Landas; apenas lleva una bolsa de plástico con algunas ropas, bolsa que se deja olvidada en el coche de Gérard, cuando éste recoge a Victoire mientras hace auto-stop, de manera que llega a París con las manos totalmente vacías.

En *Un an* es evidente que la protagonista sufre una transformación física desde que inicia el viaje hasta que regresa a París. Unas veces, la imagen que podemos hacernos de ella nos llega a través de su propia mirada en el espejo y otras, a través de las descripciones que realiza el narrador. En ninguna de ellas, sin embargo, se nos dan muchos detalles físicos; apenas unas pinceladas son suficientes para imaginarnos a la protagonista. Al narrador, que normalmente presenta descripciones muy detalladas, como realizadas por el ojo de una cámara que, en este caso, no le interesa entrar en detalles.

El único rasgo que el escritor hace destacar en Victoire es su mirada:

> Ce regard avait-il joué son rôle dans la brièveté des emplois occupés jusqu'ici par Victoire, dans le non-renouvellement de ses contrats à durée déterminée (Echenoz, 1997 : p. 20).

Cuando Victoire emprende el viaje es una mujer de veintiséis años que, aparentemente, cuida su aspecto. Unos tres meses más tarde, Victoire se ve reflejada en el espejo de una farmacia, y ella misma queda sorprendida por la imagen que ve, pues su aspecto ha sufrido cierta degradación, hasta el punto de que es consciente de que su apariencia puede ser un obstáculo para que la cojan cuando hace auto-stop o para encontrar un empleo, en lo que, por otra parte, no pone ningún empeño: «l'apparence de Victoire commença de laisser vraiment à désirer. Vu son aspect trop négligé, il devint moins facile d'être prise en auto-stop» (Echenoz, 1997: p. 66).

Este cambio no es meramente físico, sino que va acompañado de una degradación personal; llega, incluso, a pensar en prostituirse como forma de subsistencia. Ahora bien, su aspecto es tan lamentable que ella misma advierte que, de hacerlo, no sería deseada por otros que no fueran sus homólogos, es decir, los mendigos.

Llega un momento en que está tan sucia y desaliñada que decide comportarse como lo haría una persona con una minusvalía psíquica, al considerar que dicho comportamiento va más acorde con su aspecto.

En lo que respecta a sus relaciones familiares y sociales, Victoire es una persona «sans famille et tout pont coupé» (Echenoz, 1997: p. 10). Cuando la protagonista se presenta, sus palabras están cargadas de negatividad. Ahora bien, cabe la duda de si realmente Victoire es como ella misma dice o, si por el contrario, ante la necesidad de sentirse integrada y aceptada, prefiere ocultar su verdadera trayectoria personal, que quizá no sea tan dura.

No hay rastro de emociones o de sentimientos, es como si los personajes no sintieran. Incluso nos lo advierte el autor al referirse a Victoire, al inicio del relato; deja así sentado a priori que no van a aflorar sus sentimientos a lo largo de la historia: «Elle n'eut pas de mal à gommer toute émotion de son visage, faire s'évaporer tout sentiment» (Echenoz, 1997: p. 9).

Victoire es la protagonista del relato, lo ocupa de principio a fin. Sin embargo, hay un personaje secundario, Louis-Philippe, que realiza viajes en un plano menos relevante; apenas sabemos nada de la relación que une a Victoire con Louis-Philippe. Siempre que se encuentran a lo largo del viaje lo hace con prisa, apenas hablan, apenas se miran, incluso en una ocasión Louis-Philippe habla con ella sin bajarse del coche.

3. Similitudes y contrastes en ambos autores

Una vez analizadas las obras objeto de estudio comprobamos que, el viaje es el eje que estructura la dinámica narrativa. El tipo de viaje que llevan a cabo los personajes incide directamente en el dinamismo que adquiere la narración. Como característica común vemos que se trata de viajes de ida y vuelta, aunque la diferencia estriba en cómo emprenden sus personajes la ida y cómo vuelven. Comprobamos que a su regreso, en *Onitsha* es evidente la progresión psicológica existencial que no se percibe en *Un an*. En las dos obras se constata un viaje de búsqueda y de huída. Aunque el objetivo buscado y el motivo de huida sean diferentes, ambos viajes son experiencias existenciales.

En Le Clézio el viaje es tan relevante que se puede considerar el eje en torno al cual giran el resto de los elementos de la narración. Tiene importancia en sí mismo, de manera que los personajes lo viven como un hecho fundamental en su vida. Su identidad sólo se entiende por lo que han supuesto para ellos los viajes que han realizado. Los protagonistas llevan a cabo una investigación, con carácter de éxodo e iniciático.

En *Onitsha*, los personajes viven un viaje interior del que salen transformados, de manera que son diferentes antes y después de haberlo realizado. Es recurrente el tema del viaje iniciático del individuo en constante búsqueda de sí mismo. Se trata de personajes que se enfrentan al mismo tiempo a las experiencias propias de la vida y a situaciones completamente nuevas.

También existen viajes imaginarios en *Onitsha*. Concretamente, el llegar a desvelar el supuesto desplazamiento que realiza el pueblo meroita desde el Nilo hasta el Níger es la motivación que impulsa a Geoffroy a África, arrastrando con él a su familia.

Por el contrario, en Jean Echenoz el viaje es claramente de huida de ritmo lento que imprime al relato un ritmo pausado y sin sobresaltos. Las vivencias interiores de sus personajes no se desvelan de manera que no llegamos a saber en qué medida les afectan los viajes que realizan. Sienten el deseo de huir de lo desagradable, del vacío, de la soledad no deseada, aunque tampoco se plantean qué les depara lo desconocido. Su aventura termina en el momento en que finaliza el viaje. Realizan trayectos circulares, de ida y vuelta, todos vuelven al punto de partida. Las fuerzas externas representadas por amores, entorno, huida, ruptura con la monotonía y tedio ejercen tanta presión sobre el protagonista que le inducen a seguir en su errancia en busca del lugar apropiado donde construir una morada imposible.

En *Un an* la protagonista huye de forma impulsiva y se ve envuelta en un recorrido laberíntico del que sale tras haber realizado trayectos erráticos. Se convierte en una vagabunda, hecho que le supone una degradación personal de la que sale con ayuda de personas que, por su parte, han realizado su propio viaje iniciático.

Le Clézio perfila personajes sensibles, que viven emociones, que son permeables a lo que les rodea, sin que sufran una degradación, a pesar de que en ocasiones se mueven en un entorno hostil. Se trata de personajes que recorren un doble espacio; por un lado el espacio interior, el de la búsqueda y encuentro consigo mismo y, por otro, un espacio exterior, físico. Están bien delimitados psicológica, social y existencialmente. Dotados de gran realismo, van madurando a lo largo del relato, se identifican con el entorno, progresan de forma gradual y se adaptan fácilmente al espacio en el que se mueven. Se enfrentan con una actitud positiva hacia lo nuevo, hacia lo desconocido, es decir, hacia el Otro.

J.M.G. Le Clézio presenta personajes abiertos a nuevas experiencias que les aportan nuevas emociones y formas diferentes de ver la vida. Esto permite ver una progresión en ellos, de manera que no son estáticos, sino que se van completando a medida que afrontan nuevas experiencias.

Al comparar el mismo personaje al inicio y al final del relato, comprobamos que evoluciona a partir de sus vivencias, de manera que adquiere otra dimensión a partir del viaje interior que realiza de forma paralela al viaje físico. Las experiencias que viven les hacen cuestionarse su propia existencia, su papel en la sociedad, les influyen en su crecimiento como personas, al mismo tiempo que se comprometen con lo que les rodea. Se replantean constantemente su yo, su identidad.

Por el contrario, Jean Echenoz dibuja unos personajes cuyas experiencias no les enseñan nada, no aprenden nada, son fríos, no traslucen sentimientos ni sensaciones, parecen impermeables a lo que les rodea, están vacíos. Las contrariedades no les hacen variar. Sus vivencias no son fuente de aprendizaje para ellos. Si el viaje produce impresiones, los personajes no son receptivos a ellas, ni experimentan sensaciones duraderas. Victoire, aunque pasa prácticamente un año en plena naturaleza, no muestra sintonía con ella.

El narrador está interesado en presentarlos libres de emociones y prácticamente insensibles, como los percibe el lector. Se sirve frecuentemente de ellos para parodiar hechos de la vida real, de ahí que resulten caricaturescos y alejados de la realidad. Ello los convierte en planos, es decir, construidos en torno a una sola idea o cualidad. Incluso podemos decir que son opacos, como si el lector los observara por el objetivo de una cámara, sin poder percibir su interior. Se trata de «poner en evidencia» al personaje, juego irónico muy característico en Echenoz.

Recorren los lugares sin mostrar curiosidad por lo Otro. Nada de lo que les rodea les atrae, carecen de iniciativa, son personajes desorientados, perdidos, llevan una vida monótona, aburrida y tediosa, lo cual no significa que sean infelices, sino que simplemente se dejan llevar por la vida. La mayoría va a la deriva, sin objetivo definido, son pasivos. Su desplazamiento aquí se justifica como huida. La protagonista se mueve por la inercia del momento y, una vez en su destino, apenas se relaciona. Lleva a cabo una errancia individual. Carece de familia y el encontrar pareja no le garantiza equilibrio ni estabilidad. A Victoire le resulta imposible arraigarse o prolongar su estancia en un espacio determinado. Su errancia es constante, no concibe ese sentido de disfrutar de lo que le rodea, si bien al contrario, corre, huye, sale deprisa.

El narrador enfrenta al personaje ante el nihilismo más absoluto, como ya lo hiciera Camus; no quiere personajes que se cuestionen, que se pregunten y se planteen retos. Ni siquiera les deja pensar, de manera que no les preocupa su porvenir, viven el momento. Parecen estar disconformes con la realidad, de ahí su enorme deseo de huida, de fuga. Abandonan su estado de pasividad o de conflicto interno sin un itinerario previo trazado y sin sentirse arraigados a ningún espacio.

Cada huida, cada trayecto, se circunscribe a una forma geométrica. En efecto, no puede convertir el espacio en *morada*. Es un héroe en permanente tránsito. La obra se caracteriza por la tendencia a crear espacios vacíos que llena con *un sujet nomade* marcado por la duda y la improvisación, de manera que los protagonistas realizan trayectos erráticos, fríamente localizables en el mapa de turno.

4. Conclusiones

El tratamiento del viaje en los dos autores tiene fines diferentes. Por parte de Le Clézio, el viaje es al mismo tiempo el eje estructural, el hilo argumental de la obra. El viaje articula un recorrido geográfico real durante el que los personajes de una familia narran y reflexionan sobre su experiencia existencial desde su inicio hasta su término. Por el contrario, para Echenoz el viaje es un camino verosímil, caóticamente organizado en un tiempo determinado que traza de forma cíclica y que, por tanto, nos lleva al mismo punto de partida en el que la protagonista escapa de su propia identidad para volver al mismo punto de partida.

Por otro lado, si el narrador de *Onitsha* es omnisciente, cuida a sus personajes y nos instruye acerca de los valores y deseos humanos, la naturaleza y la historia, el de *Un an* es un narrador-papparazzi que sólo nos retrata las idas y venidas de sus personajes y sus tribulaciones. El personaje principal le es indiferente e irónico. Sus vicisitudes son la esencia del relato, no importa el personaje ni sus sentimientos, sino lo que articula la narración es el miedo huidizo, la pérdida y el egoismo, en definitiva, la supervivencia en el anonimato.

El tiempo narrativo en *Onitsha* dura muchos años y permite a los personajes tener una perspectiva de su existencia. En *Un an* el tiempo se reduce a menos de un año, tiempo suficiente para experimentar una vivencia personal, pero insuficiente para gestar una vivencia existencial.

Los personajes de Le Clézio se desplazan movidos por razones familiares, de amistad o amor y con un periodo previo y posterior que incluye la reflexión y la evolución del personaje mientras que en Echenoz son las circunstancias del momento las que llevan a su personaje principal a tomar decisiones rápidas y a moverse de un sitio a otro de forma compulsiva según la premura del momento.

ITINERARIO DE VICTOIRE EN *UN AN*

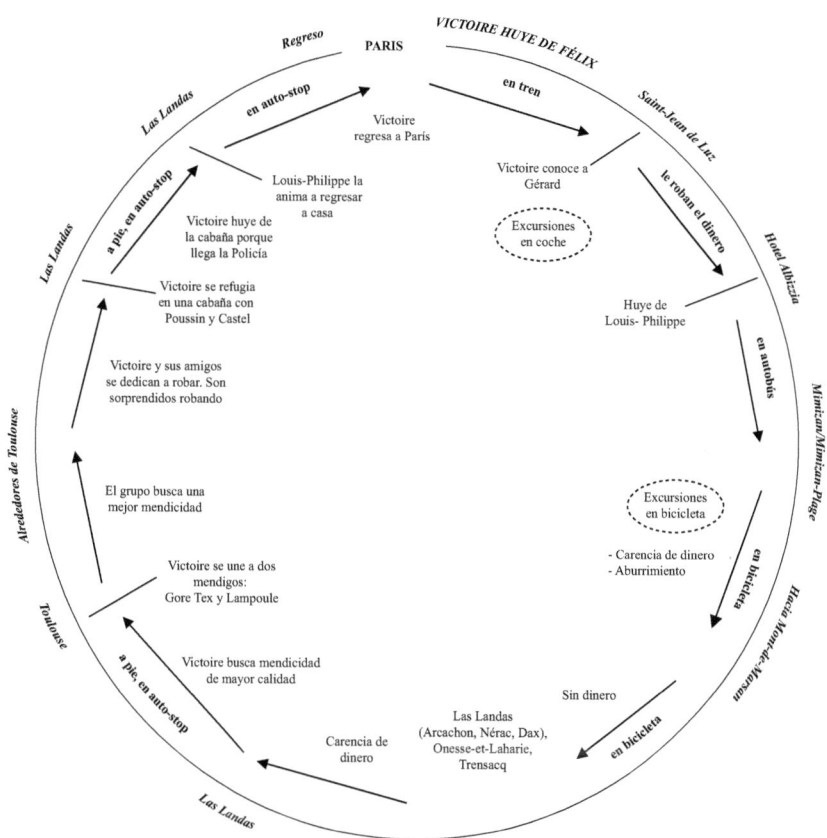

Fuente: Elaboración propia

Referencias bibliográficas

ALONSO SUTIL, Mª Cruz (2005) El tema del viaje en la narrativa francesa contemporánea: J.M.G. Le Clézio y Jean Echenoz. Tesis Doctoral. Universidad Complutense. Madrid.

ARRÁEZ LLOBREGAT, José Luis (2001) *Filosofía y vanguardia en la obra literaria de J.M.G. Le Clézio.* Publicaciones Universidad de Alicante.

AUGÉ, Marc (1998) *Las formas del olvido.* Editorial Gedisa. Barcelona.

DEELOUCHE, Hervé (1997) «Entretien avec Jean Echenoz» in *Regards* nº 26. Paris.

ECHENOZ, Jean (1997) *Un an.* Éditions de Minuit. Paris.

JÉRUSALEM, Christine (2005) *Jean Echenoz: géographie du vide.* Publications de l'Université de Saint-Étienne.

LE CLÉZIO, J. M. G. (1991) *Onitsha.* Éditions Gallimard. Paris.

—, (2004) *L'Africain.* Mercure de France. Paris.

RIDON, J.X. (2002) *Le voyage en son miroir.* Kimé. Paris.

SOUBEYROUX, Jacques (1993) *Lieux dits.* Publications de l'Université de Saint-Étienne.

Viajeras europeas en Cuba (1840-1893), El viaje como acto reivindicativo de aprendizaje, conocimiento y emancipación

MONTSERRAT BECERRIL GARCÍA

La estela dejada por los escritos del brillante científico y humanista Alexandre von Humboldt tuvo decenas de seguidores que viajaron y escribieron sobre América y las Antillas durante el siglo XIX; viajeros atraídos por la posibilidad de intercambios comerciales, por razones de estado, religiosas, científicas, o simplemente por el exotismo y el placer de la aventura. En aquella época, los viajes transoceánicos eran un asunto de hombres, sin embargo nuestro estudio se centra en 4 mujeres que visitaron Cuba entre 1840 y 1893: la Condesa de Merlin, nacida en Cuba, la visita en 1840; Fredrika Bremer, sueca, en 1850; Louise Bourbonnaud, francesa, en 1889 y Eulalia de Borbón, española, en 1893.

Muy alejadas entre sí, tanto espacial como temporalmente, ya que son 53 los años que separan el primer y el último viaje; dos de ellas proceden de la clase aristocrática: Condesa de Merlín y Eulalia de Borbón; las otras dos de la alta burguesía. Han sido educadas dentro de una moral estricta y conservadora, con profundos valores religiosos (tres son católicas y la señorita Bremer es protestante). Son cultas, más o menos librepensadoras, tienen inquietudes intelectuales; están deseosas de ver horizontes nuevos como medio de conocimiento y de aprendizaje. Todas disponen de medios económicos que las hacen independientes: la Condesa de Merlin y Louise Bourbonnaud poseían fortunas considerables por su matrimonio y su rango; Eulalia por pertenecer a la familia real tenía asegurada una posición adinerada. Bremer heredó la fortuna de su padre además de ganarse la vida como prolífica traductora y escritora de renombre.

A pesar de los prejuicios de su raza, su clase y de la educación recibida son mujeres intrépidas, curiosas que escapan de una vida monótona e insípida, buscando como afirma Louise Bourbonnaud: «instruirse, saber, ver el planeta, ver tierras nuevas, casi desconocidas» (Louise Bourbonnaud, 1889: p. 146). O como confiesa Fredrika a un amigo, en el prólogo, antes de embarcar: «Mi viaje a América se basa en la necesidad de abrazar, de abarcar un mundo más grande.» (Fredrika Bremer, 1981: Prólogo). La Condesa de Merlin, por su lado, se siente investida de un deber patriótico hacia sus compatriotas. Servir a su patria, establecer lazos que mejoren el entendimiento de Cuba, España y Francia, tales son sus deseos como exclama en su carta número 2: «¡Oh hija, a qué inspiración tan hermosa he obedecido cuando, para cumplir un deber, he emprendido un viaje tan largo y tan peligroso!» (Condesa de Merlin, 2006: p. 67). Sólo hay un viaje que tiene razones de estado[1], es el de la infanta Eulalia, que firma de esta guisa la carta número 14 dirigida a su madre, la reina Isabel II: «...el primer soldado que está en filas al servicio de la Patria es la que te besa la mano con respetuoso cariño.» (Eulalia de Borbón, 1893: p. 52).

Aunque tienen propósitos y razones diferentes para realizar el viaje, todas comparten la necesidad de documentar sus propias experiencias. No es suficiente ir, ver y volver, hay que dejar testimonio. Irse y contarlo es otra forma de auto-emanciparse. Se convierten en protagonistas y productoras; por un lado, han escapado al imaginario cultural de lo femenino, lo privado y familiar pero, por otro lado, se posicionan en una dimensión de actoras expuestas en un presente inmediato por sus vivencias, y en un futuro próximo a través de sus escritos. Impregnadas de un espíritu romántico, recurren a aspectos de lo íntimo con detalles costumbristas y de orden doméstico para, a la vez, dar opiniones sobre asuntos sociales, económicos o a propósito del destino de la colonia, alejándose así de su rol femenino y mostrándose como claros exponentes de las ideas reformadoras del Siglo de las Luces francés.

Las cuatro sentían verdadera fascinación por Cuba. Todas habían oído hablar de las riquezas y la belleza de la *Perla del Caribe*, no sólo en

---

[1] En 1893 la Reina Regente María Cristina y Cánovas del Castillo —jefe de estado— encomendaron a Eulalia que representase a la Corona en un viaje oficial a Cuba, Puerto Rico y Estados Unidos con motivo de la celebración en Chicago de una exposición universal que celebra el cuarto centenario del descubrimiento de América. Allí acudió con su esposo: Alfonso de Orleans. El viaje duró 80 días aunque en Cuba sólo estuvo una semana. La infanta se ganó la simpatía de sus anfitriones gracias a sus maneras y a su interés por lo que veía. Hasta el día de hoy es el único miembro de la casa real española en haber viajado a Cuba en viaje oficial.

Europa sino también en los Estados Unidos en los que Fredrika Bremer y Louise Bourbonnaud pasan una larga temporada antes de embarcar hacia Cuba. Como la duración de cada estancia es diferente, sus experiencias resultan difícilmente comparables.

Una vez en la isla, todas se relacionaron con familias de las élites y la alta sociedad colonial. Si exceptuamos a la Condesa de Merlín a quien le espera su tío, el Conde de Montalvo, las otras viajeras son acogidas por anfitriones criollos o extranjeros que las reciben como si fueran miembros de su familia. Se pasean, visitan lugares de interés, aprenden, descansan, disfrutan en fiestas y cenas. Sin aparentes ataduras familiares (la Condesa de Merlín y Louise Bourbonnaud son viudas, Bremer es soltera y Eulalia viaja con su esposo) se desplazan con naturalidad mostrando su saber estar y una gran capacidad de adaptación. Fredrika Bremer fue la que más se aventuró pues estuvo más en contacto con esclavos y libres negros, acompañada por sus anfitriones blancos. Sin embargo, no debió resultar fácil la comunicación ni para la Sra. Bremer ni para Louise Bourbonnaud ya que ninguna de las dos hablaba español.

1. Condesa de Merlin, estancia en 1840

María de las Mercedes Beltrán Santa Cruz y Cárdenas Montalvo y O'Farrill (La Habana, 1789-París, 1852) procede de una familia aristocrática cubana, vivió en la isla hasta los doce años, después se fue con su familia a Madrid. En 1811 se casó con un general de Bonaparte —Antoine Christophe— convirtiéndose en Condesa de Merlin. Acude a algunos salones y tertulias de aristócratas donde se codea con lo mejor de la sociedad madrileña, conoce a escritores, políticos y artistas afrancesados como Moratín, Quintana o Goya. El levantamiento contra los franceses y el derrocamiento del rey José Bonaparte les hace huir a París. En su nueva patria comparte inquietudes intelectuales con la alta sociedad parisina. Organiza una tertulia frecuentada por Rossini, Musset, Chopin, Balzac y George Sand, entre otros. Con 51 años, viuda, regresa a Cuba. Escritora de éxito, la cubana se dedicó fundamentalmente al género biográfico y a las memorias.

Su «Viaje a la Habana», edición de Madrid[2] de 1844 está compuesto por dos dedicatorias y 10 cartas en las cuales invoca a su hija Teresa o a diferentes amigos.

Las razones de este viaje aparecen ya en las primeras líneas de su dedicatoria al Capitán General O'Donnell en 1844:

> Permitidme, General, que ponga bajo vuestra égida protectora esta obra concebida por el sentimiento patriótico de una mujer. Me la ha inspirado el único y ardiente deseo de ver feliz a mi patria. Al descubrir sus males a la Metrópoli, al indicar los remedios que deben oponérseles, apelo a vuestra alma generosa. (Condesa de Merlin, 2006: p. 23).

No duda la Condesa en atribuirse una importancia y un rol diplomático que nos sorprende por pretencioso. Notamos el ensalzamiento de su patria, de los valores cubanos frente a los de España y Francia, signo evidente de un sentimiento romántico y nacionalista que denota su interés en ponerse al servicio de Cuba, enseñar al mundo detalles sobre esta isla poco conocida en Europa. Afirma que Francia, a la que califica de su «*mère adoptive*», no ha cambiado ni reducido el amor que siente por su tierra de origen; expresa su gran emoción por volver a Cuba y está loca de alegría por este reencuentro. «La sola propiedad incontestable del hombre debe ser ésta, la patria». (Condesa de Merlin, 2006: p. 69).

En La Habana vive en casa de su tío, el conde de Montalvo, a quien la Condesa adorna en su descripción con todo tipo de virtudes. Los Montalvo, ocupados en gran número de negocios públicos, disfrutan de una acomodada situación dentro de la élite cubana. Se trata de una familia ya que tiene más de 100 negros para su servicio y otros 800 esclavos sobre los que «tiene que velar». Nos narra el día a día de las familias aristocráticas criollas, poseedoras de haciendas y plantaciones, cuyo poder e influencia son innegables a todos los niveles. Rodeada de parientes, amigos y antiguos criados de la familia, se emociona al recibir cariño y regalos o cuando evoca los sirvientes y ayas que tuvo en su infancia. Habla de sus ocupaciones diarias: escribir, interpretar música,

---

2 Hubo ediciones en francés y español aparecidas en 1844 en Madrid, La Habana y París. La Condesa pone y quita cartas en función del país en el que las edita. En la versión francesa en la que hay 36 cartas, apéndices aclaratorios y otros documentos, muestra un deseo de reformismo político. Las grandes diferencias en las ediciones promueven un amplio debate entre los críticos aún en la actualidad.

visitar a sus conocidos, pasear en volanta[3] a la caída de la tarde, asistir a las concurridas reuniones, fiestas y bailes donde alternan españoles y criollos de la buena sociedad. Se queja del calor excesivo; de los implacables mosquitos y del lamentable estado de caminos y carreteras debido a las fuertes lluvias. Numerosas evocaciones sobre los lugares que visita: el puerto[4], la ciudad, sus monumentos, con afirmaciones poco acertadas como la que sigue:

> Cuba no tiene historia, no tiene escudo de armas; no tiene más que un árbol gigantesco y las cenizas de Colón; tal pensaba yo ayer al contemplar un templete cubierto de olas de polvo que hay en un rincón de la Plaza de Armas. (Condesa de Merlin, 2006: p. 92).

La condesa de Merlin menciona la inseguridad de la capital hasta que el Capitán General Tacón[5] se ocupó de acabar con ladrones, bandoleros, asesinos y rebeliones de negros. Esta queja ya no se evidencia en las otras viajeras ni en los años posteriores debido a que las calles de La Habana están muy militarizadas por el ejército español. También relata brevemente las fugas de negros perseguidos por hombres y perros de una raza muy temida. Su mención no pasa de ser anecdótica y descriptiva:

> Cuando se deserta un esclavo, conduce el mayoral un perro al bohío o cabaña del fugitivo, y aplica a las narices del mastín cualquiera de las prendas del negro. A veces suele trabarse un combate entre el negro y el perro; pero este último lleva siempre la ventaja, y aunque sea herido, no suelta su presa (Condesa de Merlin, 2006: p. 82).

3   Carruaje de cuatro ruedas, con dos asientos y un pescante, empleado para el transporte de pasajeros. *Diccionario del español de Cuba*, Gredos, Madrid, 2000. Las damas de la alta sociedad habanera solían pasear en ellos por la tarde, vestidas con sus mejores galas, para ver y ser vistas.
4   El puerto de La Habana servía de base y punto de apoyo para los navíos españoles en sus idas y vueltas del continente americano. Además su papel era estratégico y militar. Conectado con lo que hoy es Campeche, Luisiana, Florida, Caracas, Cartagena, las islas Canarias y el puerto de Cádiz, el intercambio de mercancías es constante y durante la primera mitad de siglo la demanda de productos agrícolas y ganaderos no paró de aumentar para alimentar a tanta mano de obra. Su frenética actividad reúne a hombres de todos los colores y condiciones.
5   El autoritario y temido Capitán General Miguel Tacón (1834-1838), había resuelto, entre otros, el problema de la seguridad en La Habana mediante comisiones militares. También estableció una política de represión contra los autonomistas y el levantamiento del general Manuel Lorenzo, en 1836. Sin embargo, Tacón fue muy criticado por sus actos despóticos y su fomento del comercio de esclavos.

Sabemos que esta versión de su obra fue muy criticada por algunos intelectuales cubanos que consideraron los conocimientos, datos y juicios dados por la Condesa como fruto de su imaginación, de su «florida pluma» y, lo que es peor, sin veracidad ni interés alguno. Opina e informa sobre cosas más o menos triviales; va de lo público a lo privado dejándonos como «bocetos imprecisos» de una Habana del presente, mezclada con la suya del pasado y con otra ideal. Estos retazos nos confunden hasta tal punto que resulta complicado establecer lo que es cierto o inventado. La Condesa no tiene ningún escrúpulo en apoyar y defender los intereses de su «casta», a pesar de estar éstos en patente contradicción con la educación ilustrada recibida y con su experiencia de vida en Francia. La recuperación que la Condesa de Merlín hace de su pasado a través de la escritura nos muestra, una vez más, su actitud romántica, llena de imaginación y gusto por el exotismo; no exenta de un cierto complejo de superioridad debido a su «bagaje europeo» y a las condiciones de su casta. El lector contemporáneo lamenta leer una versión claramente edulcorada, empalagosa, frívola en estas cartas escritas en tono coloquial que más parecen un diálogo consigo misma y con sus recuerdos. Compartimos la opinión de muchos estudiosos que han considerado esta versión costumbrista y folclorista, sin rigor histórico. No asoman en su discurso los graves asuntos de política interna y externa de la colonia, ni el tema antiesclavista. Por un lado no quiere ponerse a mal ni con el gobierno español ni con las clases poderosas de la isla y, por otro, la esclavitud es una realidad incuestionable para la sacarocracia cubana quien, a pesar de los tratados firmados por el gobierno Español e Inglaterra[6] para acabar con la trata, no es capaz de imaginar el mantenimiento de la economía de la isla sin esa mano de obra negra. Esta clase, al que pertenece la Condesa, impone su discurso de nación, de sociedad, de economía y de política desde su posición de aristócratas y hacendados poderosos.

---

6   En 1817, presionada por Inglaterra, España se había comprometido a suprimir la trata en el plazo de 3 años. En 1833 Gran Bretaña promulga la abolición de la esclavitud en sus colonias, se llega a otro tratado hispano-británico en 1835 por el cual se declara abolido el comercio de negros por parte de España. La trata ilegal se desarrolló propiciada, sin lugar a dudas, por la Corona española; el Capitán General Tacón, la Reina Gobernadora María Cristina y su marido, el duque de Riansares recibieron grandes beneficios de ese negocio clandestino.

2. Fredrika Bremer, estancia en 1851

Fredrika Bremer nació en Finlandia en 1801, entonces provincia Sueca, en el seno de una familia adinerada de industriales. Cuando tenía tres años su familia se trasladó a Estocolmo. Realizó numerosos viajes por Europa. Escritora de renombre, se publicaron numerosas novelas y traducciones suyas. Considerada un espíritu romántico, fue además una feminista y antiesclavista militante que se dedicó a luchar por mejorar la condición de la mujer y de los marginados. No se casó y murió en Estocolmo en 1865.

De las cuatro, Fredrika fue la que más tiempo estuvo, tres meses; más lugares visitó: La Habana y sus alrededores: Guanabacoa, Matanzas, Cárdenas, San Antonio de los Baños y más profundamente analizó las relaciones y la forma de vida de los negros libres y esclavos. Sin conocimientos de lengua, cultura o costumbres, fue la que por su capacidad de observación y su gran compasión hacia los sometidos, más se interesó por la sociedad y la esclavitud. Tomando la capital como punto de partida realiza algunas escapadas al campo ya que sus frecuentes dolores de cabeza hacen que prefiera estar lejos del calor opresivo y de la forma de vivir trepidante de La Habana. Algunos hacendados la invitan a sus plantaciones e ingenios; fue la única que visitó una plantación de café y varias de caña de azúcar. Llega como una desconocida y, a los pocos días, se siente como una más de la familia:

> Los dueños de las plantaciones son muy hospitalarios y como la vida de las mujeres es bastante monótona, ven con gusto que vengan a visitarlos un huésped europeo para romper con la rutina de su vida diaria. (Fredrika Bremer, 1981: p. 121).

Pasar unos días en el seno del Ingenio Ariadna y del Ingenio Santa Amelia en la provincia de Matanzas le sirvió para darse cuenta de la vida en las plantaciones y de las condiciones de los esclavos. El ingenio no descansa más que 4 ó 5 horas por día ya que hasta por las noches oye los pasos de los esclavos que llevan a secar las cañas durante la época llamada «la seca» —de noviembre a abril. Nos confiesa sentirse muy deprimida cuando ve que los esclavos trabajan 19 horas por día durante más de 6 meses. Lamenta además, la actitud de violentos mayorales, sin apenas educación y demasiado rápidos en castigar con o sin razón. Muchos esclavos prefieren escapar y vivir como fugitivos

—cimarrones— en las montañas o en grutas[7]. En el imaginario de los hacendados es palpable el miedo a salir sin protección por los caminos y lugares inhóspitos por si les atacan las bandas de cimarrones. Bremer comenta también los frecuentes suicidios entre aquellos africanos que no consiguen aclimatarse, que han sufrido demasiado la separación, la muerte de sus seres queridos o que no soportan los castigos y la falta de libertad. Pone como ejemplo a los lucumíes[8]:

> Todos se habían atado el almuerzo en una faja alrededor de la cintura, porque los africanos creen que el que muere aquí resucita inmediatamente a una nueva vida en su tierra natal. Por ello, muchas esclavas colocan alrededor del cadáver de los suicidas el chal o el pañuelo que les es más querido: porque creen que así llegará hasta sus parientes en el suelo nativo, y les llevará un saludo de su parte. Se han visto cadáveres de esclavos cubiertos de centenares de prendas de esta clase. (Fredrika Bremer, 1981: p. 101).

Visita varias veces el barracón donde viven los esclavos y comprueba que se les trata como a ganado. En las plantaciones, aunque hay algunas mujeres y niños, la mayoría son hombres. No obstante, ambos sexos trabajan a destajo en los campos. Ve algunos que parecen llegados de África por el aspecto salvaje que presentan. Le enseñan incluso a reconocer a algunas «naciones» por los rasgos de la cara y por los tatuajes: congos, mandingas, fulas, carabalíes, etc. Sabemos que en los ingenios se propició la mezcla de naciones de distintas tribus para evitar las rebeliones. Según lo que vio afirma que los esclavos de los ingenios viven mucho peor que los de las ciudades.

Describe cómo son los dormitorios, la enfermería, la comida:

> Los hombres, viejos y jóvenes, con rostros oscuros y poco alegres, se reunieron para el almuerzo, compuesto de bacalao salado y de ñame, pan de maíz, plátanos fritos (una clase más basta de bananos), cerdo y un tipo de harina, de color amarillo pálido, servida en un gran cuenco cuyo nombre no pude saber, porque Cecilia hablaba un inglés muy defectuoso. El almuerzo era abundante, pero mal preparado y mal servido. En la comida había también carne cocida y frijoles negros con arroz, pero todo tan mal preparado, tan duro y tan poco apetitoso, que yo no pude comer nada del rebosante plato... (Fredrika Bremer, 1981: p. 68).

7   A partir de los años 1840 hay un aumento del cimarronaje y de las rebeliones de esclavos; frecuentes son las bandas de cimarrones que viven clandestinamente en los montes y los manglares, prefiriendo una precaria libertad, incluso la muerte, a la esclavitud.

8   Esclavos procedentes de la tribu yoruba en Nigeria.

Fredika también visita en el campo las chozas de algunos negros libres y asiste a sus ocupaciones cotidianas, relacionadas con el cultivo de pequeñas parcelas para alimentos de base: plátanos, ñame, batatas, boniatos, yuca, aguacates, papayas y a la cría de unos pocos cerdos y gallinas.

Mucho debieron de llamarle la atención los bailes organizados por negros libres porque pide que la lleven allá de donde proceden los sonidos de los tambores africanos que oye. Se sorprende de los instrumentos tan poco elaborados que utilizan: árboles, troncos, semillas; del gran ritmo y compás que tienen; de lo monocorde de los cantos. Esta vida alejada del ritmo impuesto por los hacendados le hace afirmar: «Cuba es a la vez el infierno y el paraíso de los negros». (Fredrika Bremer, 1981: p. 88).

Comprobó la gran diferencia de vida, trato, higiene, salud, costumbres, educación, etc. de los negros, según fuesen libres o esclavos, según trabajasen en campo o en de la ciudad, según las habilidades que poseyeran, según la magnanimidad de sus dueños, o el «humor» del mayoral. Los esclavos de las ciudades solían trabajan como caleseros, porteros, cocineros, artesanos, músicos; ellas como lavanderas, planchadoras, costureras. Sus tareas exigen menos esfuerzo, trabajan menos horas y los castigos también son menos severos. Cuanto más cualificados y hábiles, mayor podía ser el precio de compra-venta. Ser de una nación determinada o ser más claro de piel también mejora el precio y las condiciones de vida de los esclavos.

En las varias ciudades que visita, comprueba que hay muchos más negros libres que en el campo. Estos negros podían comprar su libertad o la de sus hijos por medio del trabajo o a través de la lotería: «Las leyes españolas de las colonias antillanas», «las leyes de las Indias», tienen algunas buenas y justas disposiciones a favor de los derechos de los esclavos negros y de su libertad, que los estados norteamericanos esclavistas están lejos de reconocer, ¡para vergüenza de ellos!... Aquí, los esclavos pueden comprar su libertad por un precio fijado por la ley en quinientos dólares, y existen jueces (síndicos) para proteger los derechos de los esclavos. Aquí, una madre puede comprar la libertad de su hijo antes de su nacimiento por quince dólares, y después de nacido, por el doble de esta suma. (Fredrika Bremer, 1981: p. 74).

Se pasea por la capital; le llaman la atención la arquitectura y la estructura de las calles; de las fortalezas y castillos. Le sorprende el calor opresivo que no parece afectar la belleza de las criollas, vestidas a la última moda francesa; la costumbre de fumar a cualquier hora, tan extendida entre todas las clases y razas. Interesada por la vida en todos sus aspectos, no duda en visitar el hospital de San Lázaro y la Casa de Beneficencia, hogar de centenares de niños huérfanos. La visita del cementerio también la lleva a darse cuenta de que ni siquiera la muerte es igualadora respecto al trato que se le da a los negros, ya que no se entierran en ataúdes, sino en tierra y cal viva para acelerar el proceso de descomposición y evitar las temidas epidemias.

Parece hacer un balance positivo de la isla y de la esclavitud respecto a lo visto en los Estados Unidos:

> Muchas cosas parecen haber mejorado durante los últimos años en Cuba, especialmente en lo que se refiere a la policía y a la seguridad de los individuos, tanto en la capital como en toda la isla... Durante mis paseos por La Habana he tenido siempre el placer de contemplar a la población negra, que me ha parecido más libre y más feliz que en las ciudades de los Estados Unidos. Aquí se ve, más a menudo que allí, a los negros y a los mulatos ejerciendo el comercio, y sus mujeres, por lo general, están muy bien vestidas y son elegantes. En las espléndidas calles se ven, no pocas veces, a mulatas con flores en el cabello y con sus familias, paseándose en una forma que denota bienestar y libertad. (Fredrika Bremer, 1981: p. 195).

Durante la Semana Santa; el domingo de Resurrección asiste a las procesiones en la Habana y asiste a reuniones en cabildos[9] de lucumíes y de gangas. Los esclavos se apropian y transforman algunos ritos para sus creencias y uso personal. A pesar de no dejar entrar a blancos le permiten entrar a ella y a sus acompañantes blancos. Bremer describe estos bailes con todo tipo de detalles en su carta del 12 de febrero: los monótonos cantos, los bailes de algunas parejas, la capacidad de los negros para improvisar. Estos bailes cumplen, entre otros, los roles sociales de diversión y sociabilidad por lo que los dueños son favorables a los bailes, aunque a partir de la Conspiración de la Escalera, en 1844, no se permitiría que los negros libres se juntasen o hicieran reuniones tan frecuentemente como antes, para evitar que pudieran volver a organizar rebeliones.

Se escandaliza, sin embargo, del gran nivel de corrupción y de desorden moral que reina en la isla, políticos e iglesia son cómplices de

---

[9] Los cabildos son organizaciones de sociabilidad de negros con variados fines; suelen reunirse en función del parentesco o por afinidad étnica. Se reúnen en días festivos para cantar y bailar. Reúnen fondos y forman una especie de sociedad de ayuda, diversión, de asesoramiento. Cada nación tiene el suyo.

la sacarocracia que posee en sí los peores vicios: autoritarismo, racismo, lascivia y son apoyados por la iglesia católica:

> He oído muchas quejas sobre la administración de la isla, sobre los monopolios, las injusticias, los robos cometidos en todas partes, tanto por los funcionarios como por los jurisconsultos. Se dice expresamente que devoran «la parte de las viudas y de los huérfanos». Sobre este punto he oído historias casi increíbles. Ahora se fijan muchas esperanzas en el nuevo gobernador general Concha[10], que fue enviado por España hace dos meses, y quien, según dicen, es un hombre bueno y honrado. El gobernador recientemente depuesto se hizo famoso por sus fraudes, que lo convirtieron en un hombre rico. Se cuenta que el clero es bastante poco religioso, que la mayoría vive en opuesta contradicción con sus votos, y se asegura que la religión... ha muerto. Sigue habiendo trata de esclavos, aunque ocultamente. La administración lo sabe, pero recibe treinta o cincuenta pesos por cada esclavo que es traído de África, cierra los ojos ante el tráfico y hasta lo favorece, según se dice. (Fredrika Bremer, 1981: p. 33).

Fredrika imagina que un día la esclavitud desaparecerá en esta isla que le parece, si la esclavitud deja de existir, un paraíso:

> Pero —me dirás— ¿y los esclavos, la esclavitud en torno a ese Edén? Sí, lo sé. La esclavitud desaparecerá y las cadenas de los esclavos caerán, mas la bondad de Dios y su gloria serán eternas. Viví aquí esa visión. El esclavo lo hará también un día. (Fredrika Bremer, 1981: p. 36)

3. Louise Bourbonnaud, estancia en 1889

Desconocemos las fechas exactas de su nacimiento y su muerte, pero sabemos que ambas tuvieron lugar en París. Louise se casó muy joven con Etienne Bourbonnaud, empresario de la construcción y colaborador del barón Haussmann. En 1875, su marido murió y, a partir de entonces, ella dedicó su vida y su fortuna a viajar y a extender la influencia de la cultura

---

10 Los capitanes generales y otros funcionarios confiaban en que su estancia en Cuba les permitiría ganar una buena fortuna. El Gobernador General José Gutiérrez de la Concha, (Córdoba- Argentina 1809, Madrid 1895.), lo fue en tres ocasiones: 1850-1852, 1854-1859 y 1874-1875. Tuvo que hacer frente a la gran inestabilidad sociopolítica de la isla, a numerosos casos de corrupción y a brotes independentistas. También tuvo que gestionar la Guerra de los Diez Años (1868-1878). Todo esto lo desacreditó. Escribió *Memoria sobre la guerra de la Isla de Cuba*, 1875.

francesa por el mundo. Escritora, artista, filántropa, fue miembro de la Société Géographique de París y de otras «Sociétés savantes».

Qué incansable viajera y qué espíritu tan inquieto el de esta dama de la alta burguesía que no puede sino recorrer el mundo para tener distracciones e instruirse. Sus relatos están sembrados de referencias a su difunto marido Etienne Bourbonnaud y de alusiones a la «*incurable pasión*» por el viaje que él le transmitió. A un primer recorrido por Europa, incluyendo España y el norte de África, seguirían otros 3 viajes por numerosos países del mundo, recorriendo un total de 180.000 km.

Pocas líneas —3 hojas— dedica esta mujer a su brevísima e imprecisa estancia en Cuba donde llega después de un largo viaje por Estados Unidos, contado, éste sí, con todo lujo de detalles. Probablemente Cuba no fuera sino una escala en su regreso hacia Europa y ni tuviera tiempo ni conocimientos suficientes para escrutar las costumbres y los modos de vida de las dos ciudades que visitó en la isla. No nos sorprende que nos dé breves retazos de La Habana o de Santiago de Cuba que más parecen la traslación de algo contado por los que allí conoció que lo realmente vivido por ella.

Siente Louise de Bourbonnaud como un aire de «déjà vu», la Habana se parecería a otras ciudades españolas por la estructura, la arquitectura de sus edificios e incluso por la forma de vestir de las mujeres de buena clase que usan «*llamativas mantillas*», recordándole a las que se llevaban en la península ibérica. Sin embargo reprocha, como en otras ciudades de América, la falta de limpieza de las calles lo que, según ella, son la causa de enfermedades y epidemias. Habla de la costumbre de cubrir algunas calles estrechas del centro, de lado a lado con grandes toldos, para evitar que el sol abrase en las horas de mediodía. También evoca la curiosa forma de enterrar a los muertos en una especie de nicho o caja en paredes horizontales del cementerio; o de la costumbre de fumar a todas horas y en cualquier lugar, que todo el mundo tiene, incluidas las mujeres. En efecto, la Habana era, en esos años una ciudad muy evolucionada arquitectónicamente, con infraestructuras dignas de cualquier ciudad europea y con un nivel de vida muy alto. Su estancia en capital, de por sí breve, se ve reducida al dejarse convencer por un compañero de travesía para realizar un corto circuito por Santo Domingo, Jacmel (Haití) y Santiago de Cuba. Su segunda escala en la isla debió ser más una parada técnica, como lo confirman las gestiones y visitas que realizó en Santiago: la oficina de la Société Transatlantique y al Cónsul de Francia. Se regocija con la belleza de la bahía y del entorno montañoso de la ciudad oriental. Evoca el castillo del Morro como antigua fortaleza, hoy cárcel y la catedral. Sin más sigue rumbo hacia «les Petites Antilles».

Pero hay dos comentarios hechos por Mme Bourbonnaud y que merecen ser reseñados.

El primero se refiere a la codicia que la isla sigue provocando en los Estados Unidos:

> Il est deux heures quand nous arrivons en vue de la capitale de l'île. Cuba qui appartient encore aux Espagnols, mais on dit leur possession menacée, les Etats-Unis ayant le plus grand désir de s'approprier Cuba. En effet cette Reine des Antilles avec ses mines d'or, de fer, de cuivre, d'aimant, ses baies, ses ports nombreux, ses superbes forêts, serait un riche joyau bien propre à tenter la cupidité des gens que pour mon compte j'ai toujours trouvés avares et d'une probité qui m'a semblé souvent douteuse.[11] (Louise Bourbonnaud, 1889: p. 146).

Sabemos que desde la primera mitad del siglo XIX, los Estados Unidos soñaban con anexionarse o con comprar esta isla. Cuba era la colonia más rica de todas gracias a la producción del azúcar, el café y el tabaco. Muchos plantadores estaban de acuerdo con esta idea porque así se aseguraban un mercado potencial, ya que España no era capaz de absorber toda su producción ni de mantener una economía basada en la esclavitud. Por una parte, Estados Unidos había extendido su influencia por los países limítrofes y las Antillas; no olvidemos que se habían apropiado de la mitad del territorio de México en 1848, después de una guerra y de la firma del Tratado de Guadalupe Hidalgo. En 1840 el presidente Polk presentó una oferta de compra por Cuba de 100 millones de dólares; en 1854 sería el presidente Pierce el que hizo otra oferta, rechazada por el gobierno liberal de Madrid. Una década más tarde, la posibilidad de anexionar Cuba a Estados Unidos debió ser desechada, desilusionando a numerosos hacendados, como consecuencia de la derrota del Sur y su ideología esclavista en la Guerra de Secesión. Por otra, España estaba viviendo un periodo de gran confusión política, y una grave crisis económica generada,

---

11 «Son las dos cuando llegamos a la capital de la isla. Cuba pertenece todavía a los españoles, pero se dice que su posesión está amenazada por los Estados Unidos que tienen un gran deseo de apropiarse de Cuba. En efecto esta Reina de las Antillas con sus minas de oro, de hierro, de cobre, de imán, sus bahías, sus numerosos puertos, sus magníficos bosques, sería una rica joya que despierta la codicia de la gente que yo, desde siempre, he considerado avaros y de una honradez que me ha parecido siempre dudosa». Traducción del autor del estudio.

entre otras razones, por las guerras carlistas. Hubo pues otros intentos de conspiraciones instigados también por países recién independizados del continente americano para los que Cuba, colonia española aún, era una amenaza.

La segunda afirmación nos resulta algo equívoca ya que afirma que todavía hay esclavos en Cuba. Teniendo en cuenta que la esclavitud había sido abolida en la isla en 1886; imaginamos que se trata de un error de interpretación o de comprensión de su parte:

> L'Espagne, plus arriérée que les autres nations Européennes sur le chapitre de la liberté, garde encore des esclaves à Cuba, cependant la ville capitale de l'île, très peuplée, possède des rues, des trottoirs, des maisons, des églises qui indiquent un pays civilicé.[12] (Louise Bourbonnaud, 1889: p. 147).

4. Eulalia de Borbón, estancia en 1893

Hija menor de Isabel II y de Francisco de Asís de Borbón, (Madrid, 1864-Irún, 1958). Al fallecer su hermano Alfonso XII, en 1886 se casa, en contra de su voluntad, con Antonio de Orleans y Borbón. Tuvo dos hijos. De carácter independiente y rebelde se separó de su marido en 1900. Viaja a Cuba en 1893. Fue autora de varias obras, algunas con seudónimo ya que se prohibieron en España por el carácter modernista y feminista de las mismas.

Antes de emprender su viaje, Eulalia se documenta sobre la situación en la isla a través de diarios españoles de Cuba y de entrevistas con cubanos residentes en la metrópoli; la misión que le encomienda Cánovas es: «…calmar los ánimos cubanos y llevar la promesa de la Reina Regente de atender las demandas de la isla.» (Eulalia de Borbón, 1935: p. 122).

Entró Eulalia al puerto de La Habana el 8 de Mayo de 1893. Dado el carácter oficial de la visita de la Infanta y su posición salieron a recibirla, con gran pompa, las máximas personalidades de Cuba: el Capitán

---

12 «España más retrasada que las otras naciones europeas en lo que se refiere a la libertad, mantiene todavía esclavos en Cuba, sin embargo, la ciudad capital de la isla, muy poblada, tiene calles, aceras, casas e iglesias que indican que estamos en un país civilizado.» Traducción del autor del estudio.

General, el Alcalde, una comisión del Ayuntamiento, así como lo mejor de la alta sociedad habanera, como menciona en la carta del 8 de Mayo. Sin quererlo provocó un pequeño incidente diplomático, según cuenta en sus Memorias. Vestida con un traje hecho en París (azul celeste, con unos bordados blancos y una cinta de terciopelo rojo), el capitán le advirtió:

> Vuestra Alteza no puede desembarcar vestida de esa guisa. Lleva, precisamente, los colores de los insurrectos cubanos, los colores rebeldes, la bandera misma de la Revolución. Bajó a tierra con el traje *«insurrecto»* lo que provocó una gran aclamación y aplausos entre los que la esperaban «mientras los compatriotas se preguntaban qué era aquello. (Eulalia de Borbón, 1935: p. 126).

Muy pocos cubanos son, a esas alturas del siglo, partidarios de seguir fieles a la corona; la mayoría piensan que Cuba debería independizarse. En la isla hay un gran malestar político que se arrastraba desde mucho antes y que tiene múltiples razones. Sin entrar en ellas diremos que, ya en 1886, Carlos Manuel de Céspedes había dado «el grito de Yara», con el que se inició la Guerra de los 10 años y con el que se pretendía la independencia de Cuba basada en la igualdad de todos los hombres: blancos, negros, cubanos o españoles. Éste sería el primer paso para la abolición de la esclavitud; y eso es lo que, probablemente, sintió Eulalia al contacto de las gentes de Cuba. Lo que nos reporta en varias ocasiones son las quejas que recibe por parte de las clases altas, de los criollos de buenas familias y del pueblo en general. Irá incluso a decir que, en todos los niveles de la escala social observa el descontento en relación con la situación de colonia impuesta por España:

> En efecto, cada vez que trato someramente una cuestión colonial, ya no son entonces por todas partes más que quejas amargas, y a los alientos que doy con el fin de ganar a la opinión, se responde constantemente que España ha dejado durante demasiado tiempo a la Isla de Cuba en el olvido y que habría tenido que pensar mucho antes en ella. (Eulalia de Borbón, 1893: p. 43).

Eulalia, a quien han atribuido una doméstica negra para su servicio personal; se queja del calor insoportable que no la deja salir antes de las cuatro de la tarde, del sudor constante y de los insaciables mosquitos, a la vez que le cuenta a su madre la cantidad de precauciones que le han enseñado a tomar para evitar la fiebre amarilla o el pasmo[13]. Sin embargo,

---

13   En el periodo entre guerras la presencia de enfermedades endémicas como la fiebre amarilla, el paludismo y las frecuentes epidemias de enfermedades altamente

la ciudad le seduce por su riqueza, su lujo y la elegancia europeos. No es de extrañar que los escasos siete días de viaje no dieran para mucho en lo que a visitas, recepciones, audiencias, bailes y acercamiento a la realidad cubana se refiere. Según sus palabras recibe varias delegaciones de lo que llaman «'gente de color'... es decir, de negros; de esos negros que, gracias a las leyes de emancipación dictadas en España, disfrutan, según su inteligencia, de una libertad que los hace iguales a los blancos de la Isla de Cuba.» (Eulalia de Borbón, 1893: p. 53).

A pesar de su corta estancia en la isla, se siente profundamente identificada con las ideas de independencia que le han trasmitido; se despide ensalzando la estrecha y profunda relación que experimenta por Cuba y por sus gentes: «Desde el jefe del partido autonomista hasta el último cubano, Cuba y yo, yo y Cuba hemos fraternizado de la manera más estrecha y amable.» (Eulalia de Borbón, 1893: p. 55).

5. Conclusión

Partiendo del emotivo reencuentro con su otra patria, con su infancia en el caso de la Condesa de Merlin, pasando por la sed de conocimiento y de igualdad que muestra Fredrika Bremer, siguiendo con la «visita relámpago» de Louise Bourbonnaud, para terminar con la triste constatación de Eulalia de Borbón que advierte de la pérdida inminente de Cuba; todas nos abren los ojos a una realidad bien distinta y cambiante durante estos 53 años de observación de la isla.

Mujeres de innegables cualidades que mostraron que el valor, el talento, la voluntad, o el patriotismo podían estar en ambos sexos. Testigos privilegiados de transformaciones poblacionales, de cambios políticos y económicos tan esenciales para el devenir de la nación cubana. Estas viajeras se sintieron profundamente marcadas por el encuentro con la isla

---

contagiosas como el tifus incidieron sobre los inmigrantes que llegaban a la isla, principalmente sobre los europeos quienes estaban poco adaptados a los rigores del clima tropical, lo que incremento la mortalidad.

y con su gente. Sus visiones tuvieron un eco y una influencia incontestable en sus contemporáneos que sintieron la lucha por la libertad de una raza y por la independencia de esta colonia española con numerosos matices: como una liberación, como un logro para la igualdad de los hombres, como una crisis de conciencia nacional o como una pérdida de protagonismo internacional, de seres humanos y de riquezas económicas.

Referencias bibliográficas

BOURBONNAUD, Louise (1889) *Les Amériques*, Paris, Imprimerie des Écoles Henri Jouve.

BREMER, Fredrika (1854) *Cartas desde Cuba*, Ciudad de La Habana, Editorial Arte y Literatura, (1981).

BRENOT, Anne-Marie Brenot (2008) Francisco Estévez, *El Rancheador, Journal d'un chasseur d'esclaves, 1837-1842*, París, Tallandier.

CALZADILLA, Pedro Enrique (2005) *Por los caminos de América en el siglo de las Luces*, Caracas, Fondo Editorial Trópykos.

CONDESA DE MERLIN (1844) *Viaje a la Habana*, Edición María Caballero Wanguëmert, Madrid, Verbum, (2006).

DE BORBÓN, Eulalia (1893) *Cartas a Isabel II, Mi viaje a Cuba y Estados Unidos*, Prólogo de Ángel Giménez Ortiz, Barcelona, Editorial Juventud, S.A.

—, (1935) *Memorias de Doña Eulalia de Borbón, ex infanta de España de 1864 a 1831*. Introducción de Alberto Lamar Scheweyer, de la Academia Cubana de Ciencias Sociales, Barcelona, Edición Juventud, S.A.

FORNÉS-BONAVÍA DOLZ, Leopoldo (2003) *Cuba Cronología: Cinco siglos de Historia, Política y Cultura*, Madrid, Verbum.

LÓPEZ VALDÉS, Rafael L. (2004) *Africanos de Cuba,* San Juan de Puerto Rico, Centro de Estudios Avanzados de Puerto Rico y el Caribe.

LUCENA SALMORAL, Manuel (1996) *Los códigos negros de la américa española*, Universidad de Alcalá, Ediciones Unesco.

MARRERO, Levi (1972), *Cuba, economía y sociedad*, Puerto Rico, Editorial San Juan.

Moya Pons, H; Thomas L.E; Aguilar, A.G. y otros. (2001) *Historia del Caribe*, Barcelona, Crítica.
Sarmiento Ramírez, Ismael (2004) *Cuba entre la opulencia y la pobreza*, Madrid, Aldaba ediciones.
VV.AA *Diccionario del español de Cuba*, Madrid, Gredos, 2000.

Voyage d'initiation et de mémoire historique dans *Tu le leur diras* (2005) et *Anya* (2007) de Clémentine M. Faïk-Nzuji

ANDRÉ BÉNIT

> Les Africains doivent écrire leur propre histoire [...]. Un peuple sans mémoire est un peuple sans avenir, qui vivra toujours dans l'indignité parce que se conformant à ce que les autres peuples veulent qu'il soit : récolter, sauver, conserver, tel est le devoir que nous devrions tous nous fixer (Faïk, 2006 : p. 26).

Ces paroles, prononcées à la suite de la publication de *Tu le leur diras*, ne sont-elles pas une bonne manière de résumer le projet de vie de Clémentine Faïk-Nzuji ? Fondatrice du CILTADE (Centre international des langues, littératures et traditions d'Afrique au service du développement) à l'Université catholique de Louvain-la-Neuve, auteure d'essais tels que *La puissance du sacré. L'homme, la nature et l'art en Afrique noire* (1993) et *Arts africains. Signes et symboles* (2000), cette femme, née en 1944 dans le Kasaï oriental (ex-Congo belge), n'a cessé en effet d'œuvrer à la récolte et à la sauvegarde de l'histoire et de la mémoire de ses ancêtres.

1. Tu le leur diras

En 2005, Clémentine Faïk publie un ouvrage qu'elle dédicace « À la mémoire de [s]es parents, Nicolas Kadima-Nzuji et Bernadette Mwauke, en hommage filial » : *Tu le leur diras. Le récit véridique d'une famille congolaise plongée au cœur de l'histoire de son pays. Congo [1890-2000]*.

La couverture présente une photo de Bernadette Mwauke qui vient d'offrir des fleurs à la reine Elisabeth, en visite avec le roi Albert 1er à Luluabourg Saint-Joseph, le 8 juillet 1928. Quant au quatrième de couverture, outre qu'il contient une notice bio-bibliographique – il y est précisé que Clémentine Faïk est mère de cinq enfants – et signale au lecteur qu'il a entre les mains l'histoire de « quatre générations sur la terre du Congo », il reproduit deux citations éloquentes. La première est attribuée à son père :

> Un lopin de terre, une maison peut vous dresser les uns contre les autres. L'unique héritage que nous vous léguerons sera dans votre tête et dans votre cœur. Avec ça, vous pouvez aller partout dans le monde et garder votre dignité.

La deuxième, à sa mère :

> Tu raconteras à mes petits-enfants ce que je raconte aujourd'hui ! Tu leur diras que c'est moi, Mwauke, fille de Madimba et de Madiya, leur grand-mère, qui parle. Tu leur diras que, pour conquérir ma dignité d'être humain, j'ai dû passer par beaucoup de souffrances, j'ai beaucoup travaillé, je n'ai pas tendu la main… Tu leur diras combien il est dur de conquérir sa dignité d'être humain.

A la fin des années 1990, quelque dix et vingt-cinq ans après le décès de sa mère et de son père, Clémentine Faïk réécoute des récits parentaux qu'elle a enregistrés sur cassettes et dont le plus ancien remonte à près de trente-cinq années. Les paroles de sa mère, lors d'une conversation qu'elles eurent en 1980 à Niamey (au Niger) : « Tu raconteras à tes enfants tout ce que je suis en train de te raconter maintenant ! Tu leur diras que… », lui font prendre conscience qu'elle est engagée « dans une chaîne de transmission » et que la mission qui lui fut ainsi confiée consiste à « accomplir ce devoir de mémoire » (Faïk, 2005 : pp. 15-16). Au cours de leurs rencontres, sa mère ne lui répète-t-elle pas qu'en lui relatant ses souvenirs, loin de vouloir raviver d'anciennes blessures ou rancunes, elle n'a d'autre but que de la renseigner sur les réalités de la vie, dans l'espoir qu'à son tour, Clémentine devienne la dépositaire d'un fragment de leur histoire ? « Il est bon de savoir ce qui s'est passé afin d'éviter que cela ne se reproduise. La connaissance nous protège de la souffrance » (Faïk, 2005 : p. 32), confiera-t-elle à sa fille dont la curiosité ira croissant: « Ce que tu me racontes fait partie de la vie, maman, c'est comme un enseignement. On peut en parler. Ce ne sont pas des choses à cacher » (Faïk, 2005 : p. 151).

Bien entendu, le projet initial a évolué. Si l'intention de l'auteure était, au départ, de rédiger un document en hommage à la mémoire de ses parents – à partir de leurs paroles enregistrées à différentes étapes de leur vie[1] –, l'idée lui vint ensuite de compléter leurs voix avec celles

---

1   En 1969, à Kinshasa, pour son père ; entre 1969 et 1989, à Kinshasa et Niamey, pour sa mère.

de Congolais et de Belges qui les connurent à un moment ou à un autre de leur existence. C'est dire, insiste-t-elle, qu'il s'agit de simples tranches de vie d'hommes et de femmes que les hasards de la vie ont convertis en témoins ou acteurs de mutations décisives de leur société et de leur temps.

La première partie de l'ouvrage, celle qui retient davantage notre attention, rassemble donc les seules paroles enregistrées des parents de l'auteure.

Les récits paternels couvrent une période assez courte : une trentaine d'années, de 1908, l'année de la naissance de Nicolas – c'est l'époque de la fondation des Missions d'évangélisation au Kasaï –, à 1938, lorsqu'en compagnie de sa femme et de leur premier enfant, il rejoint Léopoldville pour y suivre des études médicales.

Évoquant ses jeunes années, Nicolas Kadima-Nzuji se souvient notamment de la mort de sa mère en couches, à 35 ans, en 1920, et de quelques évènements en rapport avec ce décès, telle l'histoire mystérieuse des « jarres brisées » que certaines personnes interprétèrent, selon leurs croyances, comme une manifestation de mécontentement de la morte : « On l'a envoyée trop tôt dans le monde des esprits, elle revient elle-même casser des récipients... » (Faïk, 2005 : p. 40).

D'autres histoires méritaient d'être retenues, telle celle, légendaire, de la « Colline de Kapinga-Ngombe » (Faïk, 2005 : pp. 43-44), du nom d'une redoutable guerrière enterrée vivante afin de sceller par un sacrifice humain un pacte de paix entre des clans et des familles qui s'entretuaient sans raisons réelles, pour des terres ou suite à des rancunes accumulées depuis des générations et dont plus personne ne connaissait l'origine. A cet endroit poussa un arbre immense au pied duquel se négociaient les traités de paix et, disaient certains, se réunissaient les sorciers de la région ! Profitant de la crainte inspirée par ce lieu, les missionnaires y installèrent en 1908 l'école primaire de Demba ; mais l'année suivante, au grand effroi de la population, ils firent abattre cet arbre en raison des croyances païennes qu'il entretenait. Dès cet instant, les pires malheurs s'abattirent sur la région: « noyade, maladies, décès inopinés, tornades meurtrières..., jusqu'au jour où la foudre est tombée à l'endroit exact où se dressait jadis l'arbre » (Faïk, 2005 : p. 44). Cette histoire, Nicolas l'entendit raconter à la Mission catholique de Demba où il passa son enfance et sa vie de jeune adulte. Plus loin, il évoque les rancunes qui divisèrent sa propre famille suite, notamment, à l'agression de son grand frère André contre Bernadette, pour des motifs divers de jalousie.

Les récits maternels, qui constituent le nœud de l'ouvrage, couvrent une période nettement plus longue puisque les événements les plus anciens remontent au XIXe siècle, à l'époque de la terreur esclavagiste, et les plus récents à l'immédiate post-indépendance du Congo.

Sans doute consciente de l'occasion qui lui est fournie par sa fille de parler à cœur ouvert de l'histoire de sa famille, de son ethnie et de son pays, Bernadette Mwauke offre un témoignage d'une grande richesse et diversité.

Parmi les très nombreuses anecdotes familiales, heureuses ou dramatiques, nous retiendrons la rencontre de Bernadette avec son mari ; leurs études, lui comme assistant médical, elle comme accoucheuse ; les conflits familiaux ; leur vie d'errance et leurs déménagements (en raison des affectations de Nicolas ; de leur désir de scolariser leurs enfants dans leur langue, le ciluba, ainsi qu'en français ; ou des conflits tribaux)…

Parmi les évènements historiques, dont certains auront un impact direct sur la vie de leurs ancêtres ou sur la leur, retenons les razzias des esclavagistes arabes qui obligèrent leurs aïeux Baluba à fuir vers l'ouest de leur région d'origine (le Kasaï oriental) et à chercher refuge dans les Missions (telle la Mission de Mikalayi) situées en territoire luluwa ; l'implantation coloniale et missionnaire ; la mobilisation des soldats congolais pendant la Seconde Guerre mondiale et la mutinerie conduite en 1944 par le sergent major Mukàlamushi ; les relations professionnelles, parfois très tendues, entre les AMI (assistants médicaux indigènes) et les soi-disant médecins blancs (souvent de simples agents sanitaires) ; l'exposition universelle de Bruxelles en 1958 à laquelle Nicolas Kadima se rendit comme représentant du Département de la Santé ; la lutte pour l'indépendance du pays ; la période de confusion qui s'ensuivit, car les grandes puissances extérieures, afin de défendre leurs intérêts économiques, incitèrent les régions minières du Katanga et du Kasaï à proclamer leur indépendance et à se comporter en autorités politiques autonomes ; le conflit tribal entre les Luluwa et les Baluba, qui éclata lors de la demande d'indépendance du Kasaï et obligea les Baluba de Luluabourg et du Katanga à regagner le Sud de la province du Kasaï, leur région d'origine où ils furent traités d'« immigrés » ou de « réfugiés » par les natifs ; les événements qui ensanglantèrent le Sud-Kasaï, telle la sécession proclamée en août 1960 par Albert Kalonji et qui déboucha sur le génocide lumumbiste ; les hostilités tribales entre les Baluba de l'Aval (partisans de Kalonji) et ceux de l'Amont (partisans de Joseph Ngalula), des luttes intestines qui causèrent d'énormes dégâts aux peuples du Kasaï et eurent de fâcheuses conséquences pour la famille Kadima-Mwauke[2].

Parmi les quelques « curiosités » que recèle ce témoignage, relevons, dans le domaine anthropologique, les pratiques cannibales ; le rituel de « substitution » des morts pratiqué par les Baluba et d'autres ethnies ; les thérapies ritualisées proposées, dans les régions luba et luluwa, aux femmes faisant des fausses couches à répétition ; les normes à suivre en cas de deuil d'un parent ; la pratique de compression du crâne des nouveau-nés afin d'allonger leur tête ; les pratiques onomastiques...

Bien que, dans son « Avant-propos » intitulé Paroles mosaïques, Clémentine Faïk se défende d'avoir voulu mener une enquête sociologique ou élaborer un document historique ou ethnologique, cet ouvrage de polyphonie mémorielle constitue bien plus qu'une simple chronique familiale. De par la qualité des témoins et le rôle que ces acteurs ont joué dans la modernisation du Congo, de par la quantité et la variété des informations qui y sont recueillies et qui concernent maintes facettes de la vie des autochtones, il s'agit indéniablement d'une contribution originale (loin d'une mémoire officielle sur mesure) à l'histoire et à la culture congolaises, de l'époque coloniale à la période de l'indépendance.

Parmi les « leçons de vie » reprises dans la dernière partie du témoignage maternel (mais l'ouvrage n'est-il pas, d'un bout à l'autre, une somme de leçons de vie ?), il en est une qui, reposant sur une expérience personnelle, parle de « la valeur de l'amitié » :

> C'est pourquoi je vous le dis et le répète sans cesse : si tu lies amitié avec des gens importants, compte aussi parmi tes amis des petites gens. Ne dis jamais: « Celui-ci n'est pas de mon niveau. Il est sans importance. » Non! Considère-le comme un ami à part entière. Un jour, il te viendra en aide et, si ce n'est pas toi, ce sera à ton enfant, en souvenir de toi (Faïk, 2005 : p. 185).

2 Après avoir dû quitter, en 1960, Luluabourg dans le Kasaï occidental, leur terre natale où ils étaient revenus s'installer en 1952 avec l'idée d'y rester jusqu'à la fin de leurs jours, Nicolas Kadima et Bernadette Mwauke rejoignirent Bakwanga, dans le Sud de la province du Kasaï, leur véritable région d'origine, celle que leurs aïeux Baluba avaient abandonnée, fuyant la « guerre des négriers ». Nommé ministre de la Santé du gouvernement de l'« État autonome du Sud-Kasaï » présidé par Kalonji, Nicolas Kadima, au dire de son épouse, tentera en vain de réconcilier les frères ennemis ; à la suite d'un complot ourdi par Kalonji qui l'accuse de vouloir fonder un parti politique démocrate en compagnie de Ngalula, Nicolas sera arrêté et enfermé durant treize mois, d'août 1961 à septembre 1962, dans une prison souterraine appelée Tshimboteelu, avec d'autres prisonniers politiques.

Dans l'épilogue, s'adressant à ses défunts parents, Clémentine leur exprime sa reconnaissance, ainsi que celle de leur descendance, pour les principes qu'ils leur ont inculqués:

> L'héritage intellectuel et spirituel, l'humanisme et l'ouverture au monde que vous nous avez légués vous gardent vivants dans tous les moments importants de nos vies. C'est un héritage qui n'a pas de prix et dont la valeur réelle apparaît avec autant d'acuité à cette époque où, quel que soit le pays, le continent où l'on vit, les repères disparaissent, remplacés par le désarroi (Faïk, 2005 : p. 342).

Pour mieux jauger l'empreinte laissée par cet héritage, elle donne ensuite la parole à quelques-uns de ses frères et sœurs (elle est la septième de quinze enfants) afin qu'à leur tour, ils témoignent des valeurs dont ils se sentent redevables à leurs géniteurs. Citons-en trois brefs extraits:

> Ses derniers conseils [de sa mère] allaient tous dans le même sens, celui de préserver l'entente entre nous et de rester, quoi qu'il arrive, solidaires et unis (Catherine, in Faïk, 2005 : p. 346).

> J'ai toujours admiré la manière qu'avait papa de concilier les choses. Il était à la fois moderne et traditionaliste. [...]. il nous disait de nous approprier tout ce qui pouvait enrichir notre humanité, quelle qu'en fût l'origine (Henriette, in Faïk, 2005 : p. 346).

> Parmi les mille et une choses qui portent l'empreinte de papa dans ma vie personnelle, un proverbe me poursuit partout : « Mieux vaut que l'aîné possède ses propres biens, et que le cadet possède aussi les siens, afin que la fraternité soit sincère et perdure. » [...] Il nous disait souvent : « Soyez solidaires mais non dépendants » (Angèle, in Faïk, 2005 : p. 349).

Ces témoignages pourraient être complétés par d'autres. C'est ainsi que, dans les Mélanges offerts à Clémentine Faïk-Nzuji en 2008, son frère Mukala signale que, contrairement aux traditions bien établies dans maintes familles africaines, ses frères et sœurs apprirent dès leur bas âge qu'aucune distinction ne doit être faite entre les enfants issus des mêmes parents, que garçons et filles ont des droits et des devoirs similaires:

> Vous êtes tous sur un pied d'égalité. Nous vous donnons la même éducation et les mêmes chances de réussite dans la vie, il ne faudra pas qu'un jour l'un d'entre vous soit amené à vivre aux dépens de l'autre (Kadima-Nzuji, 2008 : p. 31).

Ce précepte parental n'explique-t-il pas le cheminement personnel de Clémentine Faïk ?

Plus loin, rappelant les deux questions fondamentales qui articulent les travaux de recherche de sa sœur: « Qui suis-je ? D'où suis-je venue ? »:

> La première question est d'ordre identitaire. On sait qu'en Afrique on est rarement soi. On est toujours fils de... ou fille de... ou enfant de... On est toujours identifié par rapport à l'autre. Cet autre peut être le père, la mère, le grand-père, le village natal ou d'origine. En somme, l'individu n'acquiert un statut social qu'en s'inscrivant dans une généalogie. [...] Clémentine s'interroge sur sa propre généalogie.
>
> La seconde question l'amène non seulement à la reconstituer patiemment, mais aussi et surtout à sonder le passé pour en faire émerger la figure de l'ancêtre commun (Kadima-Nzuji, 2008 : pp. 34-35).

Il indique que ce travail est loin d'être fini, car, comme elle l'écrit elle-même, chaque voyage au Kasaï, chaque rencontre avec un membre âgé de la famille sont « une occasion soit d'apporter des corrections sur les données antérieures, soit de remonter davantage dans l'histoire familiale » (cité par Kadima-Nzuji, 2008 : p. 35).

2. Anya, sur les traces de Clémentine

N'est-ce pas en réalité un objectif fort proche, voire identique, que poursuit Anya lorsqu'elle décide de se rendre en Afrique ?

Anya relate le voyage au pays natal d'Anya Mukàbà. Originaire de la région d'Olol (toponyme signifiant « parole »), cette femme d'une bonne quarantaine d'années, dont le nom signifie « Tiens bon ! » et qui réside en Belgique depuis fort longtemps, ressent, en ce début de XXIe siècle, le besoin de retourner parmi les siens afin d'y trouver des clés lui permettant de décoder les rêves angoissants et les visions mystérieuses qui l'assaillent depuis plus de vingt ans. Dans le village de ses ancêtres, Kalunga (« ce qui relie »), à une centaine de kilomètres de la capitale de province Miji (« racines »), elle fait la connaissance du benjamin de ses oncles paternels : Ngoÿ Mushìya, alias Vùlukà. Avec ce sage octogénaire, hanté lui aussi par d'anciens rêves et cauchemars dont, en fin oniromancien, il tente de percer le mystère, Anya entreprend une descente riche d'enseignements et de découvertes dans leur passé familial et ethnique mouvementé.

Comment résister au plaisir de lire cette odyssée mémorielle comme une proposition de suite fictionnelle à Tu le leur diras ? Nombreuses sont en effet les voix qui, présentes dans la chronique historico-familiale, résonnent avec force dans ce roman pseudo-autobiographique que l'auteure dédie d'ailleurs à sa fille Gaëlle Marie Ndaya ? Au point que l'on serait tenté de dire que la lecture du « récit véridique » s'impose comme une sorte de prolégomènes à la bonne compréhension du « roman initiatique ». Dans la suite de cette étude, nous rapprocherons donc ces deux ouvrages pour en relever quelques-uns des échos intertextuels.

Parmi les nombreux sujets historiques abordés dans Tu le leur diras, il en est un particulièrement interpellant pour les lecteurs belges, à savoir la participation, au cours de la Seconde Guerre mondiale, des troupes de la Force publique congolaise, pour le compte de la métropole, aux campagnes d'Abyssinie, du Moyen-Orient et de l'Extrême-Orient ; en note, Clémentine Faïk indique qu'en souvenir des victoires qu'elles remportèrent à « Assossa, Gambela, Mahenge, Saïo et bien d'autres villes d'Abyssinie », certains quartiers et rues de Léopoldville furent baptisés des noms de ces conquêtes (Faïk, 2005 : p. 118, n. 35). Dans cette même conversation, à Clémentine qui l'interroge sur la mutinerie dirigée par Mukàlamushi, Bernadette répond que, d'après ce que l'on disait à l'époque, à leur retour de ces pays où l'administration centrale les avait envoyés combattre pour les Belges, les soldats congolais refusaient d'être traités comme ils l'avaient été avant leur départ, raison pour laquelle ils se révoltaient.

Dès son arrivée à l'aéroport de Miji, Anya est confrontée à une tragédie, celle du manque de mémoire de la Mère patrie à l'égard de son ancienne colonie. Elle y entend en effet le long monologue débité par un vieillard qui « parle tout seul, surtout quand il y a une personne qui vient d'Europe... » (Faïk, 2007: p. 19). Dans ses propos, que beaucoup jugent incohérents – ne va-t-il pas jusqu'à prétendre avoir fait, avec ses copains, l'histoire de ses Maîtres! –, le vieux Bemba lutte, à sa manière, contre l'amnésie qui trop souvent frappe l'Histoire officielle. Son petit-fils, qui a fait l'université en Europe, a beau lui dire que tout ce qui se passe en ce bas monde a droit à une page dans les livres d'histoire, il sait que les ouvrages à l'usage des Belges ne contiennent aucune ligne sur Mukàlamushi ou sur les Shikumbata – les anciens combattants de la Force publique –, comme si les victoires qu'ils avaient remportées, « Pour sauver la Patrie. Ma Patrie », ne comptaient pas! Une injustice qui le pousse à dénoncer le sort réservé par la Belgique aux conscrits congolais mobilisés en 1940 et qui, pour la Mère patrie, perdirent un bras, une jambe, un œil ou la vie ; ainsi qu'à leurs descendants à qui l'on exige un visa s'ils veulent se rendre en Europe : « Depuis quand faut-il un visa pour aller chez soi ? » (Faïk, 2007 : pp. 21-22).

Ainsi ce voyage acquiert-il d'emblée une dimension revendicatrice. Suivront quelques épisodes douloureux sur la condition des exilés africains en Belgique et en Europe. N'est-ce pas d'ailleurs parce qu'elle y est traitée comme une citoyenne de seconde classe qu'Anya a senti la nécessité de revenir « parmi les siens pour une seconde naissance » (Faïk, 2007 : p. 27) ?

Une fois à Kalunga, elle sent les idées se bousculer brusquement dans sa tête :

> Comment ordonner les noms, les mots, les lieux ? Comment nommer les gens et les événements ? Et tout d'abord, qui est-elle, elle-même, Anya ? Comment elle s'appelle ? S'est-elle jamais posé cette question ? A-t-elle jamais essayé de le savoir ? Oh Dieu ! La mémoire! Ma mémoire ! Leur mémoire ! Que racontaient-ils encore, mes parents ? (Faïk, 2007 : p. 42)

Tout comme Clémentine, qui se remémore les veillées familiales où son père racontait des histoires drôles, contes d'animaux, d'humains ou de fantômes, tandis que sa mère relatait des histoires vraies « qu'elle puisait dans son enfance ou dans leur vie de couple d'avant nos naissances et, quand il s'agissait de nos lointains ancêtres, elle disait tenir les faits de sa propre mère ou des parents de notre père » (Faïk, 2005 : p. 31), Anya repense à ces soirées où, enfant ou adolescente, « elle écoutait avidement les histoires, drôles, fictives ou vraies, racontées par l'un ou l'autre de ses parents » ; cette époque-là, elle ignorait, bien sûr, que « ce qui se préparait déjà, était la rencontre qui se joue aujourd'hui en ce village de Kalunga. Trente, quarante années plus tard ! » (Faïk, 2007 : pp. 42-43). Elle a beau chercher dans sa mémoire, elle n'y découvre que de petits fragments de son histoire familiale, car, dans les régions lointaines du Nord d'Olol où elle a grandi, il n'y avait personne que ses frères et sœurs ou elle-même pouvaient appeler oncle, tante, cousin ou cousine.

« Dis-moi, ma fille, comment t'appelles-tu ? » (Faïk, 2007 : p. 43, p. 46, p. 47). Contrainte de répondre à cette question obsédante, Anya tente de reconstituer la généalogie de sa famille disloquée, un effort qui lui fait découvrir l'identité de son interlocuteur et dire: « Il y a tellement de choses que je voudrais savoir, comprendre... » (Faïk, 2007 : p. 50), des paroles aussi pressantes que celles de Clémentine à sa mère: « Maman, parle-moi de... [...]. Oui, raconte, Maman ! » (Faïk, 2005 : p. 126).

Comme Nicolas[3] et Bernadette[4] le firent avec leur fille, cette évocation du passé, le vieil oncle l'entame par l'explication de son curieux nom de baptême: Ngoÿ : « celui qui achevait, qui clôturait » ; Mushìya : « l'orphelin, celui qu'on a laissé là comme abandonné » (Faïk, 2007 : p. 51). Au récit des circonstances tragiques de sa propre naissance – la mort de sa mère en couches, qui rappelle celle de la mère de Nicolas – succède la longue histoire qui l'a amené à prendre son curieux surnom, celle de la rupture familiale provoquée par la prédiction fantaisiste d'un devin, lequel, pour expliquer la santé défaillante du grand-père Mawej Dîku, accusa son deuxième fils Lùngù Lutòòka d'avoir commandé un charme maléfique contre lui. Les « paroles terrifiantes, décisives : paroles de malédiction » (Faïk, 2007 : p. 62) proférées par Mawej contre le père d'Anya, firent bientôt place, mais trop tard, à des regrets et à un appel à la réconciliation : « Vùlukà! Vùlukà! Souviens-toi ! Souviens-toi de tout ceci ! Et ce mot est devenu mon nouveau et seul nom » (Faïk, 2007 : p. 66). Septante ans ont passé depuis la « lourde promesse » (Faïk, 2007 : p. 69) faite par celui qui n'était alors qu'un adolescent, de transmettre ces paroles au fils perdu et à sa descendance...

A l'écoute de son oncle, Anya sent affluer les souvenirs et resurgir les fantômes du passé ; elle réentend les allusions et les sous-entendus de ses proches ; elle mesure les silences qui entouraient certains noms ou épisodes de l'histoire familiale. Une douleur profonde l'étreint lorsqu'elle pense à cette histoire qui : « semble avoir fort pesé sur les relations dans notre famille. Des disputes ! Des rancunes transmises de génération en génération alors qu'il n'y a plus personne qui peut en expliquer les causes » (Faïk, 2007 : p. 67).

Ne sont-ce pas de pareils sentiments que dut éprouver Clémentine en entendant ses parents lui relater les brouilles et déchirures familiales ? La dispute de Bernadette avec une partie de sa famille qu'elle rend responsable

---

3 « Mon nom de Nzuj m'a été donné parce que je suis né le jour où le premier substitut belge est arrivé à Mikalayi. Il est devenu mon parrain. Normalement, je devais recevoir son nom ; mais comme il était difficile à prononcer en ciluba, on m'a appelé par son nom professionnel de ‹ juge ›, qui est prononcé *nzuji* en ciluba » (Faïk, 2005 : p. 37).

4 « C'est un nom qu'on donne aux enfants à naissance spéciale. Il vient du mot *kwauka*, ‹ apparaître à l'improviste ›. Mon nom, *Mwauke*, veut dire ‹celle qui est apparue à l'improviste.› » (Faïk, 2005 : p. 88).

de la mort de Madimba, le fils de son frère Kabata ; celle du couple Nicolas-Bernadette avec sa belle-famille suite à une « dispute terrible. Décisive » (Faïk, 2005 : p. 98) avec le grand-père Kadima et à l'agression, déjà évoquée, d'André qui reprochera à son père « d'être à l'origine de tous les problèmes qui arrivaient dans la famille » (Faïk, 2005 : p. 101).

Par ailleurs, les recommandations faites à plusieurs reprises par Nicolas[5] et Bernadette à leurs enfants ne coïncident-elles pas avec les conseils, certes tardifs, du grand-père Mawej concernant l'union et l'entraide qui doivent régner entre les membres d'une même famille, l'amour qu'ils doivent se porter, la nécessité d'être attentif aux événements qui arrivent dans la vie, car, dit-il, « chaque instant peut être porteur d'enseignement, de message » (Faïk, 2007 : p. 66) ?

Quant à la mission que le patriarche confie à son cadet et qui se traduit dans le surnom programmatique que celui-ci assume, n'évoque-t-elle pas celle dont Bernadette charge sa fille : Tu le leur diras… ?

Comme Clémentine qui, désireuse d'en apprendre toujours davantage, presse sa mère de questions, convaincue que « savoir nous protège de la répétition. […] Tu m'as dit aussi que la mémoire est un devoir qu'il faut porter en soi » (Faïk, 2007 : p. 73) – autant de paroles qui semblent extraites des conversations réelles –, Anya comprend que, pour se relier aux siens, il lui faut trouver la signification profonde de « tout ce qui a précédé son voyage: rencontres, rêves, signes et autres convergences » (Faïk, 2007 : p. 75). Aussi, lors de ses promenades en solitaire, s'interroge-t-elle « sur tout ce qu'elle voit autour d'elle: les gens, les lieux, la nature » (Faïk, 2007 : p. 91), et plus précisément sur ce qui motiva des populations à s'installer dans une région aussi inculte, où son oncle et quelques familles de sa génération arrivèrent à la suite des conflits qui précédèrent l'indépendance :

> Et pourquoi vivent-ils si agglomérés dans ce coin alors que le pays est immense ? Est-ce par une peur atavique de la solitude, par instinct grégaire ou par ce besoin originel, sacré, de rester constamment relié aux leurs afin de maintenir vivante la chaîne de la transmission ? Est-il possible que toutes ces personnes descendent des mêmes ancêtres que moi ? Et à quelle époque remonte cette parenté, à quelle génération ? (Faïk, 2007 : p. 91)

Comme Clémentine écoutant ses parents lui relater des épisodes de leur histoire familiale, ethnique et nationale, sous le grand acacia ou lors des

---

5 Voir le conte raconté par Nicolas Kadima et dont sa fille Angèle se souvient (Faïk, 2005 : pp. 350-351).

randonnées qu'elle fait avec son oncle, Anya découvre elle aussi l'histoire de son pays et de sa famille, avec son lot de rancunes séculaires, de silences pesants et d'impossibles réconciliations. Car c'est non seulement à une formidable initiation au langage secret des rêves mais aussi à des leçons de vie et d'histoire, petite ou grande, qu'elle est conviée par Vùlukà.

C'est ainsi qu'elle est informée de quelques potins locaux, comme celui de cette femme qui se rend à Miji où son mari croupit en prison depuis trois ans – « On ne le juge pas, on ne sait même pas ce qu'il a fait » (2007 : p. 144) –, une situation injuste qui rappelle celle que dut endurer Nicolas Kadima après son arrestation arbitraire. Elle y entend l'histoire de la Mission de Kala qui, au XIXe siècle, accueillit des populations issues de différentes tribus de la région qui fuyaient les esclavagistes: un « milieu cosmopolite où des coutumes différentes s'entremêlaient dans une atmosphère d'évangélisation et de scolarisation naissantes » (Faïk, 2007 : p. 64) et où, comme ses parents et grands-parents, Vùlukà vécut en compagnie de ses frères et sœurs. Elle y apprend comment des disputes intestines ou d'autres évènements (telle la disette) poussèrent des populations à l'exode et pourquoi leurs ancêtres s'installèrent sur ces terres (en raison de la présence de la rivière Bilu) ; ou encore le récit, transmis de génération en génération, du Lac salé qui fit la prospérité de leurs ancêtres, une histoire liée à leur origine et à celle du nom de leur tribu.

Lui désignant les agglomérations proches de Kalunga, Vùlukà lui détaille l'histoire des descendants de Kamanga : « il énumère les successions des règnes et récite un nombre impressionnant de noms qui constituent les généalogies familiales depuis les origines lointaines jusqu'à nos jours » (Faïk, 2007 : pp. 147-148) ; celle, aussi, des descendants de Kaïba, un « ancêtre femme » (Faïk, 2007 : p. 157), à la surprise d'Anya qui croyait que seule comptait la filiation par le père ; celle, enfin, que les différents clans des Gens-du-Lac-salé évoquent encore et qui relate la lutte pour le pouvoir dans la famille des Mukàla, lointaine parente de la leur. De sorte qu'Anya, qui semble assister « au défilé des drames qui se sont succédé sur ces terres arides depuis la nuit des temps » (Faïk, 2007 : p. 162), se doit de constater avec amertume qu'entre les clans, la haine l'emporte fréquemment sur la concorde. Et pourtant, dira-t-elle à son oncle, les généalogies n'indiquent-elles pas toutes que

> Dans la succession des générations, il y a immanquablement un moment où tous ces gens ont eu un ancêtre commun. Mais pourquoi ce lien-là que tous reconnaissent

être à l'origine de leur parenté, ne peut-il pas l'emporter dans leurs relations ? (Faïk, 2007 : pp. 162-163).

Cette préoccupation n'est-elle pas en définitive celle qui pousse Clémentine Faïk à reconstituer sa propre généalogie et à fouiller le passé afin d'en raviver la figure de l'ancêtre commun ?

La complicité ne cesse de grandir entre Vùlukà et Anya qui, se sachant écoutée et non jugée, peut enfin évoquer ses peurs, ses doutes, son inquiétude pour ses enfants qu'elle aimerait préserver des souffrances de la vie. Les sages conseils qu'il lui fournira à ce propos ne semblent-ils pas, une fois encore, sortis tout droit de la bouche des parents de Clémentine ? :

> Aide-les seulement à les découvrir, à bien se connaître eux-mêmes et à exploiter ce qu'ils possèdent en propre. Tu ne peux assumer à leur place leur propre destin. Fournis-leur de bons outils pour qu'ils y parviennent seuls... (Faïk, 2007 : p. 98).

Fortement impressionné par le récit de deux rêves étranges qu'elle fit à l'époque du décès de sa mère – « Visiteur d'outre-tombe » et « Arbre-mère sous une pluie d'or » –, Vùlukà a l'intuition que sa nièce possède des dons dont elle ignore encore le pouvoir: n'aurait-elle pas entrevu ce que leurs traditions nomment l'entre-deux, cet espace que l'esprit parcourt « entre le moment où [il] quitte le corps du défunt et le moment où il arrive à destination » (Faïk, 2007 : pp. 129-130) ? Ce qu'Anya lui raconte le persuade en effet qu'elle a été témoin d'un phénomène inaccessible pour le commun des mortels, celui de voir partir leur défunt. Et si l'image sereine qu'elle a alors eue de sa mère indique que celle-ci reçut sa mort « comme une grâce » (Faïk, 2007 : p. 131), il n'en va certes pas toujours de même. Ainsi, lui explique-t-il, l'esprit d'une personne décédée avec le sentiment que sa mort est injuste n'acceptera pas facilement de partir et ne manquera pas de manifester son mécontentement... L'histoire surnaturelle que Vùlukà lui raconte à propos des personnes assassinées qui tentent de se venger de leurs bourreaux « en les tourmentant dans leur sommeil ou en leur apparaissant de manière fugace sous forme de fantôme » (Faïk, 2007 : p. 131), ne rappelle-t-elle pas celle, tout aussi fabuleuse, des « jarres brisées », survenue lors de l'enterrement de la mère de Nicolas ? Ou encore celle, tout aussi fantastique, advenue après le deuxième remariage du père de Nicolas et que Clémentine Faïk intitule « La colère d'outre-tombe » (Faïk, 2005 : pp. 41-42) ? Assurément le merveilleux foisonne dans les deux ouvrages.

3. Promesse tenue

Le lendemain de son arrivée à Kalunga, en remontant du marché vers le village, Anya aperçoit son vieil oncle: il est seul, mais ses gestes sont ceux d'une personne en conversation soutenue. « Avec des êtres invisibles ? Hommage aux ancêtres, aux esprits des morts ? » (Faïk, 2007 : pp. 75-76), s'interroge Anya, qui pressent que Vùlukà communique à son père « que la promesse est tenue, qu'il s'est souvenu, qu'il a transmis les paroles reçues et donc qu'il a honoré son nom » (Faïk, 2007 : p. 76).

En présence du vieil homme qui interprète la venue de sa nièce « comme l'accomplissement d'une prophétie » et le parachèvement de sa mission « dans la chaîne de transmission », Anya sent s'alterner en elle « des rêves de solitude, de recherche et d'errance ; et d'autres plus heureux, de reliance, d'accomplissement et de révélations » (Faïk, 2007 : pp. 116-117). Et même si la signification de certains rêves lui échappe encore, elle a désormais l'intuition qu'il lui est possible de reconnaître ceux qui sont porteurs d'un sens. Tel celui, sibyllin, post-titré « Surgeon de bananier » (Faïk, 2007 : p. 134), fait vingt-trois ans plus tôt, quelques mois avant le décès de son père et dans lequel un voyageur inconnu, ressemblant étrangement à celui-ci, la chargeait d'une mission insolite: arroser un surgeon de bananier qu'il avait planté. La certitude qu'il s'agissait là de l'annonce d'un geste vital à accomplir sera corroborée par l'interprétation que l'oniromancien donnera de ce rêve fécond, ainsi que par sa conclusion: « Nous avons tous reçu la mission de maintenir tendu le fil de la vie » (Faïk, 2007 : p. 137). En clarifiant ce rêve, Vùlukà dévoile donc à Anya la mission que son père, peu avant de mourir, et lui-même, qui s'apprête à partir, lui confient, celle de « Récolte de la mémoire » (Faïk, 2007 : pp. 169-171) et de transmission de celle-ci, ainsi que le préconise leur mythe de la création, un mythe qui invite tout un chacun à participer activement à la récupération et à la reconstitution de la Mémoire, un travail de persévérance et d'éveil permanent devant permettre aux amnésiques de retrouver les noms de leurs ancêtres et partant leur propre identité.

Celle qui était venue à Kalunga pour s'enraciner et trouver une attitude vitale à adopter devant les interrogations qui la rongeaient, et qui, aujourd'hui, s'en va « comme une nouvelle graine qui germe: sa tige ne sort de la terre que lorsque les racines sont bien ancrées en profondeur » (Faïk, 2007 : p. 168), semble avoir déjà fait siennes les paroles quelque peu énigmatiques que son oncle lui a répétées à deux reprises afin qu'elle les médite :

> Dans une forêt où ne pénètre aucun rayon solaire, ceux qui marchent devant ouvrent le sentier à ceux qui suivent, en écartant la broussaille de part et d'autre du passage... (Faïk, 2007 : p. 89, p. 141).

Cette mission dont Vùlukà s'acquitte sur le tard et qu'Anya reprend à son compte, n'est-elle pas précisément celle que Bernadette Mwauke a, elle aussi, confiée à sa fille ? Et le sentiment d'apaisement et de bonheur que procure au vieil homme le fait d'avoir enfin pu tenir parole, n'est-il pas aussi celui que dut ressentir Clémentine Faïk lors de la publication de Tu le leur diras..., qu'elle présente comme étant le testament vital de ses parents ? Assurément, la convergence des trajectoires d'Anya et de Clémentine, qui s'engagent à récolter les fragments épars de la mémoire historique des leurs, ainsi que leurs valeurs, et à les transmettre aux générations présentes et futures afin qu'elles puissent relever les défis à venir, est digne d'être soulignée.

Références bibliographiques

BÉNIT, André (2009) « Le Retour au Pays-age Natal comme Lieu de Reliance dans *Anya* de Clémentine Faïk-Nzuji », *Actas del III Congreso Internacional de EASLCE* : *« Paisajes culturales: Herencia y Conservación »*, Servicio de Publicaciones de la Universidad de Alcalá de Henares, pp. 49-56.

—, (2011) « Un voyage dans le temps, le temps d'un voyage: *Anya* de Clémentine Faïk-Nzuji », *Actas del XIX Coloquio Internacional de la Asociación de Profesores de Francés de la Universidad Española (APFUE) « Tiempo : Texto e Imagen »*, Universidad Complutense de Madrid, Área de Humanidades, 2011, pp. 291-301.

FAÏK-NZUJI, Clémentine (2005) *Tu le leur diras. Le récit véridique d'une famille congolaise plongée au cœur de l'histoire de son pays*, Bruxelles, Alice Editions, 362 p.

—, (2006) « Écrire une généalogie familiale », *Écrire Magazine*, 95, pp. 23-27.

—, (2007) *Anya « roman initiatique »*, Bierges Thomas Mols, 193 p.

KADIMA-NZUJI, Mukala (2008) « Clémentine, ma sœur », *Itinéraires et Trajectoires: du discours littéraire à l'anthropologie. Mélanges offerts à Clémentine Faïk-Nzuji Madiya*, Paris, L'Harmattan, pp. 31-36.

Abordo del arca de la Señora Noé: los viajes imaginarios de Michèle Roberts

VALENTINA CASTAGNA

Michèle Roberts es una de las escritoras inglesas que tuvo un papel activo en la renovación tanto de las formas poéticas y narrativas, como de las temáticas en el ámbito de la segunda ola del feminismo inglés, por eso ha ganado premios como el WH Smith Literary Award y el Gay Literary Award. Aunque no haya nunca escrito un verdadero relato de viaje, muchas de sus novelas y de sus relatos breves —aparte de sus memorias— contienen referencias autobiográficas a sus viajes, sobre todo a Italia y Asia (es el caso de *A Piece of the Night, The Visitation, The Wild Girl*).

El viaje, sin embargo, tiene un sentido simbólico muy fuerte en su ficción (véase Stowers, 2000). En particular, el viaje está relacionado con la idea de conexión entre dos realidades aparentemente opuestas: el viaje, como la escritura (con la cual está estrechamente conectado), es un camino de conocimiento de sí mismas para las mujeres que pueblan sus obras (véase Falcus, 1996).

El viaje de descubrimiento de sus identidades corresponde a la revelación de que la identidad no es fija, sino nómada, para utilizar la terminología introducida por Rosi Braidotti (en *Nomadic Subjects*). La identidad se revela entonces en la percepción de sí misma durante el viaje interior de conocimiento entre esas dicotomías que, según Roberts, están en la base del sujeto patriarcal: masculino/femenino, espiritual/corpóreo (Castagna, 2007).

Además, nacida en Londres de padre inglés y madre francesa, Michèle Roberts vivió su infancia (y sigue viviendo) viajando entre los dos países, Inglaterra y Francia, entre los dos idiomas y además entre dos credos religiosos: el anglicano y el católico (véase Bastida Rodríguez, 2001). El sentimiento de división entre esas parejas de categorías, que le parecían formadas de elementos «opuestos» e irreconciliables, ha llevado a la escritora a un viaje de exploración en la escritura de las conexiones entre esos elementos, para reparar los conflictos identitarios producidos, según ella, especialmente en el catolicismo, entre el ámbito espiritual y el corpóreo (Roberts, 1998).

Una de las novelas más complejas de Michèle Roberts, *The Book of Mrs Noah*, fue publicada en 1987, como reflejo del momento de crisis social que la sociedad inglesa vivió durante el gobierno de la «Iron Lady» (Margareth Thatcher). La novela se compone de un marco narrativo principal, donde una joven mujer de nuestro tiempo, Mrs Noah, viaja a Italia con su marido, Noah, un médico al que ella acompaña en un tour de congresos mientras que ella intenta escribir, pero con muchas dificultades, su primera novela. El viaje de conocimiento de sí misma que Mrs Noah cumple es doble: por una parte, tenemos el lado realista de la narración, constituido precisamente por el marco narrativo de la visita a Venecia; por otra parte, hay un crucero en el que se embarca Mrs. Noah (y que cubre el 90% de la extensión del libro). Y eso tiene una característica visionaria que ya deja entender desde el comienzo lo que al final del libro se descubrirá que es todo un sueño.

En este segundo marco narrativo (constituido, entonces, por un sueño) Mrs. Noah inventa y construye su Arca y desde Venecia se pone en marcha, habiendo llamado telepáticamente a bordo a otras escritoras que Roberts llama «sibilas».

La novela alterna de forma rítmica momentos de meditaciones individuales, donde Mrs Noah para en islas y ciudades no conocidas, con momentos de reflexión común de todo el grupo a bordo del Arca; un encuentro que termina siempre con los cuentos de las sibilas. Las historias que ellas cuentan, como dicen ellas mismas, «fill in the blanks», rellenan los espacios obscuros de la narrativa de Occidente, donde las mujeres no siempre pudieron conseguir un papel activo. Así, sus cuentos reescriben desde la perspectiva de las mujeres mitos clásicos (como los de Atlantis o de Apolo y Dafne) e historias bíblicas (como la del Arca de Noé) subvirtiendo esos mitos que se encuentran en la base de la tradición literaria occidental y transformando a las mujeres de víctimas de la violencia y objetos en sujetos (sobre la reescritura de mitos véase Purkiss, 1992). Un viaje entonces por el patrimonio cultural occidental con el intento de renovar los modelos femeninos que constituyen un filtro de nuestra vida real e influyen sobre la percepción de nuestra identidad como mujeres, relacionándonos exclusivamente con nuestro papel doméstico de esposas y madres.

Mrs. Noah explora islas y ciudades que parecen abandonadas, donde el principio creativo parece haber dejado su sitio a la destrucción y a la contaminación; al mismo tiempo que su voz «creativa», junto a las voces de las otras sibilas, intentan dar, a bordo del arca, nueva luz a sus «antepasadas literarias», explorando las conexiones con la Palabra, vista como Principio materno, fuente de creación no tanto biológica como intelectual, un asunto muy importante que las estudiosas del *Women's Movement* han enfrentado constituyendo una genealogía de madres literarias en volúmenes como *Literary Women* de Ellen Moers y *A Literature of their Own* de Elaine Showalter.

En el proceso de «RE-VISION», para utilizar el término de Adrienne Rich (1972), que es una de las características constantes de la producción narrativa de Michèle Roberts, la escritora da voz a los asuntos que obsesionan a las artistas. En las experiencias de las sibilas se alude a la necesidad de creación intelectual y artística de esas mujeres, amenazada por las normas patriarcales. El nombre mismo de sibilas es significativo porque implica que esos personajes son todos miembros de la misma comunidad que alude a un contexto precapitalístico donde las sibilas tenían un papel político y social. El texto entonces plantea la cuestión de la creatividad materna y artística, constantemente amenazada por las presiones sociales y familiares, que en la novela llevan a una forma de esterilidad física y mental representada por los paisajes urbanos que se presentan a nuestra viajera imaginaria. Así, los edificios de una de esas islas son «dirty grey and yellow *palazzi*» (Roberts, 1999: p. 212).

Es significativo que el viaje de Mrs Noah y de las sibilas, acompañada de un único hombre —llamado el Gaffer, que en realidad otro no es que Dios mismo—, empiece en Venecia. Esa es la ciudad que permite ir y venir, cruzar fronteras (tierra/agua, fuera/dentro) y es también el lugar que garantiza incontables perspectivas, porque allí se puede caminar sobre las aguas (*Ibíd.*: p. 9):

> I run across the campo into the shadows under the plane trees. There are seven exits [...]. The campo is a kaleidoscope, shifting, turning, offering seven times seven ways of experiencing it, seven ways in and seven ways out, a crystal constantly changing, linked to all the other crystals that make up Venice. (*Ibíd.*: p. 12)

El tropo de la movilidad, del viaje mismo, da forma a la novela: hay personajes de los cuentos que son nómadas (*Ibíd.*: p. 71, p. 89, p. 274), y otros que «vagan en las montañas» (traducción mia; *ibíd.*: p. 215). Esta de la viajera nómada es la característica que describe mejor la aptitud de Mrs. Noah en la búsqueda de su identidad, en contraste con la fijeza de los paisajes de las islas y de las ciudades que ella visita en las etapas de su crucero.

Es precisamente en la movilidad, gracias a la cual ella cruza los confines hundiéndose en la laguna de Venecia, donde ella empieza su viaje hacia lo ignoto, en un intento desesperado por superar el estado de esterilidad en el que su marido la mantuvo negándole sus poderes de creación.

Aunque la narración empiece con una descripción realista del viaje en tren a Venecia y con las primeras impresiones sobre la ciudad, la atención de los lectores se ve a menudo alterada por comentarios sobre el estado de incertidumbre y confusión en el que se encuentra la protagonista (p. 9: «I wear him out with my demands. The air between us bristles with outrage»; p. 10: «I lose all sense of direction. Venice loses me. Hanging on to Noah's hand; [...] I can't abandon myself completely»). El viaje a Venecia se desvela como etapa final de adquisición de consciencia: la protagonista —que es identificada exclusivamente por el nombre de su pareja (se llama Mrs. Noah)— toma conciencia de que su identidad está relacionada solo con su existencia dentro de su matrimonio, ella es la mujer de Noah quien le niega también el convertirse en madre. Esto la conduce a una forma de esterilidad que es más una esterilidad intelectual, ya que está intentando escribir su primera novela y no lo consigue.

Ese movimiento del interior al exterior, las «seven ways in» y las «seven ways out» en la cita de más arriba, anticipa el mecanismo de continuo movimiento de la novela, el desplazamiento desde el Arca a las islas y ciudades, desde los momentos individuales de meditación a los momentos de cambio comunitario, y, en el sentido general de la novela, desde el inconsciente a un estado de «awareness» (consciencia). Además, desde el punto de vista formal, este movimiento contribuye a producir una novela postmoderna, en la que domina una continua mezcla de géneros literarios: el *travel writing* se une a la escritura confesional, a los cuentos populares, a los mitos y también a la utopía negativa.

Así pues, la novela es un viaje simbólico desde el espacio de las islas y de las ciudades al espacio interior del inconsciente: un viaje onírico que utiliza como punto de salida el lenguaje del *travel writing* mezclándolo con una escritura visionaria. Las etapas en las ciudades que Mrs. Noah visita muestran, de hecho, las heridas de la violencia institucionalizada:

> We sail on, towards the next island. I'm not much of a navigator: I steer by intuition; desire my compass North, true North; and dreams my maps. [...] The harbour opens

neatly around us, swallows us in with a single gulp, closes behind us in a belch of waves. I leave the Ark moored there [...]. Darkness surrounds me [...]. The city at night is the color of dried blood. [...] I pick up the tattered pamphlet lying just beside me on the pink granite of my seat, and open it. [...] Our city is haunted by a continuous ravaging scream, dragged out of the mouth by a sharp thin quickly coiling corkscrew of pain. Torture: the refined systematic politically approved application of pain to the body of a man or a woman or a child. Increased reliance by the State on the extraction of a statement or a confession of guilt from the accused means increased reliance on torture in the prisons of East and West. [...] Pregnant women miscarry, hearing the scream, while others become infertile [...]. We don't scream back at the scream. Possessed by its echo, we have fallen silent. We can't love: we are dumb. We hide ourselves inside our homes, tidying ourselves away from the knowledge of torture and pain, and yet we cannot, however hard we try, avoid the scream. (*Ibíd.*: pp. 133-135)

Sin duda, las descripciones de las islas y de las ciudades visitadas por Mrs. Noah reflejan la atmósfera cargada de inseguridad en la que el Reino Unido vivió en los años ochenta, y el papel que los grupos de mujeres jugaron en las campañas contra la guerra (en las Falklands), contra el uso de la tortura, y contra las armas nucleares. Las activistas del *Women's Movement*, como Michèle Roberts, estaban enfrentándose a las consecuencias impensadas del primer gobierno conducido por una mujer, Margaret Thatcher, apodada la Iron Lady.

Es significativo el hecho de que Roberts utilice los medios de comunicación de masas dejando a ellos las palabras violentas del discurso dominante: en sus etapas, Mrs. Noah no encuentra gente, pero encuentra siempre un periódico (p. 99), un papel volante (p. 133), unos pósteres (p. 185) a los cuales el lector inerme, a menudo cómplice involuntario (como a veces nosotros mismos), no puede o no quiere responder:

I am a citizen of this proud city; and my ears are clotted with wax. Better that way. Then I can't hear what the wind is saying [...]. A strong, harsh wind, whirling in from the sea, bringing whisperings and mutterings from lands I have never seen, insistent warnings hinting at the imminent outbreak of yet another war rooted in the spiralling greed of the great empires for money, profits and power. More lands and villages bombed and burnt, more women raped by soldiers, more people starving and thirsting in refugee camps, more corpses riddled with bullets, fried by napalm, poisoned by gas. (*Ibíd.*: p. 99)

Los lugares donde Mrs Noah para son sitios para reflexionar; es en estos sitios donde ella se da cuenta de sus miedos, que derivan también de problemas sociales. Sus itinerarios vagabundos son siempre precedidos por unos acertijos y cada etapa de su viaje la conduce un paso más adelante en la resolución de su problema de esterilidad artística y biológica. Como escribía Italo Calvino en su libro *Le città invisibili*:

> D'una città non godi le sette o le settantasette meraviglie, ma la risposta che dà a una tua domanda. – O la domanda che ti pone obbligandoti a rispondere, come Tebe per bocca della Sfinge. (Calvino, 2002: p. 44)

Al principio de su viaje, Mrs Noah descubre en su Arkive («archivo») un antiguo volumen de acertijos dedicados precisamente a la Esfinge (Roberts, 1987: p. 63) y sus paseos por estas islas imaginarias son orientados por las preguntas que ella se plantea: «When is a *confinement*, [...] not a *confinement*?» (*Ibíd.*); «does *want* also mean *want*?» (*Ibíd.*: 97); «Life. Sentence. *Life-sentence*» (*Ibíd.*: p. 132); «does *to bear* mean also *to bear*?» (*Ibíd.*: p. 183); «so why does *to conceive* also mean *to conceive*?» (*Ibíd.*: p. 211); «can he come *to terms* with my coming *to term*?» (*Ibíd.*: p. 244).

Estas son todas alusiones, de un lado, a la relación estéril entre Mrs. Noah y su marido Noah. Como muchas de las mujeres de los mitos clásicos que aquí Roberts reescribe, Mrs. Noah sucumbe a la voluntad y al poder del marido y se encierra en el silencio (es víctima como Dafne que en lugar de ceder a Apolo es transformada en un árbol). De esa forma, la esterilidad de las ciudades envenenadas descritas en su viaje está asociada al proceso de sometimiento patriarcal de las voces de las mujeres. Noah, que siendo un doctor y un representante del mundo académico es también portador de la palabra, de la cultura, niega a Mrs Noah el acceso a la expresión de su yo.

> I shan't conceive. Death, the guerrilla, has got me, scuttles through my dark interior, booby-trapping my desires for a child, setting mines to kill the life that stirs in me every month. He's winning. He's captured my territory, and my hands are lifted in surrender. (*Ibíd.*: p. 100)

Mrs Noah se interroga sobre la creatividad, pero también sobre el proceso de esterilización metafórico e intelectual practicado por los sistemas patriarcales y capitalistas, a través de unas imágenes que describen esa violencia en términos corpóreos («rape») y al mismo tiempo describen el cuerpo como ciudad («my territory»). Los efectos mortíferos que esa operación tiene sobre la sociedad en general se encuentran en las descripciones de las islas y de las ciudades visitadas por Mrs. Noah.

> Oh dear. There has been an accident at the local nuclear power station. [...] I have the smell of death in my nostrils. Invisible death, falling gently with the rain onto the parched earth, blown with the sea breezes into the city. Death carried in the cows' milk, in the new crop of spinach and lettuce, in the air I have to breathe when I go out shopping. I swallow death. I inhale it. I'm helpless in the face of it. It presses into me: a rape. Death working in my cells, against my will, to make me infertile perhaps, or give me, or the child I want to bear, some form of cancer. I have to live with death. I can't escape it: how can you evacuate an entire nation? (Ibíd.: p. 185)

El tropo del viaje tiene entonces un inequívoco significado simbólico: es una experiencia onírica que pone a Mrs. Noah en su camino hacia lo que le falta, la creación artística, su destino es el principio creativo materno. Al inicio de su viaje, ella compara su misión y a sí misma con la imagen de un calendario de Adviento para niños:

> I am a house with many windows and many doors. Each day I must pull one open and peer inside. This is my time of Advent, of preparation. I have work to do. If only I knew what that work is (*Ibíd.*: p. 63).

El lenguaje poético de Michèle Roberts se expresa mediante metáforas y la metáfora del Arca da forma a toda la novela trenzando contenidos y forma. El viaje en el que Mrs Noah se embarca hace 7 paradas: 6 en ciudades, pero la última parada es una parada en el interior del barco: Mrs Noah, las otras sibilas y el Gaffer bajan a la bodega del barco, que representa el inconsciente.

El deambular por ciudades míticas, como Atlantis, y por otras que son más realistas o tal vez distópicas, finalizará en la búsqueda de la identidad de la protagonista. También su primera etapa en Atlantis deja vislumbrar señales negativas. Es un regreso al mundo que Mrs. Noah imagina antes del Diluvio Universal, antes que las ideas del pecado y de la punición vinieran a separar el cuerpo del alma. Es un mundo pre-cristiano, donde dioses, seres humanos y todo tipo de seres mitológicos vivían mezclados celebrando los sentidos. Sin embargo, Mrs. Noah siente estar fuera del tiempo y esta idea es opresiva, la aprisiona.

La oposición entre los espacios interiores y exteriores, entre el Arca y las ciudades corresponde a la oposición entre una nueva dimensión interior y un mundo exterior opresivo. Las ciudades son los lugares de conflictos no resueltos, mientras que el Arca mantiene su significado simbólico tradicional de lugar de salvación.

La última etapa del viaje de Mrs. Noah es precisamente su visita a la bodega del Arca. Este el lugar más obscuro del Arca, «that dark windowless place ribbed like an upturned church, where those who have upturned reason and sanity disport themselves» (*Ibíd.*: p. 267). Es como una cueva, un vientre donde Mrs. Noah nunca ha estado, porque tenía miedo de lo desconocido que está representando como su inconsciente, como ella dice es «the mess that I brought with me onto the Ark without knowing it» (*Ibíd.*: p. 268).

En la bodega, Mrs. Noah encuentra a sus abuelas (que le habían invitado en sueño a construir su Arca, las escritoras que ella siempre había admirado, como Charlotte Bronte y Colette o Hildegard de Bingen y Christine de Pisan, pero también escritoras no conocidas, que se llaman la Kentish Town Sibyl o la Brixton Sibyl por ejemplo. Esas mujeres le ayudan a entender que lo que ella tenía que encontrar no estaba fuera de sí, en las ciudades que visitó; más bien el viaje de conocimiento es un viaje del exterior hacia al interior, un viaje atrás al descubrimiento del lenguaje de las antepasadas literarias:

> All this time I have been wandering around the earth, going out, out, to look for a solution. Now at last I've found what I've been needing. Here. Not Outsiders but Insiders. This is the house of language. The house of words. Here, inside the Ark, the body of the mother, I find words. (Ibíd.: p. 273)

La versión de Roberts del Arca de la salvación, como admite ella misma, es un espacio materno, un lugar simbólico creado al través de la escritura, es la escritura misma quien conduce en el viaje de definición de la identidad conectando mundos exteriores e interiores.

> Home is the body. The bone-house. The room of my own is inside me. Each day I build it and each day it is torn down. Creation starts here, in the Ark. Love actively shapes the work. My mother nourishes me with words, words of such power and richness that I grow, dance, leap. But the purpose of the Ark is that I leave it. The purpose of the womb is that I be born from it. [...]. Cutting the cord, she gives me speech. Words of longing for the world I have lost, words of desire to explore this absence-of-her. I must go further into absence, and find more words. Ark. Imagination. Body. Home. Book. (Ibíd.: p. 274)

El libro, el texto mismo, *The Book of Mrs Noah*, es pues el resultado del viaje de exploración del yo. La escritura es el único lugar donde los conflictos con la dimensión exterior, como las ciudades amenazadas por la lógica de la violencia y de la explotación, devienen visibles, y el viaje de la escritura le permite a la autora enfrentarse con ellos siendo consciente de su lugar y su papel en la sociedad.

Referencias bibliográficas

BASTIDA RODRÍGUEZ, Patricia (2001) «Bilingüismo y biculturalismo en la narrativa de Michèle Roberts», *Entemu*, 13, pp. 2-12.
BRAIDOTTI, Rosi (1994) *Nomadic Subjects. Embodiment and Sexual Difference in Contemporary Feminist Theory,* New York, Columbia University Press.
CALVINO, Italo (1972) *Le città invisibili,* Milano, Oscar Mondadori (2002).
CASTAGNA, Valentina (2007) *Corpi a pezzi,* Ferrara, Tufani.
FALCUS Sarah (2003) «Her Odissey, Her story in Michèle Roberts's *Fair Exchange*», *Critique,* 44 (3), pp. 237-250.
MOERS, Ellen (1977) *Literary Women,* London, Anchor Press.
PURKISS, Diane (1992) «Women's rewriting of myth», in C. Larrington (ed.), *The Feminist Companion to Mythology,* Hammersmith, Pandora Press, pp. 441-457.
RICH, Adrienne (1972) «When We Dead Awaken: Writing as Re-vision», *College English,* 34 (1), pp. 18-30.
ROBERTS, Michèle (1987) *The Book of Mrs Noah,* London, Vintage (1999).
—, (1998) «The Flesh Made Word», in *Food, Sex and God: On Inspiration and Writing,* London, Virago, pp. 36-38.
SELLERS, Susan (2001) *Myth and Fairy Tale in Contemporary Women's Fiction,* Basingstoke, Palgrave.
SHOWALTER, Elaine (1977) *A Literature of Their Own. British Women Novelists from Brontë to Lessing,* Princeton, Princeton University Press.
STOWERS, Catherine (2000) «Journeying Back to the Mother: Pilgrimages of Maternal Redemption in the Fiction of Michèle Roberts», in A. O'Rcilly y S. Abbcy (cds), *Mothers and Daughters: Connection, Empowerment and Transformation*, Oxford, Rowman & Littlefield, pp. 61-74.

El viaje definitivo en la correspondencia del padre José Francisco de Isla: sus últimas cartas de una senectud asumida

Jorge Chen Sham

La correspondencia familiar del jesuita José Francisco de Isla (1703-1781) permite analizar la etapa final de su vida, la de su exilio en Italia, luego de que Carlos III firmó el trascendental decreto de la expulsión de los jesuitas, del 2 de abril de 1767. Llegaría entonces su forzada salida hacia los estados pontificios que, a la postre, le resultaría su viaje definitivo a la eternidad. Su correspondencia nos narra con un gran dinamismo y trazos dramáticos ese viaje que, con sus compañeros de religión, significa la expulsión de su amada patria y la obligación de dejar para siempre a sus seres queridos. Así, el viaje de exilio es el punto culmen de una existencia dramática y se configura como la última prueba existencial desde el punto de vista simbólico, porque Isla es uno de esos jesuitas que muere en tierras extrañas, abrigando la esperanza de ese retorno y de ese re-encuentro (Chen 2014). La correspondencia nos permitirá analizar el último itinerario de ese viaje traumático que, en la etapa final de su vida, realiza el autor del *Fray Gerundio de Campazas, alias Zotes* (1758), cuya novela genera toda una polémica entre los detractores que fustigaban la irreverencia de su sátira contra el estado religioso mediante el retrato de un predicador inepto, mientras recibía el apoyo de quienes creían que la situación de la oratoria sacra ameritaba tal censura con la utilización de medios paródico-burlescos. A tal polémica y al estudio de sus componentes satíricos he dedicado mis investigaciones ya hace algún tiempo (Chen 1999). Ahora bien, ni la reputación intelectual ni el renombre que ganó gracias al *Fray Gerundio* no le ahorraron al padre Isla el sufrimiento de seguir a sus hermanos de religión.

Su correspondencia mantenida con su hermana y su cuñado se publicó en forma póstuma, con el título de *Cartas familiares del P. Joseph Francisco de Isla, escritas à su hermana doña María Francisca de Isla y Losada, y à su cuñado don Nicolas de Ayala* (1785). No era usual todavía publicar las cartas de índole privado en el contexto español, sobre todo aquellas que mostraran los sentimientos y las pasiones. Y lo era menos todavía cuando el reformismo ilustrado promovía un «espíritu crítico» que se canalizó por una reforma de las costumbres y una asociación entre «crítica» y verdad (Chen, 1994: p. 8). Recordemos, con Ma. Dolores Sáiz, que estas cartas dominaban el circuito de las publicaciones periódicas y se interesaban en analizar problemas de actualidad para tratar todos los aspectos de la vida contemporánea:

> Se ocupaban de la crítica social y de costumbres, y abordaban los problemas vinculados al desarrollo de la vida cotidiana: hábitos educativos, religiosos, diversiones, etc. (1983: p. 149).

Por el contrario, la correspondencia privada empezará a ganar terreno en el último tercio del siglo XVIII. En el Siglo de las Luces las cartas se convierten en un medio necesario para facilitar la sociabilidad y la comunicación (Sánchez, 1992: p. 101), del mismo modo que favorecía también la comunicación del intercambio personal en un momento en el que los servicios de postas y los caminos hacían posible la valorización de las relaciones humanas (Chamayou, 1999: pp. 26-27). Así, por medio de sus cartas a su hermana y cuñado, el padre Isla se mantiene en contacto con sus seres queridos en la distancia y en la ausencia; es su ligamen salvífico. Pero además, estas cartas le permiten transfigurarse con aspectos humanos y personales, a los ojos de los lectores de finales del XVIII que leyeron ávidamente sus cartas, pues asistimos en la escritura a un doble acto: el sujeto se confiesa y se sincera.

En el caso de la expulsión esta genera un desgarramiento interior; Isla la asume en forma de una dura prueba que la divinidad le otorga en ese camino de perfección que significa la existencia para el cristiano. Toda la fuerza del saber paremiológico, producto de carácter colectivo de la experiencia cotidiana, se redinamiza aquí para conformar esa estructura mental que inscribe su discurso dentro de esos valores de templanza y de esperanza que se le pide al cristiano; por eso oímos los ecos del famoso refrán «Dios aprieta pero no ahoga»; proverbio en donde «se recomienda la conformidad ante las desgracias de la vida. El saber popular aconseja la esperanza en Dios y la confianza en que los pesares no han de destruirnos absolutamente» (Calles, 2000: p. 128). El saber del refrán funciona como un esquema pre-construido cuyo reconocimiento y significación modelizan la inscripción del exilio, eso es cierto; pero no en todas las ocasiones Isla es tan estoico, las condiciones materiales en las que se encuentra pueden paliarse de otra manera, cuando surgen mediante la risa y la ironía. Por ejemplo, en la carta CCIV, del 13 de enero de 1779 a su hermana, el crudo invierno hace sus estragos:

> Las berzas de Bolonia (que es el plato principal de nuestra comida) me saben mejor que los capones de Pontevedra. Las camisas de cáñamo, sábanas de lo mismo, bragas-celosías, medias-redes, zapatos la mitad sandalias y la otra mitad chinelas, vestido lampiño y sin pelo de barba; con todo este equipaje me burlo de los terribles fríos de Lombardía y de las copiosas nieves del Apenino [...]. ¿Pues de qué me puedo quejar sino de haber tardado casi setenta años en aprender lo poco que necesita el hombre para vivir? San Ignacio nos manda á todos sus hijos «que amemos la pobreza como madre». Nunca pensé que lo fuese tanto como ahora que lo palpo. (Isla, 2003: p. 247)[1]

El efecto contrastante se logra de dos maneras. La enumeración de elementos, todos ellos señalando la pobreza y la precariedad de la vida, tiene resonancias picarescas de quien debe afrontar su situación y, como dice Isla, se burla de ellas en un afán catártico. Sin embargo, esta interpretación resulta insuficiente si no nos percatamos de la comparación inicial entre las simples «berzas» boloñesas y los suculentos «capones» gallegos; la remisión a una situación pasada, a esos tiempos mejores surge implícitamente en la conciencia de Isla y el proceso de escritura lo conduce a afirmarse en su soledad y en su pobreza material, lo cual ofrece, como plantea Francisco Rico, para el pícaro Lazarillo, «la primera clave de su actitud ante la vida [...y] la virtud de proyectar nítidamente sobre el protagonista del *caso* retazos de su vida pasada» (Rico, 1976: p. 27, la cursiva es del texto). Y termina con esa confesión entre admisión y culpa de que tiene conciencia de las terribles condiciones de vida para quien, en la senectud de su vida, se descubre en tales condiciones pésimas de existencia material. La queja resuena ahí en donde la escritura se convierte en *consolatio*, no de la muerte sino de las duras pruebas del exilio y de la senectud. Ernest Curtius nos recuerda que «[d]el tema de la consolación se deriva así la meditación sobre las edades de la vida» (2004: p. 125), mientras que Juan Mariné Isidro en su edición a las consolaciones del filósofo romano Séneca, nos aclara que el género procura aliviar las desdichas, mitigar los pesares de los afligidos (1996: p. 9).

---

1 Respeto la ortografía de la edición que manejo, pues se trata de una edición facsímil de la de 1884 de la Biblioteca Clásica Española de Barcelona.

De esta manera, los trabajos forzados de la edad se compararán con los trabajos del obligado exilio para que se despliegue, tal y como ha analizado Díez de la Revenga, los temas de la senectud (1988: p. 26): las inquietudes sobre la edad y la vejez se direccionan hacia los achaques por las dolencias que padece y le provocan el invierno, al tiempo que se queja duramente del escaso dinero, de la exigua pensión que recibe, aunque agradece las ayudas y los socorros recibidos de parte de su familia. Su situación económica cobra una vigencia tal en esta precariedad de las tribulaciones de la edad:

> [...] á los que no tenemos otro recurso que á la escasa pensión del Rey, la cual, con el desfalco del giro y del cambio (que siempre se nos ha cargado), sólo alcanza para el simple cubierto y para que el hambre no nos mate. Lo demás que es necesario para sustentar la vida, ha de salir de la corona. Esta, en mis años y en mis ajes, sólo me sirve de peso, puesto que no tengo fuerzas para estar en ayunas hasta las doce del día, ni menos para andar á pié una legua en invierno y en verano en busca de una misa [...]. (Isla, 2003: p. 249, carta CCV del 22 de febrero de 1774 a doña Francisca)

Más allá de una *lamentatio*, la reflexión de Isla se dirige hacia el reconocimiento de sus limitaciones físicas y los trastornos que la edad deja en un cuerpo que no puede ni ayunar ni agenciarse por otros medios la manera de redondear su estrechez económica. En este contexto, la «corona» a la que se refiere remite de nuevo a esa lucidez con la que acepta el sufrimiento, pues alude, por sinécdoque, a esa cruz, a esa «corona de espinas» que debe soportar un hombre de religión como él y que lo ennoblece pero a veces es mal llevada. Pero, ¿qué sucede con sus últimas cartas?, ¿se han agudizado sus problemas de salud?

Las últimas cartas fechadas van desde la CCXXIV, del 12 de noviembre de 1780, a la CCXXXVI del 21 de octubre de 1781; son doce breves cartas la mayoría (bastantes por cierto en el periodo de un año), en las que Isla se queja duramente de los achaques de sus padecimientos, exorciza la dura existencia de quien ve con pasos agigantados cómo se acerca el término de ella pero sin caer en reflexiones metafísicas angustiantes o quejumbrosas. En efecto, lo que siempre se ha denominado con el tópico del *transitus mortis*, en la que la persona cavila, despliega su memoria, reflexiona y hace un balance para bien o para mal de la vida que le tocó vivir, todo esto se encuentra apenas esbozado en esta correspondencia última de Isla. De esta suerte, no hay un desarrollo de la casuística cristiana en lo que se refiere a la vida de ultratumba ni tampoco a una preparación vehemente y obsesionada que delate cómo se inquieta, a no ser que entendamos que, dado su precaria salud, la esquive y su negación sea el síntoma de su mayor preocupación. Las referencias a la muerte son bastantes en estas últimas cartas y aparecen en lugares claves, como veremos. Su presencia también caracteriza el talante del padre Isla, quien no desea doblegarse a pesar de que a partir del año 1779 su salud se deteriora rápidamente.

La escritura, entonces, habla del cuerpo físico que, a causa de la edad avanzada se degrada; pero no estoy de acuerdo del todo con lo que Bernard Gaudeau, el primero en estudiar en forma detalla la obra y los escritos islianos, cuando indica: «Plus tard, Isla, octogénaire, écrira d'Italie à sa soeur des lettres plus graves, plus désenchantées, mais non moins affectueuses» (Gaudeau, 1890: p. 79). Su estilo no el grave adusto de quien se compadece de sí mismo y clama a la divinidad, a pesar de que su última traducción del italiano sea una obra piadosa del padre Antonio Francesco Bellati (Pérez Picón 1981: p. 458). Su título es sintomático del ejercicio de preparación hacia la muerte, el *Arte de encomendarse a Dios* (Madrid 1783), y le comenta a su hermana en carta CCVIII, del 18 de abril de 1776 que viene de terminarla. Parece obvio el contexto en donde le habla a doña Francisca de esta traducción, ella acaba de enviudar y le recuerda sus paralelismos biográficos comparando sendos sufrimientos y carencias actuales:

> Tú te lloras viuda y reducida á una cama casi siempre. Yo me veo huérfano, sin madre, sin padre, sin cabeza, sin manos, y aun sin piés, precisado muchas veces á moverme en los agenos; y sobre todo, mantenido de limosna. Aquel gran Dios que á ninguno desampara, te preparó á ti el apoyo de ese insigne incomparable caballero, y á mí la caridad de estos dos nobilísimos y piadosisímos señores [...].
>
> Mientras tanto, divirtámonos los dos, tú con mis pobres obras, y yo con tus preciosas cartas, que leo y releo frecuentemente, y nunca sin que los ojos revelen tiernamente los amorosos secretos del corazón. Mas por Dios, no me escasees tanto este consuelo. (Isla 2003, p. 254)

Si la primera parte de la cita, perfectamente cabe dentro de esta piedad cristiana de quien se encomienda a la divinidad y pide tanto su protección como su favor ante las vicisitudes de la existencia, la segunda parte aminora la figura del que sufre y busca consuelo en Dios. El tópico del «carpe diem» se resemantiza aquí en la búsqueda de «placeres» mundanos y propios de los círculos letrados dieciochescos: de lectura de libros y de una asidua correspondencia que lo mantienen ocupado y, sin embargo, se siente Isla en una soledad lastimera que se acrecienta en esta última etapa de su vida. Eso es lo que traduce el «[m]ientras tanto» que viene a contrastar las dos situaciones, para que el disfrute y el goce vengan a mitigar el estado de disforia y de soledad en el caso de ambos, o de pobreza y abandono sobre todo en el jesuita («Tú te lloras viuda y reducida á una cama casi siempre. Yo me veo huérfano, sin madre, sin padre, sin cabeza, sin manos [...]; y sobre todo, mantenido de limosna»). En ese manejo del estilo literario que hace Isla el verbo escasear no es inocente, connota en esta sistemática de la precariedad que la ausencia de cartas viene a rematar sus necesidades reales; de ahí su tono suplicatorio, del socorro benevolente que solicita. Aquí el pobre y afligido busca consuelo en las cartas de su hermana, lo cual delata a Isla en este afecto más que fraternal en la cita. Por lo tanto, no encuentro tal gravedad lastimera ni a un Isla que, como el Job bíblico, se lamente duramente de sus dolencias y de su suerte. No es tampoco el del desengaño existencial; más bien el jesuita es proclive a realizar comentarios en forma abrupta que atenúan y exorcizan cualquier tipo de ansiedad humana. Creemos que esta es la manera con la que Isla enfrenta su propio destierro existencial. La *consolatio* surge el efecto deseado, pues el género obedece a rasgos bien precisos, en donde deben aparecer la queja (el lamento) y la consolación (Maldepuech-Toucheron, 2008: p. 77).

En este sentido, el temor a la pérdida de su hermana, a la que sabemos llama cariñosamente «hija, hermana y señora mía» (Isla, 2003: p. 280), delata su miedo a perderla por razones de demandas afectivas y cognoscitivas, algo que poco toleraría el jesuita desde su exilio boloñés. La enfermedad se nombra de forma explícita, sin precisar de cuál se trate, cuando al inicio de la carta CCXXIV, del 12 de noviembre de 1780, Isla escribe aliviado de que tal situación no fue a más:

> Mil gracias al Señor por el cual [te] recobro del maligno accidente que te amenazó, de que me avisas en tu muy estimada carta de 10 del pasado, escrita desde Ocaña (Isla, 2003: p. 280).

El verbo «recobrar» es sintomático de este apego y estrecha relación con su hermana; no solo se trata del único ligamen, por medio de la comunicación epistolar, con su amada patria, sino también del vínculo afectivo que mantiene con su pariente más cercana. De esta manera, si su hermana tuvo un quebranto de salud, ahora ella está recuperada, por lo que Isla vuelve a cobrar, en el sentido de una transacción comercial de intercambio, lo que ha perdido por este lapso, el contacto y cariño que se manifiesta en la correspondencia recibida. Y en tercer lugar, el destinatario de la carta, Isla en este caso, vuelve a su diálogo personal y familiar, con lo cual él también «recobra» el bien perdido, que la distancia física le ha arrebatado. Ahora bien, la felicidad es momentánea, nunca perdura, de la misma manera en que la salud se deteriora y las enfermedades van ocupando el lugar de «vecino y amigo inseparable». Nos lo recuerda Isla quien, a continuación de alegrarse por la recuperación de su hermana, inserta otro comentario sobre su salud y sobre la recién culminada estancia de verano de la que ya ha regresado:

> Yo lo pasé bien en mi campaña de la Tomba, que se concluyó á mediado del antecedente e, sin que por ahora padezca más que los molestos ajes con que me dejó el accidente que padecí dos años há, los cuales, con los que lleva de suyo el crecido número de mis años, naturalmente me acompañarán hasta la sepultura, que considero muy cercana. (Isla, 2003: p. 280)

Esos «molestos ajes» a los que se refiere, son los achaques derivados de los ataques de apoplejía que padece y que sabe, lo acompañarán el resto de su precaria existencia; se han manifestado ahora por la parálisis progresiva del costado izquierdo de su cuerpo (Gaudeau, 1890: p. 155), como indica al final de esta carta: «Tres días há que estoy sufriendo un gran dolor reumático que se me ha encajado en la espalda izquierda y me coge desde el hombro hasta la cintura» (Isla, 2003: p. 281). Pero llama la atención, refiriéndonos a la manera en la que termina la cita anterior, el atisbo personal en donde aflora no solo la conciencia de la condición humana, sino también la de su inminente fin («el crecido número de mis años»), el cual ve con serenidad y paz. La elegancia de su escritura delata que este es un momento de clarividencia, de asunción de una vida que ha vivido intensamente, el sujeto de la comunicación hace funcionar la *consolatio* y esta adquiere en tanto reafirmación comunicativa ante la distancia y la ausencia, su eficacia discursiva según Patrizia Violi (1987: p. 95). Por lo anterior, el recordatorio de su avanzada edad, el temor inminente a perder las salvadoras cartas de la hermana se vuelve una obsesión en Isla. La del 15 de abril de 1781, la CCXXVI, empieza dándole las gracias a la divinidad por haber recibido una preciosa y atesorada carta de ella, a sabiendas de que también ha tenido quebrantos en su salud:

> Amada hija, hermana y señora mía: Gracias á Dios, que me dejó ver letra tuya después de tres meses que no lograba este consuelo. Ya no esperaba lograrle en el poquísimo tiempo que me permiten de vida mis muchos años y multiplicados gravísimos ajes,

después de que supe por el sobrino la repetición de tu peligrosísimo accidente, que le comunicó nuestro ejemplarísimo chantre. La parte superior se esforzaba cuánto podía á la conformidad, pero la inferior gemía mucho, agobiada de su flaqueza. Mi opresión era excesiva; y considerándote muerta, ó á lo menos moribunda, sólo me consolaba la esperanza de que tardaría poco en seguirte, y la viva confianza en los méritos de Jesucristo de que nos juntaríamos en el paraíso para no separarnos por toda la eternidad. Ni tus circunstancias ni las mías sufren que nos lisonjeemos con la idea de otro consuelo. (Isla, 2003: pp. 282-283)

La cita es sumamente larga pero no he podido cortarla con el fin de dar cuenta de la argumentación y de las transiciones del pensamiento del jesuita. Para él la correspondencia de su hermana es «consuelo» ante esta soledad anímica y espiritual en la que vive, a pesar de la compañía de sus condes Tedeschi y su séquito de servidumbre; no es en ningún momento un destierro que implique un encierro, y sin embargo, así lo experimenta Isla. El intercambio epistolar es su medicina contra una dolencia que no tiene ningún origen fisiológico pero que lo afecta en sus estados de ánimo. Aquí se manifiesta ansioso y melancólico; su gran obstáculo es aquí la muerte, que se acerca sigilosamente, él lo sabe. En esta retórica de la senectud hay dos condiciones que se repiten: la edad y los achaques, los cuales delatan esa conciencia de una existencia que se apaga. Pero lo que sorprende aquí es que no tenga tanto miedo de morir, como el hecho de que su hermana, quien también ha estado enferma, desaparezca primero. En este momento surge su angustia más profunda, la describe con la imagen difractada de su cuerpo entre lo superior y lo inferior: la una conforme al mandato divino y a la condición humana; la otra se expresa bajo la palabra «flaqueza», la cual delata sus resistencias a aceptar lo que para el católico significa la resignación. De esta suerte, la angustia se apodera en este momento del jesuita y nos describe sus efectos fisiológicos («Mi opresión era excesiva»), para finalizar, ahora sí, en la esperanza cristiana de la vida de ultratumba y el ulterior encuentro. El contexto de esta promesa de vida celestial no debe obnubilar al lector de sus cartas, porque el afecto del jesuita raya en un amor que va más allá de lo fraternal cuando nos habla de que «nos juntaríamos en el paraíso para no separarnos por toda la eternidad». En la óptica del eros platónico, la separación de las almas emparejadas, y que se corresponden, se reunirán de nuevo cuando vuelvan a estar juntas para siempre. Eso es lo que anhela Isla aquí con todas sus fuerzas y el verbo lisonjear, utilizado en el final de la cita, otra vez nos sorprende, pues insta a su hermana a no envanecerse o utilizar otros «consuelos» que pudieran aplacar o excusar sus «circunstancias» biográficas. Leído en clave de la resignación cristiana, deben los dos encomendarse a la divinidad pero su casuística delata un lenguaje que no es el tradicional; muestra así la maestría de la prosa isliana.

Ahora bien, sí que corresponde al gusto y a la concepción dieciochesca lo que plantea Isla al inicio de la Carta CCXXXIII, del 19 de agosto de 1781, cuando se refiere a esa conversación a la distancia, *tête à tête* (como dicen en francés) que la comunicación epistolar prodiga:

> Amada hija, hermana y señora mía: Como por tres semanas seguidas me hiciste probar el imponderable gusto de tu conversación en tres no interrumpidas cartas, acostumbrado ya á este pasto, y persuadido á que á lo menos de quince en quince días no me faltaría, experimento con dolor que estos se han pasado sin que el sobrino, ni yo hayamos tenido noticia alguna tuya [...]. (Isla, 2003: p. 292)

En su tipología sobre las formas epistolares en el siglo XVII francés, Marie-Claire Grassi expone que la carta ha sido considerada como substituto de la conversación (1998: pp. 108-109); mientras que en el contexto español, un humanista como Gregorio de Mayans, advierte de la pertinencia del origen de epistolar en el diálogo silencioso entre destinatarios, dice en su *Retórica*: «Este *razonamiento* es escrito [se refiere a la carta], el qual imita i suple la *conversación*» (1984: p. 603, las cursivas son del texto; Libro V, Cap. V «De las cartas mensajeras»)[2]. En primer lugar, Mayans justifica el nacimiento de las cartas en la necesidad de comunicación cuando había una gran distancia que separaba a los interlocutores. Según él, éste su origen:

> Las *cartas* se inventaron a fin de esplicarse los que las escriven con mayor claridad por medio dellas que por mensages [...]. Las introdujo la necesidad, por no poder ir a hablar a otro; las mantiene la comodidad, para poder tratar uno con qualquier del mundo por distante que esté, sin moverse de su silla. Se logra también esta comodidad entre los presentes, porque además de informar a otro de palabra, se le puede dejar otro informe por escrito, más fiel i más duradero. (Mayans, 1984: p. 603, la cursiva es del autor; Libro V, Cap. V «De las cartas mensageras»)

De esta manera, la carta nace como substituto de la conversación y tiene la finalidad de acercar a personas que estén distantes y desean mantener una «conversación» interrumpida y forzada por la distancia física; se explicaría entonces, esas necesidades y demandas afectivas de mantener el contacto

---

2   Respeto la grafía de la edición que manejo en esta y otras citas de Mayans.

y el intercambio que se acrecienta, en este caso, ante la muerte inminente. Es lo que le recuerda el padre Isla a su querida hermana, cuando ahora le pide que sus oraciones se dirijan hacia su salvación eterna:

> Prosiguen sin novedad mis molestísimos ajes, los que, siendo efectos naturales de una edad avanzada como la mía, no puedo prometerme que se alivien, sino que cada día se aumenten; y así sólo deseo no malograrlos para que me sirvan de satisfacción y de mérito. Esto es lo único que pido al Señor, y espero que á lo mismo me ayudarás tú con tus oraciones, dirigiéndolas precisamente á este importantísimo fin. (Isla, 2003: p. 293)

Todo el examen de conciencia, que implica sufrir estoica y cristianamente su vejez, significa aquí ser indiferente al dolor del cuerpo y a sus estragos, eso es cierto. Pero hay también una cierta austeridad y dominio sobre su propia sensibilidad que están latentes en las palabras de Isla a la hora de encomendarse y prepararse hacia la muerte; de ahí que se lo solicita a su hermana («me ayudarás tú con tus oraciones»). La asunción de la salud precaria («no puedo prometerme que se alivien, sino que cada día se aumenten») es una prueba de valor y de fe. Llama la atención una vez más que Isla no lo traduzca en el lenguaje tradicional católico «de padecer en provecho de su alma o de sufrir en el Señor», sino que nos sorprenda con el verbo «malograr». No solo atenúa la carga de gravedad y de seriedad de su discurso (Dubuis, 1974: pp. 54-56); inventa expresiones que revelan que, en este momento crucial y capital, tiene todavía la osadía de verse con distancia y humanidad, en el sentido de que no quiere desaprovechar sus padecimientos para ganarse la vida del más allá, por supuesto.

Al respecto, su última carta, la CCXXXVI, fechada el 21 de octubre de 1781, comienza de una vez en tono alarmante con su salud degradada y la crisis que está padeciendo:

> Amada hija, hermana y señora mía: Tu carta de 16 de setiembre me coge lleno de flatos, de vómitos, de continuas convulsiones y de una molesta disentería; pero, gracias á Dios, sin calentura. En dos días no ha entrado en mi cuerpo más que una jícara de chocolate; pero han salido de él, algunas azumbres de humor. Experimento algún alivio; pero no tanto que pueda gobernar la pluma por mí mismo. En mis años esto es poca cosa, y desear más sería pedir gullorías.
>
> Hasta ahora no he pedido á Dios que á tí ni á mí nos dé la salud del cuerpo, sino mucha paciencia para merecer con los desórdenes de la máquina. Considera ahora si vamos acordes en nuestras oraciones. (Isla, 2003: p. 296)

La primera parte de la cita es descriptiva y enumera los síntomas que el cuerpo produce y que el propio enfermo sabe interpretar; es más interesante aún cuando Isla plantea, en forma de lo que Bajtín[3] denomina como propio de los principios de vida corporal, la doble acción de comer (beber)/ vomitar, de la ingestión y del cuerpo execrante («pero han salido de él, algunas azumbres de humor»), más que pertenecer aquí a lo grotesco festivo, nos habla del que se degrada; al respecto indica Bajtín: «Tout ce qui sort, saille du corps, c'est-à-dire tous les endroits où le corps franchit ses limites et met en chantier un autre corps, se détache, s'élimine, se ferme, s'amollit» (1970: p. 317). Esto lo comprende tan bien el jesuita que cuando habla al final de la cita, se refiere al deterioro de «la salud del cuerpo» en un lenguaje muy novedoso y a la vez dieciochesco con la expresión «los desórdenes de la máquina», para alguien que ha denostado los avances de la ciencia moderna. En la esfera de esa mentalidad proclive a las innovaciones, José Antonio Maravall nos recuerda que la noción de la máquina se aplicará a la metáfora mecanicista de la sociedad, de «una máquina termodinámica, que crea y consume su propia energía» (1979: p. 309), cuyos engranajes se mueven al unísono y cada parte asume su función en provecho de la mecánica general. Pero cuando Isla se refiere a «los desórdenes de la máquina», alude, en este contexto de la senectud y de enfermedades crónicas y degenerativas, también a la metáfora organicista, porque esa «máquina humana» empieza a fallar y no tiene ni repuestos ni cambios posibles[4]. No se asume los estragos del cuerpo con la crueldad o la angustia que pudiera generar tal reconocimiento en la mente del pesimismo antropológico, el cual aisla al individuo cuando se enfrenta a la muerte a partir del Romanticismo europeo. Más bien, Isla alude al tópico de la concertación de las almas en una misma sintonía y diapasón al final de la cita, cuando le recuerda a su hermana la necesidad cristiana de encomendarse a la divinidad: «Considera ahora si vamos acordes en nuestras oraciones». Tal y como nos recuerda Aurora Egido, desde «la literatura ascética y mística desde el Siglo de Oro se basa en los presupuestos de laboriosidad y sufrimiento constantes, sublimidos por la

---

3   Aunque cito por la edición francesa, prefiero la grafía del apellido que hemos adoptado en español.
4   Recordemos que en la relación de la ciencia-naturaleza, para la nueva mentalidad ilustrada «el hombre forma parte de una naturaleza cuya ordenación es fundamentalmente matemática» (Herrero Sánchez, 1998-1999: 171) y, por lo tanto, funciona con una mecánica perfecta.

trascendencia del modelo de Cristo» (Egido, 2004: p. 31); las penalidades y las miserias se asocian al trabajo que será recompensado moralmente en las que el tópico de las fortunas y adversidades de gran calado clásico ahora se cristianizan (Egido, 2004: p. 39). Eso piensa Isla pero no asume las fórmulas tradicionales de este pensamiento.

Isla muere dos semanas después de escribir esta última carta, el 2 de noviembre, a la larga edad de 79 años; su cuerpo descansa en la Iglesia de Santa Maria de la Muratele, en la región de Boloña. Como hemos analizado, en las últimas cartas que escribió a su hermana, la senectud está asumida sin desparpajo y sin angustia. Hay en él por lo demás, la necesidad de asumir con dignidad cristiana una muerte digna, no al estilo del filósofo dieciochesco que la quiere lejos de la divinidad, pues este último censura, como lo plantea Francisco Lafarga, «la explotación cristiana de la muerte y [se dirige] a proponer remedios sencillamente humanos contra los temores de la muerte y a desterrar en particular las aprensiones suscitadas por una eventual resurrección del alma así como las presuntas ansias de la agonía» (2000-2001: p. 72). Tal y como hemos analizado, Isla también libera la noción de muerte de esa carga de angustia y de castigo atroz, de forma tal que en él hay redención con un estilo que atempera la casuística católica. Por otra parte, la decrepitud y la enfermedad se ven como parte de lo humano en un estilo de cartas que poseen todas las características de la conversación: variedad y heterogeneidad de los asuntos, aunque se repite en la insistencia sobre motivos como la muerte y la enfermedad en este tránsito final, eso es normal, cuando se presta a realizar ese viaje definitivo del cual nadie está exento realizar y del cual ningún ser humano puede jactarse de no poseer su boleto o entrada ya comprada.

Referencias bibliográficas

Bakhtine, Mikhaïl (1970) *L'oeuvre de François Rabelais et la culture populaire au Moyen Âge et sous la Rennaissance*, Paris, Gallimard.

Calles Vales, José (2000) *Refranes, proverbios y sentencias*, Alcobendas, LIBSA.

Celada Perandones, Pablo (2005) «Pensamiento pedagógico y crítica educadora en los escritos de un leonés dieciochista: José Francisco de Isla y Rojo», *El mundo del Padre Isla*. José Enrique Martínez Fernández y Natalia Álvarez Méndez (Coords.), León, Servicio de Publicaciones de la Universidad, 2005, pp. 65-81.

CHAMAYOU, Anne (1999) *L'esprit de la lettre (XVIIIe siècle)*, Paris, PUF.

CHEN SHAM, Jorge (1994) «El criticismo de los novatores: motor de la primera biografía cervantina, escrita por Gregorio de Mayans», *Revista de Filología y Lingüística de la Universidad de Costa Rica* 20.2, pp. 7-17.

—, (1999) «*Fray Gerundio de Campazas*» *o la corrupción del lenguaje: sátira y escamoteo autorial*, San José: Editorial de la Universidad de Costa Rica.

—, (2005) «El espacio de los afectos en las cartas familiares del Padre Isla: La afirmación de las pasiones», *El mundo del Padre Isla*, José Enrique Martínez Fernández y Natalia Álvarez Méndez (Coords.), León, Servicio de Publicaciones de la Universidad, 2005, pp. 351-369.

—, (2014). «El viaje al exilio en la correspondencia del padre José Francisco de Isla: Consolatio y comunicación epistolar», *Dieciocho* 37.2, por salir.

CURTIUS, Ernest Robert (1955) «Tópica», *Literatura europea y Edad Media latina*, México, D.F., Fondo de Cultura Económica, 3ª. Reimpresión, tomo I, pp. 122-159, (2004).

DUBUIS, Michel (1974) «La ‹gravité› et le ‹sérieux›: Recherche sur le vocabulaire de Cadalso et de ses contemporains», *Bulletin Hispanique* 86.1-2, pp. 5-91.

EGIDO, Aurora (2004) «Los trabajos en *El Persiles*». *Peregrinamente Peregrinos: Actas del V Congreso Internacional de la Asociación de Cervantistas, Lisboa, Fundaçâo Calouste Gulbenkian, 1-5 septiembre 2003*, Alicia Villar Lecumberri (Ed.), Madrid, Asociación de Cervantistas, tomo I, pp. 17-66.

DÍEZ DE LA REVENGA, Francisco Javier (1988) *Poesía de senectud: Guillén, Diego, Aleixandre, Alonso y Alberti en sus mundos poéticos terminales*, Barcelona, Anthropos.

GAUDEAU, Bernard (1890) *Étude sur «Fray Gerundio» et sur son auteur le P. José Francisco de Isla, 1703-1781*, Paris, Retoux-Bray, Librairie-éditeur.

GRASSI, Marie-Claire (1998) *Lire l'épistolaire*, París, Dunod.

HERRERO SÁNCHEZ, Jaime (1998-1999) «La abuela mecánica. Mecánica y androides en el siglo de las luces», *Cuadernos de Estudios del Siglo XVIII* 8-9, pp. 169-178.

ISLA, José Francisco de (2003) *Cartas familiares y escogidas*, León, Instituto Leonés de Cultura y Universidad de León.

LAFARGA, Francisco (2000-2001) «La muerte del filósofo», *Cuadernos de Estudios del Siglo XVIII* 10-11, pp. 63-74.

MADELPUECH-TOUCHERON, Florence (2008) «Dévoiler l'image du passé: l'élégie funèbre comme lieu de mémoire. Consolation, souvenir et *exemplum* dans l'élégie I de Garcilaso de la Vega», *Europe XVI-XVII*, 12, pp. 75-100.

MARAVALL, José Antonio (1979) «Espíritu burgués y principio de interés personal en la Ilustración española», *Hispanic Review* 47.3, pp. 291-325.

MARINÉ ISIDRO, Juan (1996) «Introducción» a *Diálogos. Consolaciones*, Séneca, Madrid, Gredos, pp. 9-39.

MAYANS Y SISCAR, Gregorio (1984) *Retórica. Obras Completas*. Tomo III. Valencia, Ayuntamiento de Oliva.

PÉREZ PICÓN, Conrado (1981) «El padre Isla, un gran desconocido», *Razón y Fe* 998, pp. 458-482.

RICO, Francisco (1976) *La novela picaresca y el punto de vista*, Barcelona, Seix Barral, 2ª. reimpresión.

SÁIZ, Ma. Dolores (1983) *Historia del periodismo en España: 1. Los orígenes. El siglo XVIII*, Madrid: Alianza.

SÁNCHEZ-BLANCO, Francisco (1992) «Una ética secular: la amistad entre los ilustrados», *Cuadernos de Estudios del siglo XVIII* 2, pp. 97-116.

VIOLI, Patrizia (1987) «La intimidad de la ausencia: formas de la estructura epistolar», *Revista de Occidente* 68, pp. 87-99.

El concepto del viaje según Sylvain Tesson

DENISE FISCHER HUBERT

Viajero-escritor y geógrafo, Sylvain Tesson inicia su larga serie de viajes en 1991, a los 19 años, con dos amigos por Islandia en VVT. Dos años más tarde, con Alexandre Poussin, da la vuelta al mundo en bicicleta. Narran esta expedición en un libro común: *On a roulé sur la terre*, siendo premiados por el Institut Géographique National. De nuevo con A. Poussin publica en 1998 *La marche dans le ciel* (premio de Explorateurs de la Société de Géographie) después de la travesía a pie del Himalaya – 5000 kms en seis meses. Con Priscilla Telmon, recorre a caballo les estepas del Asia Central, describiendo esta cabalgada en *La chevauchée des steppes* en 2001 y *Carnets de steppes*, 2002. Participa en la tentativa de inventario del patrimonio afgán y, en 2003-04, viaja desde Siberia a la India, tras las huellas de los fugitivos del gulag, vagabundeo relatado en *L'axe du Loup* (2004). Su última expedición transcurre por la ruta del oleoducto Aral-Caspio-Cáucaso en 2006 (*Éloge de l'énergie vagabonde*). Sylvain Tesson ha publicado varios libros relacionados con sus viajes, novelas cortas, obteniendo la última – *Une vie à coucher dehors* – el premio Goncourt de la Novela Corta en 2009; álbumes fotográficos en colaboración (*Sous l'étoile de la liberté* en 2005; *L'or noir des steppes*, 2006) y es co-autor de documentales y conferenciante.

1. ¿Qué es el nomadismo para Sylvain Tesson?

El ser humano se desplaza por naturaleza, la característica de la vida es el movimiento y, para él, cualquier impedimento a su movimiento es la primera traba a su libertad. No hay mayor angustia en el mundo moderno que la de sentirse clavado, inmovilizado. De ahí el interés por la navegación por Internet, los joggings, los rollers, etc. Tesson opina que esta fiebre viajera no es más que un baile de San Vito. El hombre, encarcelado en ciudades de piedra, en las jaulas de su piso se resarce moviéndose, agitándose, recreando el nomadismo, circulando sobre el alquitrán, en avión o en AVE. Pero existe otra categoría de viajeros:

> Ils se contentent de voyager silencieusement, pour eux-mêmes, parfois en eux-mêmes. [...] Ils vont seuls, avec lenteur, sans autre but que celui d'avancer[1] (Tesson, 2008b : p. 15).

Según las épocas, los han llamado *monjes-mendigos, vagabundos, Wanderer* o *Waldganger*,[2] etc. Con esta categoría reivindica Tesson su parentesco. El nomadismo poco tiene que ver con el turismo que, según él, «est l'énergie dépensée en parcourant dix mille kilomètres pour se plaindre que les choses ne fonctionnent pas comme chez soi»[3] (Tesson, 2009a: p. 168). El objetivo del nómada es buscar la belleza allí donde se encuentra y Tesson se sitúa a sí mismo entre el viajero clásico al acecho de las maravillas del mundo y el errante libre de todo obstáculo, sin preocuparse por lo que abandona tras él.

El vagabundeo no es un acto anárquico; obedece a una disciplina. El Wanderer previamente traza su ruta, lleva la cuenta de los kilómetros recorridos, hace las pausas previstas, recita sus poemas en el mismo orden[4], y escribe en su diario —cuaderno de papel de arroz, que pesa poco— sus impresiones del día. Esta tarea que le parecía fastidiosa al principio llega a serle agradable y necesaria porque representa un momento de serenidad después de un largo día caminando.

---

1   «Se contentan con viajar silenciosamente, para si mismos, a veces en sí mismos [...] Van solos, con lentitud, sin otro fin que el de avanzar». La traducción de las citas es de la autora de esta comunicación.
2   Tesson los llama: *coureurs de bois, racleurs de désert, défricheurs d'espace, bouffeurs d'horizon, croqueurs d'horizon, porteurs de souffle.*
3   «es la energía gastada recorriendo diez mil kilómetros para quejarse de que las cosas no funcionan como en casa».
4   Tesson se lleva, en sus viajes, una antología poética. Va recitando poemas mientras camina y, a la noche, arranca la hoja del poema memorizado para hacer lumbre.

El concepto del viaje según Sylvain Tesson   247

2. La preparación de los viajes

La preparación del equipo es muy sucinta: consiste en llenar la mochila con un saco de dormir, una tienda sarcófago, una camiseta de recambio y una chaqueta de montaña, un reloj altímetro, una brújula, un GPS, una cámara, un encendedor, una lámpara frontal, un cuchillo, un cubilete, pastillas desinfectantes para el agua, aspirina (para mitigar los efectos del vodka ruso), cuadernos en los que toma apuntes, una antología poética y una flauta. Añade durante la travesía del lago Baikal un bastón con una punta inflamable y una campanita colgada de la mochila para ahuyentar a los osos (también procura hacer ruido golpeando el bastón contra la escudilla o recitando poemas en voz alta).

La preparación cultural es mucho más larga, incluso permanente: leer sobre el viaje proyectado clásicos de la literatura, libros de exploradores, de geógrafos, recopilar mapas, perfeccionarse en el idioma ruso (para la travesía de Siberia a la India). Nunca se va a la aventura, sus viajes están minuciosamente preparados desde el punto de vista cultural.

3. Los medios de transporte

Tesson evoca constantemente el placer de desplazarse lentamente y por su esfuerzo personal, «by fair means», lealmente, o sea sin máquina motorizada: a pie, a bicicleta, a caballo. Con el caballo hace una nueva lectura del mundo porque éste le permite fundirse en el medio ambiente, él es quien regula el ritmo del viaje, él decide las pausas. Cabalgar es ideal para el vagabundeo interior ya que la mente no tiene que hacer el esfuerzo de concentración que exige el caminar y así puede dedicarse de pleno a la observación del paisaje y a sus propios pensamientos.

4. Medios de subsistencia

Tesson lleva en su mochila alimentos liofilizados y deshidratados. A éstos les añade bayas que va recogiendo, el producto de su pesca y se va aprovisionando al cruzar pueblos o en sus encuentros con los nómadas. El caballo le permite una mayor autonomía para llevar más alimentos y agua. Si le invitan a comer o dormir, intenta responder al campesino ayudando en sus faenas porque no quiere viajar como parásito. El cuerpo se acostumbra con rapidez a la falta de confort, pero el alma es más exigente. Por eso lleva una antología de poesía francesa.

5. La soledad y el caminar

En los nueve meses que dura su viaje de Siberia a la India, Tesson acompaña durante 10 días a unos monjes tibetanos. El fotógrafo Thomas Goisque se reúne con él tres veces y le trae carretes de fotos, cuadernos y algún equipo (saco de dormir). Su primo Nicolas Millet también acude tres veces para filmar. Sus estancias suelen durar de 10 a 15 días. De Lhassa a Darjeeling, viaja con Priscilla Telmon. Pero en la mayor parte de sus viajes, Tesson va solo. La soledad le es indispensable y es sinónimo de felicidad.

> J'avance heureux et seul. Heureux car seul. J'ai le lac, il me suffit. Quand j'en ai assez contemplé la surface, je rentre dans le bois. La lumière s'accroche différemment dans le cèdre, le bouleau ou le sapin »[5] (Tesson, 2008a : p. 85).

Siempre que puede evita a los hombres, prefiere dormir al aire libre. El caballo le hace compañía y durante una tormenta en la estepa, se abriga a su lado: está empapado, tiene frío, pero se siente feliz porque sólo tiene a su caballo consigo.

El caballo y el espectáculo del cielo de noche son sus compañeros:

---

[5] «Avanzo feliz y solo. Feliz porque solo. Tengo el lago, me basta. Cuando me canso de mirar la superficie, me adentro en el bosque. La luz roza de manera distinta el cedro, el abedul o el abeto».

La nuit, c'est le tête-à-tête renouvelé avec les champs d'étoiles dont la beauté interdit qu'on ferme les yeux. Et le tout dans la solitude qui est le plus beau cadeau qu'on puisse offrir à l'âme[6] (Tesson, 2008a: p. 186).

La soledad le permite profundizar en sí mismo y, para él, Asia central es, entre todas, la tierra propicia a la revelación de las almas a sí mismas.

El tema de la soledad es constante en sus libros: «L'enfer, ce n'est pas les autres, c'est quand ils vivent trop près» (Tesson, 2009b: p. 153), «L'enfer, ce n'est pas les autres, c'est l'éventualité qu'ils arrivent»[7] (*Id.*: p. 173).

Y cuando la soledad se hace difícil de soportar, habla solo en voz alta y va sacando recuerdos de su memoria. Compara la cabeza del viajero a un baúl lleno de viejos papeles o a una caja de archivos que constituye lo más valioso de su equipaje porque se la lleva a todos los sitios y permite en cualquier momento pasar un buen momento consigo mismo, recorriendo los estantes de su biblioteca interior.

El vagabundeo espacial corresponde pues a otro interior. El espíritu, liberado de las palabras inútiles, de las contingencias de la vida moderna, se abre al exterior, dispuesto para la contemplación de la naturaleza. En el tren d'Oulang Bator a Jiayouguang, sufre de la promiscuidad, sólo sueña con huir de la muchedumbre y encontrar de nuevo el desierto y la soledad. El caminar en solitario le hace vivir más intensamente. Por otra parte, no está del todo solo, le acompañan las hadas que se manifiestan en cada parcela de la naturaleza. Basta echarle una mirada nueva, es como rehechizar el mundo, fecundarlo con una doble lectura de lo vemos en él. Silencio y soledad para sentir más profundamente, para viajar dentro de sí mismo. Entonces es cuando el viajero percibe un canto desconocido que sube de sus adentros, ignorado hasta entonces porque le ahogaba la algaraza de la sociedad con los imperativos e hipocresías de la conversación. Libre de ataduras, se puede dedicar a descifrar las señales y los símbolos que afloran a la superficie de las cosas.

Muchos viajan ansiosos de conocer gente nueva, encontrarse con los otros. Al principio, cuando le hacían esta pregunta, Tesson contestaba que viajaba para saciar su sed del Otro, pero muy pronto se dio cuenta de que

---

6 «Por la noche tiene lugar la conversación privada renovada con los campos de estrellas cuya belleza prohíbe que se cierren los ojos. Y todo esto en la soledad que es el regalo más bello que se pueda ofrecer al alma».
7 «El infierno, no son los demás, es cuando viven demasiado cerca....El infierno, no son los demás, es la eventualidad de que vengan».

el Otro no tiene más valor por ser otro y no existe ninguna relación entre la trascendencia de la gente y su alejamiento. Todos, los de casa y los de fuera saben ser mezquinos y desde que Tesson ha derribado al Hombre de su pedestal, la más poderosa razón de sus viajes es empaparse con la belleza del mundo. El encuentro con los otros es fortuito, constituye una felicidad fugaz que nos ilumina, no un fin. Así va surcando el mundo para descubrir la felicidad de estar más cerca de la naturaleza, de vivir una vida sencilla, despojada de lo superfluo. Se siente en plena armonía con el universo de las estepas.

El caminar es una panacea a la vida desquiciada e insana de las grandes urbes, lava el cuerpo, lo purifica. El hombre tiene que gastar su exceso de energía así que se lanza a las pistas para «refroidir les chaudières intérieures» (Tesson, 2008b: p. 28) y quizá los grandes descubrimientos de los exploradores se deben a que intentaran apagar el incendio dentro de sí, ellos «sont les pompiers de leurs âmes en fusion»[8] (*Ibíd.*). Cansando el cuerpo, se libera la mente que así puede vagabundear en toda libertad; el esfuerzo prolongado produce una sensación de letargo y, al la vez, de latigazo para la mente. Es, dice Tesson, la recompensa al agotamiento, como si constituyera el esfuerzo en una pequeña dosis de droga blanda, legal, beneficiosa y además casera. El caminar contrarresta la sobrealimentación y la sobre-información de que padecen los hombres de las ciudades. El esfuerzo físico riega el cerebro, crea chispas en la mente que nunca se te ocurrirían sentado ante tu mesa de trabajo.

El vagabundeo propicia la reflexión. Saber que a la noche le espera una página de escritura en su cuaderno de viaje, le incita a mirar con más atención lo que le rodea, a vivirlo con más intensidad. Escribiendo lo vivido, retiene el tiempo, vuelve a vivirlo. El nómada no teme el tiempo que va huyendo, marchar es frenar el tiempo, avanzar es dominarlo, pararlo. Que importa si pasan los instantes ya que con obstinación va cosechando kilómetros, va progresando en el espacio y, a la vez, ahondando en sí mismo. Aminorando el paso, el tiempo, por un extraño efecto de imitación, aminora su marcha enriqueciendo al vagabundo ya que la lentitud revela las cosas ocultas por la velocidad. De sus cuatro largos viajes, retiene la impresión de haber vivido cuatro vidas distintas.

El nomadismo es la mejor respuesta a la huida del tiempo. La soledad inherente propicia la meditación, ayuda a hacer la unidad en

---

8 «enfriar las calderas interiores [...] son los bomberos de sus almas en fusión».

sí mismo, encontrar su verdadero ser y le brinda la posibilidad de vivir varias vidas.

6. Su filosofía del viaje. ¿Qué persigue viajando y qué le aportan sus viajes?

Lo que busca Tesson en los viajes es una estética del paisaje que corresponda a sus necesidades profundas: la soledad, de ahí su afición por las estepas con sus cielos y horizontes infinitos que cuadran tan bien con su afición a la reflexión, a la meditación. Es, como lo llama, una estética de la desolación.

En segundo lugar, tierras que tienen un pasado histórico y quedan marcadas culturalmente por este pasado, tierras en las que ha habido una mezcla de culturas, de costumbres y donde quedan vestigios de estas culturas que, a menudo ofrecen un contraste asombroso entre sí: las estepas infinitas con las montañas de Georgia o Azerbaijan donde los habitantes viven todavía en la edad del feudalismo. La ruta de los oleoductos es la ruta histórica de las hordas andrajosas y de las caravanas de mercaderes.

Luego las tierras que ofrecen un amplio abanico geográfico y climático. En las estepas lo habitual es desplazarse de este a oeste. Yendo de norte a sur, efectúa un recorrido menos habitual (que llama el eje del lobo, animal que aparece donde menos se le espera) atravesando regiones muy variadas.

Y por fin le interesan las tierras que han llegado a ser un desafío para la economía mundial: el viaje a lo largo del oleoducto Bakú-Tbilisi-Ceyhan que se reúne en el Mediterráneo con el oleoducto procedente de Irak. Aquí también los contrastes son impresionantes entre la moderna explotación —occidental y china— y las vetustas instalaciones de la ex URSS. El mar Caspio se encuentra en el centro de un gran juego mundial, tiene un valor estratégico innegable y los oleoductos son algo más que simples tubos de acero: simbolizan los ejes de tensiones entre las naciones, traicionan los objetivos y las miras y diseñan en el suelo el mapa de futuros conflictos.

Tesson no va a la aventura. Para sus viajes busca temas, metas. Para el recorrido de Siberia-India, el propósito era seguir las huellas de los fugitivos del GULAG y comprobar que el relato de Rawicz —prófugo[9] durante la segunda guerra mundial— era posible, a pesar de algunos errores. Esta búsqueda de la libertad, esta lucha por la supervivencia así como las pruebas de resistencia que suponen le motivaron para hacer este viaje —homenaje rendido a estos hombres acosados.

Emprende el viaje del Aral al Caspio con el proyecto de reflexionar sobre la energía vital que pone en paralelo con la energía terrestre. Esta energía vital, la busca en el vagabundeo por una zona donde brota la terrestre (gas y petróleo). A primera vista parece que no hay nada común entre las dos pero Tesson afirma lo contrario: las similitudes son sorprendentes entre la fuerza de la energía —hidrocarburos fósiles— que yace en las profundidades de la tierra y el ímpetu vital, oculto en los recovecos del ser. En ambos casos, hay que ir a buscarlos, escarbar, perforar para que afloren a la superficie de la tierra o de la conciencia y refinarlos —en el caso del petróleo para obtener gasolina, en el hombre para alcanzar su esencia, lo mejor de si mismo. Toda persona posee un ímpetu vital adormecido en lo más profundo de su ser, hay que liberarlo y así llegar a un mejor conocimiento de si mismo y aprovechamiento de sus fuerzas ignoradas. Esta energía vital surge en el movimiento, en el viaje que siempre es descubrimiento. Bergson hablaba de la «inmensa eflorescencia de imprevisible novedad». La costumbre, la monotonía, explica Tesson, es lo que mata este brote de novedad. La energía ya no habita en los seres que ya no esperan nada del porvenir y que, por miedo a lo inesperado, se encierran en la prisión de lo rutinario.

Además de la energía vital, sus viajes le aportan a Tesson una visión diferente del mundo. El viaje le abre los ojos, le enseña un espectáculo no previsto (concepto de imprevisibilidad), obligándole a reaccionar, hacerse preguntas, revisar nociones universalmente admitidas pero sujetas a controversias. Su visión del mundo se va modificando al ritmo de sus viajes. El humanista que era se rebela ante el espectáculo de la explotación de la mitad de la humanidad —las mujeres— por la otra mitad —los hombres. En la mayor parte de los países que visita, la mujer es pisoteada por su compañero, es la esclava legal, apta para cualquier clase de trabajo, incluidas las obligaciones del sexo. En Turquía observa una ausencia total de mujeres en los cafés y por la calle, que siente como una amputación. De hecho, se trata de una explotación capitalista. No entiende

---

[9] El relato *A marche forcée* se publicó en 1956.

cómo los hombres, sus no-semejantes, «ces virilités, pleines d'affection pour elles-mêmes mais infoutues de manier la pioche pour soulager le dos des femmes»[10] (Tesson, 2008c: p. 207) pueden cargar con la culpa de un genocidio permanente —llamado en este caso «ginocidio»— y no ve por qué habría de respetar esta humanidad. Prefiere entonces al espectáculo de sus pares la contemplación de la naturaleza y el canto del mundo para poder dormir solo, lejos de los hombres y de su cultura.

Otro tema abordado por Tesson es el del desarrollo duradero, que consiste, para los occidentales, en ajustar mejor las riendas para mantener la carrera de la humanidad el mayor tiempo posible permitiéndole así a la orgía, que es la manera de vivir occidental, proseguir de manera duradera. Lo que le parece una utopía porque millares de televisores no paran de repetir a millares de niños que la felicidad está en el supermercado. La sed de acceder a los niveles occidentales, la envidia, la exasperación de haber esperado tanto ponen en tensión una humanidad superpoblada.

Constata los daños que se han hecho al paisaje: el Usbekistán víctima de la desecación del Aral, donde los vientos han barrido las tierras cultivables, los suelos se han recubierto de sal ofreciendo un «decorado de desolación» (Tesson, 2008c: p. 19). El hombre se comporta como un feroz predador, sacando del fondo de la tierra, cada vez con más avidez, los tesoros que encierra a fin de que reine la luz en la superficie, talando bosques («la chevelure de la planète» (*Id.*: p. 204)), arrancando así suelos, volviendo estériles las tierras. La vida tradicional de las mesetas de Mongolia va desapareciendo: en la única cabaña de pastores (yurta) que queda, el nieto se dedica a jugar con su playstation delante de un póster plastificado de la Meca. Las ciudades se han llenado de cybercafés «institutos de lobotomización en red» que los gobiernos pueden bendecir «car leurs jeunes clients ne sont pas prêts de refaire Tian'an-men. La ‹libération Internet› est la meilleure prophylaxie qu'on ait jamais mise au point contre la révolution»[11] (Tesson, 2008a: p. 203).

El viajero no debe comparar lo que descubre con lo que esperaba encontrar porque la realidad siempre le decepcionará: la mítica Samarcanda rodeada de unas afueras industriales, Urga coronada por una nube de

---

10 «esas virilidades, llenas de cariño por sí mismas pero incapaces de manejar el pico para aliviar la espalda de las mujeres».
11 «porque sus jóvenes clientes no están preparados para revivir Tian'an-men. La liberación Internet es la mejor profilaxia que se ha ideado jamás contra la revolución».

polución, el acantilado de Dunhuang y sus cuevas de ermitaños que Tesson no quiso visitar para preservar, dice, su salud nerviosa

> car le spectacle que j'en ai vu de loin est désolant: les bétonneurs chinois ont coulé une chape d'enduit sur la Falaise aux bouddhas et fermé chaque grotte par une porte blindée portant un numéro, comme une chambre d'hôtel. Ils ont encagé Bouddha. Coulé le Gautama sous le béton. Livré l'Eveillé en pâture aux visiteurs (Tesson, 2008a: pp. 201-202)[12].

En las nuevas construcciones reina el mal gusto y la vulgaridad (palmeras de plástico que titilan por la noche en Aktau —Caspio), todo ello es consecuencia del ritmo del progreso pero, al mismo tiempo, un insulto a su deseo de mundo romántico de tradiciones ancestrales.

Se plantea el porvenir del planeta perturbado con el efecto invernadero y la superpoblación. Una comparación le viene a la mente: la fiebre —calentamiento del cuerpo humano— que es, en realidad, una forma de lucha contra el mal. De la misma manera la Tierra podría responder «par une poussée de fièvre au virus que constitue l'humanité»[13] (Tesson, 2008c: p. 224).

7. Conclusion

Estamos ante una nueva fórmula de vagabundeo que es toda una filosofía y va a contracorriente de nuestro modo de vida. A medida que pasa el tiempo, ese nomadismo va evolucionando y afinándose. En su primer gran viaje (vuelta al mundo en bicicleta con su compañero Alexandre Poussin), tiene 20 años, va a la aventura, dejándose llevar por la novedad, improvisando, devorando el mundo. Más tarde, vemos que prepara a conciencia sus viajes, controlando el kilometraje, las etapas, las metas que se ha propuesto: sabe a donde va y por qué camina. Encontramos entonces

---

12 «porque el espectáculo que he visto de lejos es desolador: las hormigoneras chinas han recubierto con una capa de revestimiento el Acantilado de los Budas y cerrado cada cueva con una puerta blindada que lleva número, como una habitación de hotel. Han enjaulado a Buda. Recubierto al Gautama con cemento. Entregado al Despierto para pasto de turistas».
13 «por un brote de fiebre al virus que constituye la humanidad».

paradojas debidas a una evolución de su mentalidad en el transcurso de sus viajes: ha visto muchas cosas, tiene más edad y ha madurado con el espectáculo que se ofrece a sus ojos, se ha desengañado. Dice que le gustaría hacer, antes de cumplir los 40 años, la prueba de pasar un año en una cabaña perdida en el fondo de los bosques, en una soledad total, frente a la naturaleza salvaje, con sus libros y lo mínimo para subsistir. Sería para él una experiencia fuerte en la que la concentración sería máxima para poder dedicarse a la escritura. La cabaña es la libertad, la soledad, la lentitud —el tiempo parado—, es maravillarse ante la belleza de la naturaleza. Constituye una respuesta a un humanismo satisfecho de sí mismo y a la fealdad de la realidad. Y si no lleva a cabo esta experiencia ahora, le gustaría terminar su vida así, ermitaño en su cabaña. Este deseo de cabaña va al opuesto de la noción de viaje, de movimiento, de esfuerzo. Declaraba Tesson: «ma fonction, ma nature, ma raison d'être et d'être en paix, c'est le mouvement»[14] (Tesson, 2008a: p. 65) ¿Podría pasarse años en una cabaña en medio de los bosques? Este deseo se opone a la energía de la que da muestra, a su implicación en los problemas del mundo actual cuyos defectos proclama e incluso a su necesidad de escritura ya que describe en sus libros sus vivencias durante sus caminatas[15].

Referencias bibliográficas

TESSON, Sylvain; POUSSIN, Alexandre (1996) *On a roulé sur la terre*, Paris, Robert Laffont, (2009a, Pocket).
—, (1998) *La marche dans le ciel: 5000 km à pied à travers l'Himalaya*, Paris, Robert Laffont.
TESSON, Sylvain (2000) *Les métiers de l'aventure et du risque*, Paris, Hachette.

---

14 «mi función, mi naturaleza, mi razón de ser y de estar en paz, es el movimiento».
15 El texto de esta comunicación fue escrito para el Congreso *Historias de viajes* celebrado los días 1-3 de junio de 2010. Sylvain Tesson realizó su sueño de vivir solo en una cabaña durante 6 meses: de febrero a julio de 1010. Relata su experiencia en el libro *Dans les forêts de Sibérie* (Gallimard) premiado con el Prix Médicis, Essai 2011.

TESSON, Sylvain, TELMON, Priscilla (2001) *La chevauchée des steppes: 3000 km à cheval à travers l'Asie centrale,* Paris, Robert Laffont.
—, (2002) *Carnets de steppes. A cheval à travers l'Asie centrale,* Paris, Glénat.
TESSON, Sylvain (2004) *L'axe du loup,* Paris, Robert Laffont, (2008a, Pocket).
—, (2005) *Petit traité sur l'immensité du monde,* Paris, Éditions des Equateurs, (2008b, Pocket).
—, (2007) *Éloge de l'énergie vagabonde,* Paris, Éditions des Equateurs, (2008c, Pocket).
—, (2008d) *Aphorismes sous la lune et autres pensées sauvages,* Paris, Éditions des Equateurs.
—, (2009b) *Une vie à coucher dehors,* Paris, Gallimard.

Conferencias, entrevistas y videos

(2005) «Sylvain Tesson écrivain aventurier», par Jérôme Dupuis, *L'Express* 10/11/2005: <www.lexpress.fr/.../**sylvain-tesson**-ecrivain-aventurier_820866.html>.
(2006) «L'invitation au voyage», Propos recueillis par Céline Laflute et Claire Mione pour *Evene.fr,* janvier 2006: <www.evene.fr/.../interview-**sylvain-tesson**-aventurier-taite-immensite-monde-260.php>.
(2006) «Les chemins de la liberté», Entretien entre Sylvain Tesson et Johanna Nobili, Article publié dans *Carnets d'Expé* n° 2: <www.expemag.com/.../**sylvain-tesson**,-les-chemins-de-la-liberte.html>.
(2007) «Aral-Caspienne-Caucase, réflexion sur l'énergie vitale». Dans le cadre des conférences *Nature & Découvertes Transboréal,* Dailymotion: <http://www.dailymotion.com/video/x1d3y4_sylvain-tesson_travel?from=rss&hmz=706c61796572&hmz=706c61796572>.
(2009) *Solitude, mon choix le plus doux,* Conférence de l'INREES (Institut National de recherche sur les expériences extraordinaires) du Jeudi 14 mai 2009 et video: <http://inrees.com/Conferences/Sylvain-Tesson-explorateur-solitude/>.

Gabrielle Roy: viaje, creación y repatriación

LIDIA GONZÁLEZ MENÉNDEZ

Reconocida como una de las figuras más insignes de la literatura quebequesa y canadiense del siglo XX, Gabrielle Roy, nacida en 1909 y fallecida en 1983, deja tras de sí una obra proteica, sumamente variada. Tras el realismo social de *Bonheur d'occasion* (1945), su exitosa primera novela que le reportó fama internacional, cuya trama se sitúa en la ciudad de Montreal e inaugura la novela urbana, su segundo libro, *La Petite Poule d'eau* (1950), ambientado en el norte de su Manitoba natal, abre una nueva vía en su creación, el lirismo idílico. De inspiración montrealesa, *Alexandre Chenevert* (1954) es novela urbana tanto como novela del individuo. Roy se vuelve hacia su pasado manitobano en los relatos cortos semi-autobiográficos de *Rue Deschambault* (1955) y *La Route d'Altamont* (1966). Publicado entre ambos libros, *La Montagne secrète* (1961) narra las aventuras y el aprendizaje interior de un artista en busca de su ideal pictórico desde el Gran Norte canadiense hasta Francia. *La Rivière sans repos* (1970), obra enmarcada en el norte de Quebec, retoma el realismo social para ilustrar la inadaptación de los esquimales ante el progreso, mientras que la sentida celebración de los paisajes y las gentes de Charlevoix, región al Este de Quebec, anima la obra siguiente, *Cet été qui chantait* (1972). Situados en el Oeste canadiense, los cuatro relatos de *Un jardin au bout du monde* (1975) tienen como protagonistas a inmigrantes, al igual que *Ces enfants de ma vie* (1977), cuyos relatos se inspiran en los primeros años de magisterio de Roy en pequeños pueblos de Manitoba. *Fragiles lumières de la terre* (1978) recopila algunas de sus crónicas periodísticas, de sus reportajes y de sus ensayos dados a conocer entre 1942 y 1970. También da cabida a la emigración *De quoi t'ennuies-tu, Éveline?* (1982), la última obra publicada antes de morir. Roy relata su vida hasta 1943 en *La Détresse et l'enchantement* (1984) y *Le Temps qui m'a manqué* (1997), su autobiografía póstuma.

La gran diversidad de su obra podría resultar desconcertante si no estuviera presidida por la cohesión, la que le aportan la forma fragmentaria, es decir relatos cortos unidos por temas y personajes comunes, la imaginación autobiográfica así como la recurrencia de ciertos temas, constantes que acaban por imponerse en su creación. En definitiva, sus producciones componen un conjunto creativo cohesionado y autónomo.

Gabrielle Roy fue la primera figura literaria canadiense en acceder al estatuto de autor clásico, no sólo porque sus creaciones hayan sido introducidas tempranamente en las aulas y se hayan integrado en los programas escolares francófonos y anglófonos, sino sobre todo porque invitan a constantes relecturas. Hasta no hace mucho controvertida, actualmente la autora es reivindicada por una crítica cada vez más atenta a una creación que discurrió al margen de las corrientes literarias quebequesas de la época pero que hoy en día revela su plena modernidad. Es la suya una obra personal, sin complacencia alguna para con expectativas críticas o cánones literarios, ajena a las circunstancias del momento o a los gustos en boga. Una obra que transitó libremente por su época superando tendencias y movimientos, desde el conservadurismo al nacionalismo de los años sesenta, que se anticipó a los tiempos en el tratamiento de cuestiones relevantes como la condición femenina, la emigración o la infancia y la educación, que no perdió un ápice de su actualidad y que por ello continúa gozando de plena vigencia. Sin maestros ni discípulos, la escritora desarrolla una creación consecuente con sus propias exigencias e independiente de escuelas y de modas, tan coherente en su diversidad como original y poderosa.

Nunca se acaba de leer a Gabrielle Roy: sus libros entablan unos con otros, y con el lector, un diálogo que se prolonga después de haber alcanzado la última página. A quien la lee, la autora no ofrece sino escasas respuestas, siempre fluctuantes y provisionales, planteando además una multitud de cuestiones que, una vez formuladas, no pueden ser obviadas. Sus obras traban una literatura basada en la sencillez y la ausencia de artificio, en el uso depurado de un lenguaje cristalino que siempre busca ahorrar al lector el esfuerzo vertido para alcanzar esa difícil transparencia. Bajo una apariencia casi anodina, vertidas en una forma aparentemente sencilla, suscitando temas que en principio pueden considerarse poco comprometidos, sus narraciones seducen e inquietan, no ya porque provoquen o incomoden, sino por lo que revelan, o mejor dicho por lo que silencian no menos que por lo que explicitan. Quizá sea esta parte oscura o sumergida, llamémosla así, la que sustenta su universo creativo y la que puede ayudar a entender el éxito duradero de sus creaciones. Porque Roy consiguió, cosa rara, tanto el favor de los críticos como el fervor del público[1]. Su tierra natal fue Manitoba, Quebec la tierra ancestral y su tierra de elección y Canadá el amado espacio de encuentro y de entendimiento multicultural. Pero la auténtica patria de Gabrielle Roy es la literatura; en ella confluye toda su ambivalencia, en ella radica su verdadera pertenencia.

1. Gabrielle Roy y el viaje

Su pertenencia a un linaje de exiliados, de errantes, de emigrantes e inmigrantes, a una familia de «chercheurs d'horizon» (Roy, 1978: p. 154), es decisiva en el trazo de la cartografía vivencial y literaria de esta escritora. En realidad sus orígenes, su andadura vital y su creación perfilan una Gabrielle Roy «immigrante *dans sa propre vie*» (Ricard, 2004: p. 197; el subrayado es del autor).

En la interpretación de su trayectoria literaria son esenciales el extrañamiento y el alejamiento que presiden sus opciones vitales. Haber nacido en la provincia de Manitoba, en el Oeste canadiense, lejos de Quebec, ubica a Roy en la marginalidad geográfica. Haber escrito *Bonheur d'occasion* la sitúa en la marginalidad literaria, al margen de las fuertes corrientes ideológicas y literarias del momento. El origen foráneo de la autora contribuye a explicar la singularidad de este libro y la renovación por él aportada; obra de una manitobana, *Bonheur d'occasion* incorpora al acervo literario de Quebec novedosos paradigmas temáticos y formales,

---

[1] A finales de los años setenta, los insistentes rumores sobre la concesión del Premio Nobel a Gabrielle Roy refrendan, en la última etapa de su vida, la notoria celebridad de esta escritora, abundantemente laureada desde su advenimiento triunfal a la literatura con su estreno como novelista, *Bonheur d'occasion*, que en 1947 obtuvo el prestigioso premio Fémina.
Asimismo, Roy fue galardonada en tres ocasiones con el premio del gobernador general de Canadá (en 1947, 1957 y 1978), siendo la primera vez que un escritor obtiene este honor en más de una ocasión. Entre otras distinciones concedidas al conjunto de su obra, la autora recibió el premio Duvernay de la Société Saint-Jean-Baptiste de Montreal (1956), el premio David del gobierno de Quebec (1971), el premio Molson del Consejo de las artes de Canadá (1978), un Diploma de honor de la confederación canadiense de las artes (1989), así como un doctorado honorífico por la Universidad Laval (1968), de la ciudad de Quebec, y el rango de *compagnon* de la orden de Canadá (1967).

inhabituales y alejados de los tópicos al uso, y bajo ese prisma la novela puede entenderse como marginal. Un marcado sentimiento de marginalidad envuelve también su autobiografía, pues *La Détresse et l'enchantement* arranca con el doloroso recuerdo de sentirse, como perteneciente a una minoría francófona, una extranjera en su tierra natal. Lo cierto es que la autora incorpora exitosamente en su producción no ya dos sino tres identidades. Esa triple identidad determina una Gabrielle Roy fragmentada, dividida entre su triple pertenencia, manitobana, quebequesa y canadiense. Su federalismo sincero la llevaba a sentirse profundamente canadiense, pero tal vez lo que mejor defina su perfil literario y humano sea el hecho de sentirse extranjera, minoritaria siempre y en todo lugar: de una minoría francófona en Manitoba, canadiense en Francia e Inglaterra, manitobana en Quebec, Roy se manifiesta como un ente dividido, inaprensible en su integridad si no es a través de su obra completa, valorada en toda su complejidad, a veces contradictoria.

Los orígenes de esta escritora son inseparables de la emigración e inmigración, del exilio interior, del desarraigo y de la *errance*. Su historia familiar aglutina muchas de las experiencias migratorias vividas por la población francófona en el espacio norteamericano, y en su provincia natal confluyen la emigración desde Quebec por la vía paterna con la *errance* desde Acadia por su linaje materno. El padre de Gabrielle, oriundo de la provincia quebequesa, se había alejado de sus padres en edad temprana, había emigrado a Nueva Inglaterra, a Massachusetts, para instalarse posteriormente en Manitoba. En cuanto a la trayectoria de la familia materna de la escritora, se sitúa inicialmente en Acadia, en Connecticut tras la Deportación de 1755 y más tarde en Saint-Alphonse-de-Rodriguez, rincón de Quebec al noroeste de Joliette desde donde el grupo familiar se había lanzado a la aventura colonizadora del Oeste canadiense en 1881, año en el que llegan a Manitoba. Por otra parte, una vez en esta provincia, numerosos miembros de la comunidad francocanadiense emigraban hacia la Columbia Británica, hacia Estados Unidos o hacia Winnipeg, la capital provincial, que a principios del siglo XX también atraía a ingentes efectivos de inmigrantes llegados desde Europa con la intención de establecerse en las Praderas. Emigración e inmigración confluyen especialmente en la figura paterna. En calidad de agente colonizador para el gobierno canadiense, el padre de la autora se encargaba de la acogida e instalación de inmigrantes en las provincias de Saskatchewan y Alberta, de ahí su permanente contacto con francófonos americanos, belgas, franceses u oriundos de Quebec, pero también con dujoboris, polacos, rusos o ucranianos.

La emigración de los antepasados hacia el Oeste canadiense constituye uno de los fundamentos creativos de Roy. El episodio viajero que por encima de cualquier otro alimentó la imaginación e inspiró gran parte de sus obras es el periplo migratorio desde Quebec hacia Manitoba protagonizado por su familia materna, la epopeya viajera para hacerse con un *homestead*, a saber, una de las concesiones gratuitas de tierra que a finales del siglo XIX el gobierno canadiense ofrecía a los colonos en el Oeste de dicho país. De esta aventura viajera la autora evocará particularmente la última etapa, la más pintoresca, el lento recorrido de los pioneros en carros a través de la Pradera, desde Winnipeg hasta la región de la Montaña Pembina, entre una llanura y un cielo inconmensurables, prodigioso viaje que la memoria familiar atesora como un preciado bien, sobremanera gracias a la narración infatigable que del episodio hace la madre de Gabrielle Roy. Fruto de la fascinación de Roy por esta gran aventura es su extensa novela inédita, conocida como *La Saga d'Éveline*[2], que ofrece diversas versiones de un relato inspirado en el viaje migratorio protagonizado por la rama familiar materna. Amén de dejar huella en numerosas creaciones autobiográficas como «Souvenirs du Manitoba», «Mon héritage du Manitoba» (textos escritos en 1954 y 1970 respectivamente), o en su autobiografía propiamente dicha, *La Détresse et l'enchantement* y *Le Temps qui m'a manqué*, la historia familiar también se deja ver ampliamente en muchas de sus obras de ficción, como *Rue Deschambault*, *La Route d'Altamont* o *De quoi t'ennuies-tu, Éveline?*

Gabrielle Roy se cría en francés en Manitoba, una provincia mayoritariamente anglófona, y Saint-Boniface fue su cuna. Aunque hoy en día se encuentra integrada en el perímetro administrativo de la gran urbe de Winnipeg, la población natal de la autora continúa albergando a la comunidad francófona más importante al oeste de los grandes lagos, y en torno a 1909 era además una de las ciudades más relevantes de la provincia. Sometido al dominio anglófono y bajo la impronta eclesiástica, este núcleo francófono es entonces un ente cerrado y replegado sobre sí mismo. Una lábil frontera, el río Rojo, separa dos mundos dispares, antagónicos incluso, el anglófono y el francófono, la industriosa urbe de Winnipeg y la piadosa villa de Saint-Boniface. Los valores contrapuestos

---

[2] © Fonds Gabrielle Roy.

a su idiosincrasia se hallan a un paso del entorno primigenio de Roy. Ahora bien, junto al ensimismamiento del enclave, y a pesar de su parapeto lingüístico y religioso, ya por aquella época la homogeneidad étnica de Saint-Boniface es relativa pues el ambiente cultural y lingüístico francocanadiense predominante contrasta con una amplia variedad humana, la importante colonia belga, valona y flamenca que alberga la villa. El lugar de origen aporta asimismo la apertura hacia lo desconocido. La proximidad de variadas razas y culturas al otro lado del río, o mucho más cerca, en el interior mismo de su núcleo urbano, favorece la pronta incorporación de la figura del extranjero, del inmigrante, al imaginario de Gabrielle Roy, y comporta una acusada propensión al viaje que marca su infancia y su adolescencia. La pequeña y cerrada comunidad francófona donde nace y vive Roy es un reducido universo donde la endogamia es la consigna explícita. La estrechez de miras, el ambiente enrarecido en el Saint-Boniface de los años treinta choca con las amplias expectativas de realización personal de la joven. Fuente de extrañamiento y de exilio interior, por ello mismo su ciudad natal representa también la atracción de la lejanía, y cursa una invitación al viaje.

La lejanía, la otredad esbozada en la emigración, la inmigración y el errar que envuelven la infancia y adolescencia de la autora toman cuerpo en un intenso deseo de irse al otro lado del Atlántico, máxima aspiración para las inquietudes culturales de cualquier joven canadiense en aquella época, pero que en su caso adquiere especial relevancia. La incipiente atracción de la lejanía, la invitación al viaje que pronto anima a la futura escritora se hace realidad en 1937. Hasta entonces Roy permanece en su tierra natal, donde ejerce como maestra. Ese año se lleva a cabo el alejamiento de sus raíces para irse a Europa. Su viaje europeo entre 1937 y 1939 es en realidad una búsqueda de sí misma directamente relacionada con el inicio de su tarea creativa. Lejos de su país, en Inglaterra, Roy comienza a escribir sobre Canadá, y a pesar de anteriores incursiones creativas en inglés lo hace en francés, su única lengua de expresión literaria a partir de entonces. Tras pasar dos años en Francia e Inglaterra, al regresar a Canadá no vuelve a Manitoba sino que se instala definitivamente en la provincia de Quebec, donde desarrollará toda su carrera literaria. Su viaje a Francia e Inglaterra consuma la ruptura con los orígenes en busca de su propia identidad. Instalándose en Montreal en 1939 tras dieciocho meses de periplo europeo, Roy abandona definitivamente su provincia natal. Retornada de la lejanía europea, no se reintegrará en el entorno familiar que con todas las reservas sería el Oeste, sino que escoge Quebec, donde a pesar de sus raíces se siente una extranjera; de nuevo opta, pues, por lo desconocido, por el alejamiento y el extrañamiento. Una vez instalada en Montreal, Roy comienza a colaborar en algunos periódicos y revistas donde publica artículos, reportajes y sus primeros relatos. Su debut novelístico marca un hito en las letras quebequesas; *Bonheur d'occasion*, publicada en 1945, obtiene un enorme éxito internacional, sin precedentes en la escena literaria canadiense, anglófona y francófona[3]; con esta novela la ciudad entra de lleno en la literatura, y se abre camino una novedosa temática en la literatura francocanadiense.

La vieja Europa supone la primera etapa de un largo periplo ontológico y estético, que configura la obra de Gabrielle Roy. De Manitoba a Quebec pasando por Europa hay una larga expatriación incluso desde antes de nacer, un exilio de su tierra y de sí misma. Un exilio que, junto con la consiguiente repatriación, constituye su esquema existencial y supone el compendio de su andadura literaria.

2. Viaje, creación y repatriación

La temática viajera aporta a la obra de Roy una de las constantes más fecundas y que mejor contribuyen a interpretarla; no podía ser de otra manera, teniendo en cuenta que el viaje figura entre los rasgos distintivos más peculiares de la literatura francocanadiense y quebequesa, y fue afirmándose progresivamente como una de las características más arraigadas desde sus inicios hasta nuestros días. Bajo el signo del viaje se inscribe enteramente la primera novela de Roy, y desde esta óptica la innovación aportada por *Bonheur d'occasion* al panorama literario se revela como un conjunto de mutaciones operadas en la concepción del tema viajero. El posterior recorrido creativo de la novelista ratificará esa dinámica evolutiva del viaje; en su presencia narrativa las mutaciones alternarán con las constantes para ofrecer diversas modalidades del tema,

---

3   Del éxito cosechado por la novela da cuenta la larga lista de honores y galardones que le fueron concedidos, además del premio Fémina, en Canadá y también en Francia (cf. Ricard, 2000: pp. 279-287).

tan variadas como coherentes, perfectamente integradas en una obra a la que contribuyen a dar cohesión y unidad.

La escritora ofrece una obra pródiga en movimiento y en viajes, donde la mayoría de las historias finalizan con una partida, con un periplo, a otro lugar o al más allá, y todas ellas abundan en inmigrantes, en exiliados, en errantes y vagabundos, en viajeros de hecho o de intención, aunque sería más exacto hablar de la proliferación de viajeras, consumadas o frustradas, que pueblan sus libros, pues los personajes femeninos son las figuras centrales de sus narraciones.

La atracción por la lejanía exalta a sus personajes, el movimiento constante los agita y ninguno declina la invitación al viaje. En el universo de Roy la inclinación viajera procede principalmente del extrañamiento que aqueja a la mayoría de sus criaturas narrativas. Sus relatos albergan múltiples exiliados, que lo son por partida doble, respecto a su lugar de origen y respecto a los demás, o incluso exiliados de su propio ser, extranjeros en el entorno geográfico y humano, así como en su propia existencia. Sobre un grupo de individuos exiliados interiormente, extranjeros para sí mismos e incapacitados para dejar de serlo reposa el argumento de *Bonheur d'occasion*, un amplio fresco social donde las desgraciadas vicisitudes de la familia Lacasse en un suburbio obrero francófono de Montreal no sólo reflejan el espíritu de una época en un determinado país, sino también la condición humana en general, enfrentada al desempleo, la miseria y la guerra. Extranjero consigo mismo y con los demás se siente también el personaje epónimo del tercer libro de Roy, Alexandre Chenevert, un doble extrañamiento que explica sus repetidas tentativas de evasión, perceptibles en su atracción por el *ailleurs*, imaginado siempre como un reducto alejado y aislado donde fuera posible evitar ese extrañamiento. El exilio interior atenaza asimismo a los personajes de *La Rivière sans repos*; las diversas manifestaciones del progreso introducidas en la vida de los esquimales a lo largo de los cuatro relatos que se suceden en la obra desestabilizan sus identidades culturales e individuales, determinando su rotundo fracaso en la reinvención propia y el dramático trayecto hacia la alienación de Elsa, la protagonista de la narración final. Los viajes migratorios narrados en *Un jardin au bout du monde* abocan al extrañamiento en la llanura colosal del Oeste. De esta proscripción exterior e interior se exime Arthur Trudeau y familia, en el primero de los relatos que integran la obra, titulado «Un vagabond frappe à notre porte», con la movilidad liberadora del vagabundo que irrumpe en sus aisladas y tediosas existencias. En el relato siguiente, «Où iras-tu Sam Lee Wong?», la proscripción es también exterior e interior, y el chino protagonista se muestra desposeído de su lejana tierra natal y también de sí mismo. En eterno exilio viven los dujoboris de «La vallée Houdou», el tercer relato, buscando errantes la tierra prometida. «Un jardin au bout du monde», el último relato del volumen, gira en torno a la incomunicación de la pareja formada por Martha y Stépan; extraños el uno para el otro, el exilio impuesto por el viaje migratorio de los cónyuges se torna aún más duro. Según se muestra en *La Montagne secrète*, la esencia de la creación implica el extrañamiento; extranjero es el artista, exiliado de todo, en perpetuo alejamiento respecto a los otros, ausente hasta de sí mismo. La consecución del ideal artístico que parecería culminar en la posesión propia, es en realidad una desposesión, pues para cumplir con su aspiración suprema el creador debe, imperativamente, alejarse de los demás y hasta de la realidad.

El viaje y el movimiento, físico o bien espiritual, llenan toda la literatura de Roy, y traducen un deseo de superar las contradicciones inherentes a la condición humana, la anhelada repatriación del exilio terrenal, inevitable para el ser mortal que es el hombre. Caminando, paseando, los personajes de sus obras recorren largas distancias, siempre mentales, cuando no también geográficas, y se interrogan sobre la incertidumbre de la vida intentando encontrar respuestas. Seres inquietos, en el viaje hallan el correlato de su desasosiego, y con el viaje buscan dar un sentido unitario a sus vidas, a pesar de sus escisiones. El caso más extremo es el de Elsa, cuyo ajetreo, físico o mental, su marcha constante o sus erráticas ensoñaciones, manifiestan elocuentemente el fracaso en el afianzamiento de su identidad, su frustrada profundización en el autoconocimiento. Máximo exponente del viaje, la *errance* no podía dejar de atraer a los personajes. La continua movilidad de los errantes los redime de sus cuitas sedentarias y los rescata, aunque sólo sea momentáneamente, del extrañamiento.

En uno de sus todavía hoy numerosos textos inéditos, escrito para dar respuesta a la pregunta que se le formula a la autora, «Que faut-il dire aux hommes? Comment leur parler?», Roy afirma:

> Le seul langage possible de l'écrivain me paraît être celui d'un compagnon à un autre compagnon, d'un voyageur à un voyageur... Simplement un peu mieux doué pour distinguer, lui, ce qui se dessine au loin sur la route qu'ils suivent de compagnie.

Por medio de la figuración viajera, Roy responde expresando la ilimitada confianza depositada en la literatura, cuya fuerza estriba en su capacidad para explicar incansablemente la condición humana. El escritor es por definición un viajero, poseedor de una inusitada energía creadora que lo faculta para elucidar los misterios del arte tanto como los de la vida y mostrárselos a los demás.

Adentrarse en el universo de Roy lleva a interrogarse sobre la creación artística, problemática que subyace en toda su producción, donde la reflexión en torno a este tema es un elemento unificador primordial, particularmente a partir de *Rue Deschambault*, *La Montagne secrète* y *La Route d'Altamont*, tríada novelesca donde reside el foco interpretativo que dota de sentido a toda su obra. La inscripción narrativa del gesto creador, de sus manifestaciones, sus contradicciones y sus límites, se realiza en gran medida por medio del viaje. Íntimamente ligado a la relación de Roy con su creación, el viaje desvela el sentido profundo del trabajo del artista, una larga y penosa senda hacia el ideal, inaccesible, pero que el creador no sabría abandonar sin renunciar a cuanto constituye la esencia de su tarea. Del estrecho vínculo entre viaje y creación es muestra palmaria, más que ningún otro de sus libros, *La Montagne secrète*. Epopeya viajera, la obra relata un largo y esforzado periplo a través del Gran Norte canadiense hasta Francia, en cuyo transcurso un pintor viajero acrecienta el conocimiento de sí mismo pues el viaje impone penalidades que ponen a prueba su resistencia física y mental para alcanzar el ideal artístico en el que se cifra el sentido de su existencia. Toda la novela es un viaje. Su trama argumental no es otra cosa que el periplo. Más que llegar, lo que verdaderamente interesa al héroe es viajar. Ahora bien, en este viaje la creación artística es alfa y omega, meta y proceso. Pierre Cadorai habita su propio exilio, la actividad creadora es su territorio, pero para llegar ahí tiene que irse lejos renunciando a todo lo que no es su pintura. Respondiendo a una imperiosa exigencia interior, el artista se adentra cada vez más en las soledades boreales, no obstante el desplazamiento horizontal o físico de su periplo nórdico describe a la vez una trayectoria vertical, la de su ascesis, su ansia por salir de sí mismo para superarse. Alejamiento, elevación, dolor; todo eso implica la creación artística, íntimamente unida a la pérdida, a la muerte, pero superando la muerte y el duelo, porque la persistencia del arte contrarresta la fugacidad de la existencia.

Viajando, el protagonista de *La Montagne secrète* se aleja de los demás en pos del ideal artístico; creando retorna entre los hombres, por lo que su actividad creativa supone de comunicación y colaboración. La tarea creadora, inevitablemente solitaria e introspectiva, resultaría inane si careciera de una dimensión comunicativa, una proyección hacia los demás, itinerario con el que el proceso creativo se completa y adquiere pleno sentido. Fuente del alejamiento, origen del duelo, la creación, la escritura en este caso, se convierte en el instrumento idóneo para el retorno y, por ende, para llevar a cabo la reparación. Así se pone de manifiesto también en *La Route d'Altamont* donde, como ya hiciera en *Rue Deschambault*, Roy se torna hacia su pasado en Manitoba. Ambas obras se componen de una serie de relatos cortos narrados por Christine, *alter ego* de la autora en la ficción, y donde se configura el destino de una vocación literaria. En *Rue Deschambault* el descubrimiento del mundo y el nacimiento de la inclinación artística de la joven protagonista avanzan al unísono en un ambiente eminentemente viajero. *La Route d'Altamont* presenta el acercamiento de Christine a sus raíces, hondamente marcadas por la epopeya migratoria familiar, y decisivas para la realización de su devenir creativo. Atendiendo a su naciente vocación, Christine debe partir, y la ruptura familiar provocada por su inminente viaje a Europa constituye el meollo de la obra. La escritura es fuente de la separación pero también del reencuentro materno-filial. Para satisfacer su vocación literaria, para escribir, la protagonista debe separarse de su madre, de ahí el duelo por el abandono; escribiendo vuelve a ella, vuelve a los orígenes, y procede a la reparación de la pérdida. La muerte de la madre pone fin a la obra, pero supone también el inicio de la prolongación de su vida en la actividad literaria que Christine hace suya. Abandonando a su madre, la hija lleva a cabo sus proyectos, y por esa vía prolonga la vida de la madre en la escritura. Escribiendo se separa de la madre suscitando el duelo, escribiendo retorna a ella y hace posible la reparación.

La abundante reflexión artística presente en el imaginario de Roy se centra prioritariamente en torno a la figura materna, personaje medular que también se ubica bajo el signo del viaje. Algo esperable habida cuenta que, desde los vigorosos retratos femeninos incluidos en sus primeros escritos periodísticos, las mujeres dominan el mundo narrativo de la escritora. Ni siquiera eclipsa la presencia femenina el protagonismo masculino en *La Montagne secrète*, donde la Montaña del título, junto con la figura de Nina, asumen connotativamente la representación de la instancia materna. En sus narraciones la invitación al viaje concierne especialmente a las mujeres, quienes se lanzan con entusiasmo a la experiencia viajera, ya sea esta física u onírica. Lúcidas respecto a las limitaciones impuestas por la condición femenina, que confinándolas en el ámbito familiar restringe su libertad de movimientos, a veces hasta extremos insostenibles, y reprime su espontánea inclinación hacia los horizontes lejanos, las mujeres suplen con creces la imposibilidad del periplo geográfico mediante la ensoñación nostálgica o la divagación errática. De la niña predispuesta al viaje incluso antes de nacer hasta la aventurera septuagenaria, de todas las edades, pioneras audaces, maestras entusiastas, inmigrantes melancólicas, abnegadas madres, esposas resignadas al desencuentro conyugal, la escritora en ciernes o la autora avezada, las mujeres transitan por las historias de Roy y sus viajes sustentan casi siempre el núcleo narrativo. Entendida como un necesario alejamiento de los orígenes, con el consiguiente distanciamiento respecto a la madre, la creación literaria aparece como causa y consecuencia de la pérdida materna, porque al perderla se hace posible retornar hacia ella, un viaje de regreso que se realiza escribiendo.

La escritura, bien se ve en la autobiografía póstuma, describe una trayectoria matrilineal. La figura materna invade su tercera y última parte, inconclusa, *Le Temps qui m'a manqué*; en ella se recoge la toma de conciencia de la especial relación entre madre e hija:

> C'est en cette nuit de juin 1943, quelque part dans une forêt de l'Ontario, que commença entre ma mère et moi le singulier échange de voix où c'est pourtant moi seule qui reçois ses confidences à travers le silence, ou plutôt, la longue quête inépuisable que l'on poursuit d'un être disparu, qui ne peut avoir de fin qu'avec notre propre fin, puisque ce n'est jamais qu'à travers notre seule expérience que nous connaissons la sienne, à travers notre maladie sa cruelle maladie, à travers notre ennui son intarissable ennui, à travers notre mort ses derniers instants solitaires. Ainsi il est à jamais trop tard pour seulement faire savoir à l'être que nous aimons combien nous le comprenons et comprenons sa pauvre vie dont quelque détail jusque-là nous a toujours manqué. (Roy, 1997: p. 25)

Ese «singulier échange de voix» materno-filial, el acercamiento entre ambas reparando la separación previa, sólo tiene lugar tras la muerte de la madre. La incesante reparación del silencio, la comunicación, se establece mediante la creación literaria, con la que la hija se acerca a la madre. Así pues, a la luz de la creación postrera de Roy el conjunto de su obra se muestra como una andadura vital que constituye un progresivo acercamiento a la creación literaria. Por medio de la escritura Roy recrea, en la ficción, la realidad abolida, el universo familiar, la madre abandonada, el país natal desertado con el viaje.

Digamos en guisa de conclusión que el viaje es la expresión de la división inherente a los personajes de Roy, inherente a la condición humana. Viajando se ahonda en el significado de la vida, inevitablemente imbricada con la muerte; ahí radica la exigencia que habita de principio a fin la creación de la escritora, el empeño en el que se compromete su arte, la profundización en el sentido de la existencia.

Más que ninguna otra figuración viajera, la inmigración sustenta la estructura y la significación de la mayoría de sus relatos, pues el periplo migratorio brinda la figuración más completa de la creación. A la manera de los emigrantes, que se vuelcan en la tarea de «refaire ce qui a été quitté», dicho sea con palabras de la propia autora (Roy, 1978: p. 155), para recuperar aquello que abandonaron, la creación literaria en Roy comporta una dinámica doble: la separación, la ruptura con los orígenes, y a continuación la reconstitución del entorno natal dejado atrás. El exilio constituye la primera etapa de un periplo, el advenimiento de la escritura, que no es sino una repatriación, un retorno a las raíces, al tiempo previo al exilio, al tiempo anterior a la escritura. La creación literaria se entiende como un viaje de regreso a los orígenes, a geografías y tiempos previos a la separación, anteriores al alejamiento, al exilio que necesariamente comporta la escritura. Se trata de un periplo que en definitiva constituye la sustancia narrativa de la obra de Roy, desde sus escritos periodísticos hasta el tramo final de su autobiografía, que retoma los primeros años en los que la escritura no había tenido lugar y los transforma en objeto de escritura: el final de *Le Temps qui m'a manqué*, la última parte de la autobiografía de Gabrielle Roy, conduce al inicio de su primera novela, *Bonheur d'occasion*.

Referencias bibliográficas

RICARD, François (2000) *Gabrielle Roy. Une vie*, edición actualizada, Montreal, Boréal, col. «Boréal compact».

—, (2004) «Notes d'un praticien», en Dominique Lafon, Rainier Grutman, Marcel Olscamp y Robert Vigneault (dir.), *Approches de la biographie au Québec*, Montreal, Fides, col. «Archives des lettres canadiennes», pp. 185-200.

Roy, Gabrielle «Que faut-il dire aux hommes? Comment leur parler?» respuesta a una encuesta (fechado el 20 de febrero de 1970). [Texto inédito] Manuscrito mecanografiado. Fondo Gabrielle Roy de la Biblioteca nacional de Canadá, Ottawa, Colección de manuscritos literarios, fondo MSS 1982-11/1986-11, caja 75, carpeta 1.

—, (1978) Fragiles lumières de la terre, nueva edición, Montreal, Boréal, col. «Boréal compact» (1996).

—, (1997) Le Temps qui m'a manqué, Montreal, Boréal, col. «Cahiers Gabrielle Roy».

Symbolique du voyage et quête identitaire

JEANNINE PÂQUE

Avant-dire

Chaque année, à Saint-Malo, se déroule un festival qui a pour nom Étonnants Voyageurs. Il est le rendez-vous des amoureux d'aventure et d'exploration, en livres, en films et en rencontres. La thématique de ce rassemblement plaide toujours pour une littérature-monde, au sens concret du terme et pose les questions fondamentales touchant le fait littéraire. Que peut en effet la littérature dans le chaos du monde ? Le thème du voyage peut répondre à une quête identitaire, comme il pourrait aussi selon certains la contrarier. À l'heure où tant de migrations modifient constamment le rapport des hommes à leur identité, individuelle ou nationale, les différentes contributions au présent colloque poseront peut-être de nouvelles questions si toutefois elles n'apportent pas de réponses.

Je n'ai d'autre ambition que celle de rapporter quelques images humaines saisies au prisme de la littérature.

Résumé

Mon propos se situera entre le thème des « Viajes imaginarios » et celui du « Viaje y sus escrituras ». Je ne compte pas étudier la littérature de voyage mais plutôt le voyage dans la littérature, ou le voyage comme objet littéraire. C'est-à-dire le voyage comme signifié mais aussi comme signifiant, avec ses pratiques spécifiques d'écriture.

Mon choix se fonde sur un ensemble de textes littéraires où le voyage, et aussi son mode mineur, le déplacement, est chargé d'un poids symbolique important, pour celui qui l'effectue comme pour le lecteur. Symbolique également la destination du voyage, virtuelle ou réelle.

Je pense notamment au voyage volontairement manqué de des Esseintes, dans *À rebours* ; aux voyages rêvés avant que de s'accomplir, chez Proust. Mais cet examen pourrait comprendre en conséquence le voyage initiatique de Bardamu, doublé de son contrepoint dérisoire avec le personnage de Robinson, dans le *Voyage au bout de la nuit* et d'autres déplacements incessants vers les frontières ou les marges d'un territoire, dont le projet souvent impossible tourmente tant de personnages romanesques toujours à la recherche d'une reconnaissance, réelle ou rêvée.

Le voyage comme une quête identitaire, à la fois sur les plans psychologique et sociologique : voilà qui est fréquent en littérature, un thème narratif par excellence qui offre de riches perspectives d'analyse.

Mes étonnants voyageurs ne le sont certainement pas par l'éloignement des contrées visitées ni par quelque aspect extraordinaire de leurs déplacements. En fait ils ne se déplacent guère ou ne se déplacent pas encore au moment où ils m'intéressent. Ils sont étonnants moins par l'évocation de lieux qu'ils ont le projet de visiter que par la manière dont ils se les représentent, qu'aucune réalité sans doute ne pourra concurrencer.

1. « Oh qu'ils sont pittoresques les trains manqués ! »

Ce trait d'esprit que l'on doit à Laforgue[1] s'appliquerait-il par extension à ces romanciers de la décadence, dont il est le contemporain ? pourrait-il refléter leurs productions ou être prononcé par l'un de leurs personnages ? Le lecteur d'aujourd'hui n'en douterait pas parce qu'il aurait eu le loisir d'observer leur évolution et surtout de savourer pleinement le germe d'humour qui pointe souvent du plus pessimiste des tableaux.

Ces romans, que nous avons, dans un essai, qualifiés de célibataires, sont, selon un choix qu'il serait trop long d'expliquer ici, au nombre de treize et constituent à nos yeux un seul *Grand Texte*[2] :

---

1 *Poésies complètes*, Paris, Gallimard, 1970, p. 305-306.
2 J.-P. Bertrand, M. Biron, J. Dubois, J. Paque, *Le roman célibataire. D'À rebours à Paludes*, Paris, Corti, 1996.

- Huysmans, *À rebours* (1884)
- Poictevin, *Ludine* (1883)
- Adam, *Soi* (1886)
- Lorrain, *Très russe* (1886)
- Villiers de l'Isle-Adam, *L'Ève future* (1886)
- Dujardin, *Les lauriers sont coupés* (1887)
- Barrès, *Un homme libre* (1889)
- Gourmont, *Sixtine* (1890)
- Péladan, *Un cœur en peine* (1890)
- Wyzewa, *Valbert* (1893)
- Schwob, *Le livre de Monelle* (1895)
- Gide, *Paludes* (1895)

Je ne les considérerai pas tous, sauf en quelques allusions et je m'arrêterai davantage sur le plus caractéristique d'entre eux pour mon propos, *À rebours*.

Si l'excursion, le projet ou la tentative de voyage apparaît fréquemment dans leurs œuvres, en relation logique avec le mal-être qui habite leur héros, c'est de préférence sous l'aspect du voyage inaccompli plutôt que du voyage manqué ou raté qu'il se décline : un motif important qui court de Huysmans à Gide, d'*À rebours* (1884) à *Paludes* (1895).

Déconstruit, marqué par le souci de classification et la célébration de l'artifice, le roman de Huysmans trouve son unité dans le personnage dont on suit les extravagances. Des Esseintes est un célibataire désabusé, qui rompt avec ses origines et son milieu aristocratiques et choisit de se retirer en banlieue parisienne, dans une « bicoque » où il se livre à des expériences artistiques sophistiquées, produits de sa vaste culture et de son imagination, et qui déroulent une sorte de voyage immobile, sa seule aspiration étant d'accéder « anywhere out of the world ». Un jour, pourtant, saturé de ses tentatives stériles, malade et se souvenant d'un désir ancien, il conçoit le projet d'un vrai voyage, en Angleterre : il scrute même les nuages « d'un air tout à la fois impatient et satisfait », comme s'il souhaitait le pire des mauvais temps.

Le voyage à Londres occupe tout le chapitre XI du roman. En fait de voyage, des Esseintes n'ira pas plus loin que Paris, où, satisfait de ses achats dans une librairie cosmopolite, de son passage dans une bodega enfumée où des insulaires dégustent les portos ou xérès les plus raffinés, et surtout de son repas dans une taverne anglaise, rue d'Amsterdam, à deux pas de la gare Saint-Lazare où l'attend le train pour le Havre, il change d'avis. La vue de robustes Britanniques dévorant leur repas lui redonne de l'appétit, mais, plus encore que l'ingestion gourmande de plats, boissons, alcools, le séjour dans ce lieu lui offre *en condensé* toute l'atmosphère londonienne. Il y a pour lui infiniment plus d'intensité dans cette concentration immobile, en un seul lieu fixe que dans un hypothétique voyage. Partir, ce serait maladroit, il risquerait alors de perdre « d'impérissables sensations » (p. 207)[3]. Avec l'addition, il ressent « un doux et tiède anéantissement » (p. 226).

« À quoi bon bouger, quand on peut voyager si magnifiquement sur une chaise ? » Il ressent dès lors « une immense aversion » et « un impérieux besoin de rester tranquille ». Tout cela, courir à la gare, s'enquérir des bagages, *voyager*... quel ennui, quelle corvée ça serait ! Voici donc notre héros, avec ses malles nombreuses *et ses cannes*, reparti pour la gare de Sceaux et sa banlieue. Des Esseintes est, momentanément certes, heureux de rentrer à Fontenay après ce voyage avorté, comme après un long et périlleux périple, avec assez d'esprit ou de malice pour faire de cet échec une victoire, finalement. L'essentiel étant dans la représentation et non dans la réalité, de même que l'artifice est supérieur au réel.

Dans *Sixtine*, un autre roman célibataire, le personnage central, Entragues, tire sentencieusement les conclusions d'un voyage non accompli pour ne pas dire raté :

> Si nous étions partis ensemble, d'abord nous ne serions pas partis du tout, car à quoi bon se mouvoir, puisqu'on demeure en tout lieu identique à soi-même... (p. 305)[4]

Ainsi en ira-t-il du narrateur de *Paludes* qui, lors d'une petite excursion à Montmorency, est obligé de s'abriter de la pluie et d'arrêter là sa promenade. Il considère aussitôt qu'il n'a plus qu'à rentrer à la maison : tout compte fait, ce voyage raté se révèle instructif. Chez l'un comme chez l'autre, il y avait eu volonté de quitter le confort du chez soi, de briser la routine. Mais la rupture s'est révélée impossible voire ridicule, hasardent-ils. Penserait-on à la fable de La Fontaine et aux raisins trop verts pour le renard subitement avisé ? Le mécanisme de défense inconscient est bien plus puissant et inventif ici. S'il se garde du déplacement, c'est aussi que le *célibataire* renonce à la pression temporelle, car le temps cesse de

---

3 Les citations se réfèrent à l'édition d'*À rebours*, en 10/18, Paris, Bourgois, 1975.
4 Les citations se réfèrent à l'édition de *Sixtine*, en 10/18, Paris, Bourgois, 1982.

s'écouler dans l'espace de l'immobilité. Avec Gide, certes, la libération est en vue car le ressassement même de l'enfermement dans la routine produit ses propres règles, dévie vers un programme et s'institue en *agenda*. Le temps perdu, l'inaction se notent, s'écrivent, le héros récupère l'imprévu négatif et le retournement du hasard à son profit : une écriture du fragment s'instaure, se développe et s'épanouira dans les éclats des *Nourritures terrestres*.

Mais avant cela, tous ces romans qui constituent le Grand Texte avaient, chacun à sa façon, préfiguré le choix du voyage immobile. Que ce soit selon le cas dans une bicoque, un laboratoire, une chambre sanctuaire, un cabinet d'écriture, il s'est toujours agi d'un abri, d'un refuge et surtout d'un fantasme dont les murs écrans suffisent à y projeter le monde.

S'ils varient par leur situation, les exemples répètent le même processus. Le personnage s'enferme dans sa chambre nue pour mieux apprécier le monde extérieur et n'en bouge plus, comme Philippe, le héros de Barrès à Venise, ou alors il se réfugie dans un espace clos et figé, comme Hugues Viane dans *Bruges-la-Morte*, pour y vivre une solitude voulue ou subie.

La définition qui convient rétrospectivement pour tous les héros de ces romans et pour ces romans eux-mêmes sera donnée par le narrateur de *Paludes* à propos de son écrit : « C'est l'histoire d'un célibataire qui vit dans une tour entourée de marais ».

Si le chronotope de la tour n'exclut pas absolument le déplacement, celui-ci est circulaire et fondé sur l'invariant.

Avec *À rebours* et des Esseintes, le roman célibataire était entré dans une tour, il n'en sortira qu'avec *Paludes*.

2. Proust et les noms de pays

Dans *Du côté de chez Swann*, qui figure l'entrée dans *A la recherche du temps perdu* et son premier segment, la troisième partie, qui suit *Combray* et *Un amour de Swann*, est intitulée *Noms de pays : le nom*. Elle relate une sorte de voyage, mais un voyage de mots. En effet, il n'y aura de mouvement, de déplacement d'un endroit à l'autre que par les noms de lieux évoqués et la parure de l'écriture tout autant sinon davantage que l'apport de l'imagination.

Le narrateur éprouve un attrait violent pour certains lieux comme il ferait d'un spectacle, que ceux-ci soient une manifestation de la nature ou du grand art, l'important est qu'ils exposent d'une quelconque façon « la pensée d'un grand génie ». Paradoxalement, ce porte-parole de Proust qu'est Marcel prétend chercher le naturel mais il est bien davantage conquis par les informations historico-culturelles de Swann sur les monuments de cette petite ville de la côte normande, Balbec, où il rêve de se rendre un jour, auxquelles il ajoutera progressivement son propre fantasme éclairé.

> J'aurais voulu prendre dès le lendemain le beau train généreux d'une heure trente-deux dont je ne pouvais jamais sans que mon cœur palpitât lire dans les réclames des Compagnies de chemin de fer, dans les annonces de voyages circulaires, l'heure de départ [...] (p. 385)[5].

Un train « surchargé de noms » c'est un itinéraire tout tracé qui permet déjà tout un voyage à celui qui les lit et puis les prononce. De même, à Pâques qui l'évoque, le printemps de Florence et sa promesse de parfums se lit comme un feuillet « dans le cahier interpolé du bonheur ». Très vite, les rêves d'Atlantique et d'Italie du narrateur vont renaître et s'amplifier chaque fois qu'il prononcera les noms de Balbec, Venise, Florence, « desquels avait fini par s'accumuler le désir que [lui] avaient inspiré les lieux qu'ils désignaient. » (p. 387)

La poésie des noms se superpose à celle des lieux encore inconnus, augmentée de ces « joies arbitraires de [son] imagination » en regard de ce qu'il pressent déjà comme une déception future lorsqu'il réalisera ces voyages rêvés. Elle exalte l'idée qu'il se fait des lieux au point que ceux-ci en deviennent individuels, comme des personnes, à cause de leur nom précisément.

Parme est un nom « compact, lisse, mauve et doux » dont la sonorité d'une seule syllabe lourde peut absorber toute la douceur stendhalienne et le reflet des violettes. Impression composite donc à peine fondée sur des sensations réelles, comme la sonorité par exemple, mais bien davantage nourrie par un subtil mélange d'imagination et de culture.

Florence délivre toute la substance de son nom seul comme si le lieu ne comptait guère : elle embaume et prend la forme d'une corolle.

---

5   Toutes les citations se réfèrent à l'édition de *À la recherche du temps perdu* en Pléiade : Paris, Gallimard, 1954.

Balbec, dont on a déjà dit qu'il sortait tout entier d'une tempête imaginaire et des informations culturelles de Swann est sans doute pour Marcel le toponyme le plus évocateur et le plus documenté, en rêves et en réalité. Assorti d'un caractère désuet, comme un paysage figé depuis des temps, avec un habitant sorti d'un fabliau médiéval, *disputeur* devant une mer déchaînée, ce lieu dresse sur un promontoire un clocher bravant l'histoire. Il se trouve aussi au bout d'une chaîne de stations, gares et localités, que l'étrangeté des noms ne fait que rendre plus mystérieuses ou déjà charmantes.

Selon Proust, les pays que nous désirons visiter tiennent beaucoup plus de place dans notre vie véritable que la ville ou le pays où nous nous trouvons. Au lieu des villes dont il prononce le nom et où il désire ardemment se rendre, c'est probablement à un autre soi-même qu'il rêve. C'est bien pour alimenter ce besoin de se déporter, de se transporter, au sens complet du terme, qu'il consulte les guides de voyage plutôt que les livres d'esthétique, et plus encore les indicateurs de chemin de fer.

Que ces images soient fausses ou simplifiées importe peu elles sont à mettre au compte de la supposée rêverie d'un enfant mais davantage encore de la nécessité de s'approprier les lieux en les occupant par l'imagination et, ce faisant, de réduire tant l'espace que le temps, que ce dernier convoque inéluctablement. S'imaginer par exemple sur le point de partir en Italie, pour un adolescent parisien, c'est formuler l'espoir de matérialiser un espace abstrait mais aussi le faire sortir d'un temps imaginaire.

Mais, contrairement à Huysmans, aux romanciers décadents et à leur héros, Proust ne se borne pas à célébrer les projets de voyage et ne s'en tient pas à leurs promesses. Dans l'étendue de son œuvre, il entend bien leur réserver une suite, un accomplissement et nous livre des récits de voyages, de séjours, balnéaires précisément, à Balbec, Rivebelle, etc. et à Venise. Il se donne ainsi la possibilité de comparer le projet et sa réalisation. Ce qui confère une tout autre résonance au thème du voyage et surtout en développe la dimension temporelle.

Le premier voyage à Balbec se situe au début de la deuxième partie de *À l'ombre des jeunes filles en fleurs*, dont le titre correspond directement à cette fin de *Swann* que nous venons d'évoquer et le concrétise en quelque sorte puisqu'il s'agit de *Noms de pays : le pays*. Ce premier contact avec le voyage, c'est-à-dire avec le train, grande nouveauté malgré la préparation à la fois soucieuse et fantasque, se fait dès l'approche de la gare, lieu merveilleux et tragique, qu'il compare aux enfers ou encore à l'endroit où on prépare une crucifixion. Cette descente dantesque entraîne le narrateur à se réfugier dans l'euphorie de l'alcool.

Mais bientôt l'étonnement va se substituer à l'angoisse et générer une excitation que le récit n'aura de cesse de décrire au plus près en développant une véritable phénoménologie du voyage en chemin de fer. Le narrateur apprivoise tout un réseau de nouvelles manières en même temps qu'il se prête aux divers rites initiatiques de passage de la famille au monde extérieur, de la ville à la plage, de l'enfance à l'adolescence et à ses jeunes filles en fleurs.

3. Enfin, Venise !

Il y aura d'autres voyages dans *La Recherche*. Bien postérieure au premier voyage à Balbec et même au second séjour qu'y fait le narrateur, relaté dans *Sodome et Gomorrhe*, une longue partie de *La fugitive* est consacrée à Venise. On y trouve évidemment des pages mémorables sur la cité des doges. Pour corréler ce texte avec la rêverie sur les noms dans le premier volume et la promesse de Venise qu'elle recélait, projet bien avancé en fin de compte mais qui ne se réaliserait pas, il est intéressant de les comparer. Première mention liée à sa présence à Venise, sans que cette fois il soit question de préparation, de voyage, d'installation, etc. comme cela avait été détaillé pour Balbec, l'étonnement du narrateur devant les choses les plus humbles. Dans ce lieu si remarquable par sa magnificence, il note « des impressions analogues à celles qu'[il]avait si souvent ressenties autrefois à Combray », tout même « transposées selon un mode entièrement différent et plus riche ».[6] S'ensuit une série de concordances où telle lumière, tel décor, tel souffle de vent, tel clocher, tel passant, etc. de Venise font songer à Combray, ce qui donne à cette prégnance de la ville une authenticité fondée sur l'intime, mais est aussi un artifice pour démarquer Venise et sa splendeur de la beauté fruste d'un lieu lié à l'enfance. Si l'on baissait des stores à Venise comme à Combray, quand le soleil tapait fort, c'était

---

6   Consulter ce long développement dans *À la recherche du temps perdu*, Paris, Gallimard, la Pléiade, III, p. 623 et sv.

là sur fond de façades Renaissance ou « tendus entre les quadrilobes et les rinceaux de fenêtres gothiques », par exemple.

Au lieu du marbre noir des ardoises de Saint-Hilaire, il voit l'ange d'or du campanile de Saint-Marc, et ainsi de suite. Pure coquetterie, semble-t-il, ou maniérisme, que de ramener la description de Venise à une simple comparaison ! Prétexte en tout cas pour mettre la cité des doges en évidence. Ainsi, après une série de constatations, toutes systématiquement introduites par « comme à Combray », la proximité invoquée de deux lieux si différents ne peut que donner davantage de relief à celui que devrait l'emporter sur l'autre, sans abandonner toutefois l'essentiel c'est-à-dire l'émotion qui permet de les unir voire de les confondre. Que « l'ogive encore à demi arabe d'une façade » soit incontestablement propre à Venise et d'une beauté célébrée dans le monde entier, n'empêche pas qu'elle procure au narrateur un sentiment de grande familiarité comme n'importe quel détail de son pays d'enfance. À Venise en outre, ce sont les œuvres d'art, « les choses magnifiques », nous dit-il, qui sont chargées de nous donner les impressions familières de la vie. Au point que Venise devient proche, plus intime et plus vraie, si on lui accorde « de la ressemblance avec Aubervilliers ». Avec une banlieue populaire de Paris !

Finalement Marcel s'étonne et s'interroge sur le rapport entre le désir qu'il avait autrefois d'un voyage à Venise et l'accomplissement de ce projet, le fait d'y être. La nouveauté serait sa recherche passionnée et vaine des Vénitiennes. Ou bien n'est-ce là qu'une manière de constater la permanence du désir purement imaginaire et sa supériorité sur la réalité de tout accomplissement ? La complexité de ces impressions ne réclame pas nécessairement d'éclaircissement puisqu'elle contribue à cette délectation si particulière.

> Qui aurait pu me dire exactement, d'ailleurs, dans cette recherche passionnée des Vénitiennes, ce qu'il y avait d'elles-mêmes, d'Albertine, de mon ancien désir de jadis du voyage à Venise ?

Il poursuivra tout de même par une longue évocation de la cité lagunaire en soi, comme à la suite d'un « guide magique », c'est-à-dire dans des endroits secrets, en particulier dans les détours de quartiers pauvres, populeux, humbles et se distinguant d'autant plus beaux de la splendeur de la ville qu'on a coutume de célébrer.

Continuant dans la voie de cette vision particulière et comme rétrécie, il relate sa poursuite de filles du peuple (allumettières, enfileuses de perles...), jeunes aujourd'hui – comme l'étaient celles qu'il poursuivait autrefois –, parce qu'elles sont plus authentiquement vénitiennes du fait de donner d'elles-mêmes et de la ville une image plus humble. Comme on le voit souvent dans *La Recherche*, le fait de sortir de sa classe, la transgression sociale ajoutent à l'excitation de la quête le parfum de l'interdit.

Cette tendance à tirer Venise à soi, à se l'approprier, s'affirme encore davantage lorsque Marcel, se promenant avec sa mère et reproduisant ses paroles attendries, attribue à la ville un aspect comme vierge, réduit à la nature, parfaitement orienté et subjectif, susceptible d'avoir plu autrefois à sa grand-mère : le coucher de soleil sur le palais des doges est semblable à celui qu'on observerait au naturel sur une montagne, et les rives du Grand canal deviennent une chaîne de falaises : preuve de plus que le regard individuel, la perception intime l'emportent sur une réalité qui n'existerait guère sans eux.

Demeurerait-on en tout lieu pareil à soi-même, ou fidèle pour toujours à ses illusions premières ? Peut-être

C'est l'une des conclusions auxquelles conduisent cette évocation d'étonnants voyageurs et ce bref examen des textes de Proust sur Balbec ou Venise. En outre le constat de tels échos confirme, s'il en était besoin, la cohérence interne de *la Recherche*.

Références bibliographiques

BERTRAND, Jean-Pierre, BIRON, Michel, DUBOIS, Jacques, PAQUE, Jeannine (eds.), *Le roman célibataire. D'À Rebours à Paludes*. Paris : José Corti, 1996.

GOURMONT Remy de (1982) *Sixtine*, 10/18, Paris, Bourgois.

HUYSMANS Joris-Karl (1975) *À rebours*, 10/18, Paris, Bourgois, 1975.

LAFORGUE, Jules (1970) *Poésies complètes*, Paris, Gallimard, pp. 305-306.

PROUST Marcel (1954) *À la recherche du temps perdu*, Paris, Gallimard, la Pléiade.

Se dire à travers les voyages: Annie Ernaux

Francisca Romeral Rosel

S'il est certain que les voyages ne sont pas en eux-mêmes un thème narratif prédominant dans l'œuvre d'Annie Ernaux, ils se trouvent cependant tellement rattachés au caractère identitaire du *je* autofictionnel qu'il semble propice aujourd'hui de s'y attarder un peu. En effet, les voyages jouent un rôle discret dans l'œuvre mais toutefois important car ils participent à la cohésion du *je* narratif dans ce qu'il a de plus intrinsèque, c'est-à-dire l'ensemble des postures qui dérivent des causes autant que des effets de la transmigration d'une couche sociale simple à une autre plus avantageuse, avec tout ce que cela suggère en images de pièges sournois esquivés à temps, rêves exaucés et désirs encore inassouvis.

Annie Ernaux parle déjà de la portée magique des voyages quand elle décrit, à plusieurs reprises et cela de perspectives diverses, la lancinante quotidienneté de l'existence provinciale vers le milieu du vingtième siècle dans ses premières publications telles que *Les Armoires vides* et *La Femme gelée* où l'on assiste à la récréation de l'enfance de l'écrivaine. L'analyse du mécanisme autofictionnel mis en place dans les textes d'Annie Ernaux permet de mettre rétrospectivement en évidence le sens prémonitoire des rêves de jeunesse, parmi lesquels celui de voyager. Il permet aussi, d'autre part de constater leur aboutissement à travers la métamorphose d'un destin morose selon toutes les prédictions, en une vie plus ou moins mouvementée où l'amour et les voyages s'entremêlent et dont un livre tel que *L'usage de la photo* en serait l'une des preuves et l'un des résultats. En tant que lecteur, on a l'impression que durant le processus de récréation des voyages mené à terme à travers l'écriture, Annie Ernaux, en tant que sujet écrivant, est envahie par la même sensation que celle ressentie par le spectateur au cinéma quand il visionne un « travelling compensé » : une sorte de vertige généré par le mouvement de décrochage par rapport à ce qui se déroule, dans le souvenir, sur le plan du quotidien (l'arrière-plan) et inhérent au voyage – ce qui correspondrait à un *zoom avant* sur le sujet narrateur lui-même se voyant voyager –, mouvement de décrochage doublé simultanément d'un travelling arrière sur l'arrière-plan, c'est-à-dire d'un mouvement d'éloignement sur les plates circonstances de la vie ordinaire, aussi bien dans le passé que dans le présent (quand le voyage et ses anecdotes font partie d'un journal intime).

> Elle n'était pas simple l'histoire à venir, je ne savais pas grand-chose sur les garçons, mais je la sentais joyeuse. La bicyclette cahote sur la terre sombre de la cour où l'herbe ne pousse pas, je serpente entre les casiers, j'amène à coups de pédales l'Inde et l'Argentine dans ma tête mais aussi ce corps glorieux de demain auquel tout sera permis. Voyager et faire l'amour, je crois que rien ne me paraissait plus beau à dix ans. (*FG* : p. 46)[1]

Annie Ernaux fait ainsi remonter du fin fond de son enfance provinciale à Yvetot cette image qui évoque chez le lecteur la même atmosphère grise que celle que l'on retrouve dans les photographies humanistes des années 50 de Jean-Philippe Charbonnier – *Lens* ou *Petite fille avec son chat*, par exemple –, de René Maltête – *Nantes. Les jeux autour d'une H.L.M.* – ou encore de Pierre Auradon, où des enfants maigrichons mais au regard souvent espiègle jouent dans des espaces urbains ou ruraux dépourvus d'attraits, tout en s'amusant à inventer une autre réalité.

Objet de convoitise à la fois que symbole de déclassement, le voyage semble répondre chez l'auteur de *La Place* au besoin de personnaliser la narration par une sorte de système d'impressions en continu – au même titre, par ailleurs, mais avec plus de force, que l'appareil photo qui, dans *Les Armoires vides*, fait partie d'un ensemble de possessions qui désignaient alors un monde hors de portée[2] – et cela dès les premiers textes, dans lesquels Annie Ernaux ne cesse de revenir, comme nous

---

1 Les abréviations entre parenthèses qui suivent les citations renvoient aux œuvres d'Annie Ernaux et aux éditions suivantes :
– AV. *Les Armoires vides*, Gallimard, coll. Folio, 1974.
– CQD. *Ce qu'ils disent ou rien*, Gallimard, coll. Folio, 1977.
– EV. *L'Événement*, Gallimard, coll. Blanche, 2000.
– FG. *La Femme gelée*, Gallimard, coll. Folio, Paris, 1981.
– JD. *Journal du dehors*, Gallimard, coll. Blanche, 1987.
– LA. *Les Années*, Gallimard, coll. Blanche, Paris, 2008.
– LP. *La Place*, Gallimard, coll. Folio, 1983.
– PS. *Passion simple*, Gallimard, coll. Folio, 1994.
– SP. *Se perdre*, Gallimard, coll. Blanche, Paris, 2001.

2 Cf. A. Ernaux, *Les Armoires vides*, Paris, Gallimard, 1984 [1974], p. 88 : « À la sortie [de l'église], on photographiait des filles à côté de moi et je poussais pour qu'on les voie bien. Moi, on m'a emmenée, les femmes, chez le photographe, les hommes ont été boire l'apéro au café du Lion d'or. »

l'avons déjà dit, sur son enfance-adolescence. C'est d'abord de ces longs périples imaginaires à vélo que naîtra la passion de la femme adulte pour les vrais voyages. Devenue écrivaine consacrée, elle notera plus tard : « Que dire des Émirats arabes. Le bonheur du voyage, de voir ce qu'on ne fait qu'imaginer (toujours mal, dans mon cas) » (*SP* : p. 277). Cette soif d'oubli, de départ, de tout quitter, de tout recommencer, d'être perpétuellement en déplacement ne l'abandonnera jamais malgré les à-côtés parfois désagréables. Dans *Se perdre*, où Annie Ernaux rassemble des réflexions sur sa tournée au Danemark et dans les pays de l'Est, elle note à l'issue d'une rencontre avec ses lecteurs :

> Malmö. Je suis dans un état de fatigue incommensurable. Le dégoût de vivre, dans un magasin de design suédois, Silversberg. Toute l'imbécillité de parler littérature devant un public m'apparaît. Pourquoi suis-je ici ? Pour « profiter » des voyages, mais je les paie cher (*SP* : p. 121).

Et plus loin, dans ce même livre, abondant en références à divers lieux géographiques visités, certains inconvénients du voyage se font sentir :

> Voyage très irritant en RFA. Brême, plutôt agréable – je suis plutôt insensible, à vrai dire. Le débat de Francfort, détestable, nul, ne servant à rien [...] et je me suis fait agresser par un poète défenseur de sa boutique. (*SP* : p. 219)

Ce goût du voyage, qui répond à un désir d'éloignement et de déplacement non seulement dans différents espaces paysagers mais aussi dans la vastitude de l'espace social, se consolidera en un leitmotiv traversant de biais toute l'œuvre, suggéré par ailleurs dans la présentation qu'Annie Ernaux fait d'elle-même dans une notice rédigée en juillet 1988, revue en 2003 et publiée en 2004 dans le *Dictionnaire des écrivaines de langue française par eux-mêmes* :

> Je voyagerai, j'habiterai Bordeaux, la Haute-Savoie, la Nièvre et, depuis treize ans, je vis près de Paris, dans une « ville nouvelle » superbe de cosmopolitisme et d'anonymat. Quand je reviens à Yvetot, je suis à l'instant privée de pensée, immergée dans de couches indissolubles de rêves, de désirs et d'humiliation. C'est comme si, à nouveau, je ne devais jamais en sortir.[3]

---

3   A. Ernaux, « ERNAUX, Annie Ernaux, (1940-…) », *Dictionnaire des écrivaines français de langue française par eux-mêmes*, Jérôme Garcin (éd), Paris, Mille et une nuits, 2004, p. 159.

De ce goût prononcé du voyage comme désir de fuite et de découverte se heurtant obstinément au réel frustrant et insipide de la vie en province dans les années cinquante, sont nés des rêves, des aspirations, des idées extravagantes et surtout la volonté d'échapper coûte que coûte au sort maussade qu'Annie Ernaux jeune fille entrevoyait déjà avec appréhension et qui était celui qui avait marqué la vie des membres de sa famille et de sa communauté :

> Elles [les voix des convives] dessinaient des histoires sans événements personnels autres que les naissances, les mariages et les deuils, sans voyages, en dehors du régiment dans une lointaine ville de garnison, des existences occupées par le travail, sa dureté et son usure, les menaces de la boisson. (*LA* : p. 29)

Le voyage, et tout ce qu'il est censé évoquer, sera de même inséparable de la lecture et de l'écriture, les véhicules qui permettent de créer du néant ce que l'on ne possède pas, c'est-à-dire des univers où tout est possible : devenir quelqu'un d'autre et transformer à tout moment la morne réalité en un royaume fabuleux foisonnant de belles demeures, d'alcôves douillettes et d'objets luxueux. Annie Ernaux écrit à propos du pouvoir de suggestion de ses lectures adolescentes :

> Les châteaux, les campagnes lointaines, les pays jaunes de chaleur et je continue d'être moi, personnage dont je suis très satisfaite. Les livres, voyage et avant-jeu. *Le Secret du Koo-Koo-Nor* de Delly[4] et la chambre de mes parents devient boudoir chinois grâce aux couvertures et dessus-de-lit drapés sur les chaises. (*FG* : p. 27)

Le père de la narratrice est d'ailleurs persuadé que les lectures que fait sa fille à l'école privée sont devenues dangereuses car elles l'ont entraînée hors de la réalité vers des mondes chimériques, la transformant selon lui en quelqu'un d'incompréhensible :

> L'école, une institution religieuse voulue par ma mère, était pour lui un univers terrible qui, comme l'île de Laputa dans *Les voyages de Gulliver*, flottait au-dessus de moi pour diriger mes manières, tous mes gestes : « C'est du beau ! Si la maîtresse te voyait ! » ou encore : « J'irai voir ta maîtresse ». (*LP* : p. 66)

Quant à l'écriture, elle permet d'inventer une nouvelle identité, un double *je* libéré de toute restriction spatiale et temporelle, répondant ainsi à la

---

4 Delly est le pseudonyme sous lequel deux frères, Jeanne-Marie et Frédéric Petitjean de la Rosière, publièrent plus de cent titres pour enfants. Ils connurent un vif succès dans les années 50-60.

nécessité « d'être quelqu'un d'autre »[5] ; elle est le seul moyen d'échapper à l'exclusion sociale dont Annie Ernaux adolescente soupçonnait déjà la menace à l'école religieuse :

> Ces mots me fascinent, je veux les attraper, les mettre sur moi, dans mon écriture. Je me les appropriais et en même temps, c'était comme si je m'appropriais toutes les choses dont parlaient les livres. Mes rédactions inventaient une Denise Lesur qui voyageait dans toute la France – je n'avais pas été plus loin que Rouen et Le Havre –, qui portait des robes d'organdi, des gants de filoselle, des écharpes mousseuses, parce que j'avais lu tous ces mots. (*AV* : p. 76)

Se laisser emporter par ce qu'évoquent les chansons, c'est une autre façon de voyager. Dans *La Honte*, la narratrice s'abandonne à un voyage imaginaire en écoutant en boucle *Voyage à Cuba* pour adoucir l'angoisse de sa grossesse non désirée ; dans *Les Années*, c'est en écoutant le grand succès des années 80 de la chanteuse Desireless, qu'elle peut s'anticiper à des bonheurs encore lointains : « Rêver aux vacances prochaines en écoutant Desireless chanter *Voyage voyage* » (*LA* : p. 165). Cette chanson-là est chargée d'une signification spéciale, elle a pour elle le même pouvoir que la lecture, elle scande les mots magiques, elle arrache la narratrice au quotidien :

> À l'hypermarché Leclerc, au milieu des courses, j'entends *Voyage*. Je me demande si mon émotion, mon plaisir, cette angoisse que la chanson finisse, ont quelque chose de commun avec l'émotion violente que m'ont faite les livres. (*JD* : p. 61)

Les premiers vrais voyages que l'écrivaine remémore avec délice, sont des voyages apparemment insignifiants, de courts trajets, en fait, comme ceux qu'elle effectuait de temps à autre à Rouen en compagnie de sa mère pour se rendre chez l'oculiste ou faire les magasins :

> Le train sentait le café, les sièges de skaï. J'aime bien l'odeur du train, pourtant rien qu'un voyage d'une demi-heure avec ma mère pour aller chez l'oculiste (*CQD* : p. 53).

Cependant, à l'échelle du monde sensoriel de l'enfance et de sa capacité d'imaginaire, ils sont vécus avec la même excitation et la même joie qu'une évasion vers de grandes aventures :

---

5 A. Ernaux, « ERNAUX, Annie Ernaux, (1940-…) », *Dictionnaire des écrivaines de langue française par eux-mêmes…, op. cit*, p. 161.

> Il y avait des jours exceptionnels, la découverte absolue : le voyage à Rouen. On entrait le matin dans les palais parfumés, le Printemps et le Monoprix, l'après-midi dans des églises noires dedans et vertes dehors. Près de la cathédrale, on s'arrête devant un libraire qui vend des livres sur le diable et les tables tournantes, je marche sur le pavé gras avec la première sensation de n'être plus moi. (*FG* : p. 29)

Voyages banals qui éveilleront néanmoins peu à peu chez la jeune fille le besoin croissant de dépaysement et le goût enivrant pour les *grands* voyages dont l'effet aphrodisiaque sera proche de celui ressenti lors d'une aventure amoureuse.

Remarquons tout de suite que plusieurs voyages qui se trouvent remémorés tout au long des textes, signalent des étapes ou des tournants essentiels dans la vie de l'écrivaine : voyage à Lourdes avec son père en août 1952 qui date la découverte du monde tant jalousé d'*au-dessus* ; voyage à Londres comme jeune fille au pair en été 1960 qui inaugure son activité comme écrivaine ; voyage en solitaire à Rome en 1963 comme début de son indépendance ; voyage à Florence avec son mari en 1982 juste avant leur rupture ; en janvier 1989, nouveau voyage à Londres pour donner une conférence, et nouveau voyage seule à Florence en septembre de la même année marquant le commencement de sa vie comme femme libérée du joug matrimonial ; en septembre 1988, voyage à Zagorsk (ancienne Union Soviétique) au cours duquel elle rencontre le jeune diplomate russe appelé A. ou S. selon les textes, voyage qui sera prétexte propice à l'écriture de deux de ses livres les plus critiqués, *Passion simple* et *Se perdre* ; nouveau voyage à Florence en 1989 qui va servir de préambule à un état de solitude ; divers voyages à Bruxelles et à Venise en compagnie de Marc Marie, reportés dans *L'Usage de la photo* qui annoncent une certaine décadence de l'aspect merveilleux du voyage dû à la lutte que mène Annie Ernaux contre sa maladie. Seront signalés de même des voyages moins glorieux, tels les déplacements en province ou à l'étranger pour rencontrer des lecteurs. Parmi tous, ceux qui ont une importance transcendante dans l'œuvre, autant par leur reprise envoûtante que par leur connexion avec des circonstances mises à l'avant-plan, sont peu nombreux : le voyage à Lourdes (1952), le voyage à Londres (celui de 1960), le voyage à Moscou (1988) et les voyages à Florence (1982 et 1988). Sont aussi à noter la mention dans les textes d'autres sortes de voyages, les voyages rêvés et les *voyages* hallucinants que procure l'extase amoureuse.

1. L'amour et les voyages

On va retrouver ce thème cher du voyage au cœur de l'œuvre entière de l'auteur de *La Place* souvent lié, comme nous venons de déjà de l'apercevoir, à l'aventure amoureuse : « Commencer l'histoire cahoteuse, la bonne aventure ô gué, pas si bonne, j'en sortirai cabossée, humiliation et révolte. Je suis allée vers les garçons comme on part en voyage » (*FG* : p. 82), écrira-t-elle à propos de la découverte du sexe à l'adolescence. À défaut de voyage réel, c'est donc l'aventure de la passion amoureuse qui joue le rôle de celui-ci, investie des mêmes caractéristiques. Annie Ernaux écrira à propos de sa première expérience sexuelle avec Matthieu, le jeune étudiant révolutionnaire, moniteur au campement d'été près d'Yvetot : « Le voyage, qu'est-ce que j'attends... [...] Pas si mal le voyage, je brûlais d'envie de le continuer » (*FG* : pp. 91-93). Ce qui attire la jeune provinciale chez la forte personnalité de Matthieu, c'est la vision de l'aventure totale, d'une pérégrination ininterrompue à travers le monde, la transformation d'un microcosme statique et étriqué en un ample univers par où l'on vagabonde délesté de tout, où on cesse d'être coincé dans la vie familiale : « Ou la révolution de Matthieu, pas pour prendre des trucs, mais des chambres, des grands lits, des voyages aussi » (*CQD* : p. 151). Cependant, l'aventure amoureuse, quand elle survient à la fois que le voyage, comme nous avons avancé plus haut, permet d'atteindre l'extase absolue.

Ailleurs, dans *L'Événement*, l'amour présente ses revers, obligeant la jeune étudiante à faire un voyage angoissant vers l'*épreuve* qui l'attend passage Cardinet et dont le souvenir déplaisant hantera ses textes :

> Le 31 décembre [1963], je suis repartie du Mont Dore dans la voiture d'une famille qui avait accepté de me remonter avec elle sur Paris. Je ne participais pas à la conversation, la femme a dit que la fille logeant dans la chambre de bonne avait fait une fausse couche, « elle a gémi toute la nuit ». Du voyage, je n'ai retenu que le temps pluvieux et cette phrase. Elles font partie de celles qui, tantôt effrayantes, tantôt réconfortantes, plus ou moins anonymes, m'ont conduite vers l'épreuve, accompagnée comme un viatique jusqu'à ce que j'y passe à mon tour. (*EV* : p. 68)

2. Le voyage à Lourdes

Le voyage à Lourdes est le point d'inflexion à partir duquel le monde de la petite Annie Duchesne chavire. Rien ne sera plus pareil. Durant la seconde quinzaine du mois d'août 1952 – c'est à dire peu de temps après la dispute des parents qui eut lieu dans la cave le 15 juin et qui est le thème central de *La Honte* –, la jeune Annie part en voyage organisé à Lourdes en compagnie de son père, tandis que la mère reste a Yvetot pour s'occuper du café-épicerie familial. La première mention qui est faite de ce voyage se trouve dans *Se perdre*, insérée dans une note correspondant au 2 mai 1989. Il s'agit d'un souvenir aigre et dérangeant qui vient renforcer l'obscure atmosphère dans laquelle s'enlise de plus en plus la narratrice au fur et à mesure que l'espoir de revoir S., son amant russe, s'estompe. Annie Ernaux, ressassant une fois de plus son enfance, raconte qu'au retour de Lourdes, le groupe de voyageurs fait une halte sur le chemin pour dîner dans un restaurant de Tours :

> Souvenir de Tours 1952. La salle de restaurant luxueuse, d'un côté, le groupe du voyage organisé, nous, les péquenots, de l'autre, les clients, les normaux, cette fille bronzée, avec son père, chic. Elle mangeait ce que j'ai su plus tard être un yaourt. Moi, pâle, permanente défraîchie, lunettes, et mon père, les autres gens du car. Je découvrais la différence, la réalité des deux mondes. (*SP* : p. 141)

La scène du restaurant de Tours, revisitée comme un drame total, sera réécrite dans *La Honte* avec l'ajout de quelques détails soulignant la commotion des sens que produit chez la jeune Annie la découverte de l'abîme infranchissable qui la sépare du monde « élégant » et « chic » où l'on déguste des friandises inconnues – qu'elle commencera bientôt à envier et à vouloir rejoindre :

> Un soir, le dernier du voyage, à Tours, nous avons dîné dans un restaurant tapissé de glaces, brillamment éclairé, fréquenté par une clientèle élégante. Mon père et moi étions assis au bout de la table commune du groupe. Les serveurs négligeaient celle-ci, on attendait longtemps entre les plats. À une petite table près de nous, il y avait une fille de quatorze ou quinze ans, en robe décolletée, bronzée, avec un homme assez âgé, qui semblait être son père. Ils parlaient et riaient, avec aisance et liberté, sans se soucier des autres. Elle dégustait une sorte de lait épais dans un pot en verre – quelques années après, j'ai appris que c'était du yoghourt, encore inconnu chez nous. Je me suis vue dans la glace en face, pâle, l'air triste avec mes lunettes, silencieuse à côté de mon père, qui regardait dans le vague. Je voyais tout

ce qui me séparait de cette fille mais je ne savais pas comment j'aurais pu faire pour lui ressembler. (*LH* : pp. 132-133)

3. Le voyage à Londres

Un autre voyage important est le voyage à Londres de 1960, qui sert de repère à la prise de conscience du désir d'écrire et marque, si l'on peut dire, la naissance d'Annie Ernaux écrivaine. C'est en l'été 1960, lors du séjour d'Annie Ernaux en Angleterre comme jeune fille au pair, que, sous l'influence du Nouveau Roman, se produit la gestation d'un récit dont la rédaction s'initiera deux ans après et qui aura pour titre *L'Arbre*. Ernaux explique dans l'entretien avec Frédéric-Yves Jeannet, l'importance considérable que la lecture des auteurs de ce dernier grand mouvement littéraire du XXe siècle (*Les Gommes* de Robbe-Grillet, *L'Emploi du temps* et *La Modification* de Michel Butor, entre autres) eût pour elle à partir de 1962 :

> J'ai découvert le Nouveau Roman avant le Surréalisme, quand j'étais au pair en Angleterre et que je lisais la littérature contemporaine française en empruntant des bouquins à la bibliothèque de Finchley, au lieu de travailler mon anglais. Je n'ai pas cessé de m'y intéresser durant deux ans et lorsque je me mets à écrire un roman, en octobre 1962, c'est dans ce courant que je veux me situer très clairement. Cela signifie pour moi m'inscrire dans une recherche, la littérature comme recherche, éclatement de la fiction ancienne. [...] Il m'est resté de cette fréquentation, puis de la lecture de Claude Simon, Robbe-Grillet, Sarraute, Pinget, vers 1970-71, la certitude – largement partagée, un cliché désormais – qu'on ne peut pas écrire après eux comme on l'aurait fait avant, et que l'écriture est recherche et recherche d'une forme, non reproduction.[6]

L'Arbre est bien le premier livre d'Annie Ernaux, considéré comme tel selon le témoignage de l'écrivaine dans *Se perdre*. Cependant, en 1963, *L'Arbre* sera refusé par les maisons d'édition et ne parviendra jamais à être publié. Cette circonstance contrariante semble avoir laissé une cicatrice imperceptible mais impérissable dans la mémoire de Annie Ernaux puisqu'elle s'en souviendra encore quarante et un ans après dans *Se perdre* :

---

6 A. Ernaux, *L'Écriture comme un couteau. Entretien avec F.-Y. Jeannet*, Paris, Stock, 2003, p. 97.

« Mon premier roman s'appelait initialement *L'Arbre*. Symbole phallique évidemment » (*SP* : p. 79). D'autre part, le livre sera consigné dans la présentation de son propre itinéraire de vie dans la notice publiée dans le *Dictionnaire des écrivaines de langue française par eux-mêmes* comme élément biographique relevant quoique peu précisé : « Entre vingt et vingt-trois ans, j'ai écrit des poèmes, des nouvelles, un roman (non édité). »[7] Bien plus tard, se retrouvant à Londres en 1989, Ernaux revient à Grainville Road, dans le quartier où elle vécut en été 1960, et elle note dans son journal les changements qui se sont produits et les souvenirs qui lui reviennent, tout particulièrement celui de ce premier livre qui ne vit jamais le jour :

> Plus de cinéma, de tabacconist (il s'appelait rabbit), ni le petit café où se rassemblaient les jeunes de 1960 autour du juke-box, et cette femme à lunettes qui lavait les tasses dans les bruits et les exclamations. Elle ne demeure que dans mon livre de 62-63, non publié. (*SP* : p. 84)

4. Le voyage(s) en Russie

C'est à partir de deux voyages effectués en Russie – quoique le premier, celui de 1988, soit le plus transcendant – que sont nées les deux œuvres d'Annie Ernaux qui ont soulevé à la fois le plus de louanges et le plus d'attaques, *Passion simple* et *Se perdre*. Dans les deux textes, Ernaux raconte la même histoire d'amour, celle qu'elle vécut avec le jeune diplomate russe qui avait été son amant à Paris ; le premier adopte la forme du roman, le deuxième celle d'un journal. On constate dans ces textes que le sens du voyage a évolué, il a amplifié son rayonnement, débordant sur le terrain du luxe. Ce binôme représentera désormais l'idée du bonheur absolu à l'âge adulte. À ce propos, on citera un passage de *Passion simple* où la narratrice explique ce qui l'unit si fort à son amant, consommateur compulsif de beaux objets, icônes de la civilisation occidentale :

> Ou, peut-être, avais-je plaisir à retrouver en A. la partie la plus parvenue de moi-même : j'avais été une adolescente avide de robes, de disques et de voyages, privée de ces biens parmi des camarades qui les avaient, à l'image de A. (*PS* : p. 33)

---

[7] A. Ernaux, « ERNAUX, Annie Ernaux, (1940-...) », *Le Dictionnaire des écrivains de langue française par eux-mêmes*, op. cit., p. 161.

On retrouve dans cette remarque, où l'on peut apprécier le regard évaluateur de l'écrivaine par rapport à sa progression dans l'échelle sociale, la fidèle permanence du *moi* adolescent blessé.

Dans *Se perdre*, l'écrivaine explique que, maintenant qu'elle a pris fin, il lui est possible d'exposer (ou de réécrire) sa liaison avec le jeune diplomate, homme marié, « ce qu' [elle] n'aurai[t] certainement jamais fait s'il ne s'était achevé avec S. » (*SP* : pp. 44-45), et que c'est en revenant sur les lieux où la relation commença onze ans auparavant, qu'elle a pu prendre conscience de sa finitude et s'en détacher :

> Au printemps de 1999, je suis allée en Russie. Je n'y étais pas retournée depuis mon voyage en 1988. Je n'ai pas revu S.[8] et cela m'était indifférent. À Leningrad, redevenu Saint-Pétersbourg, je ne me suis pas rappelé le nom de l'hôtel où j'avais passé la nuit avec lui. (*SP* : p. 13)

Dans les premières pages de *Se perdre*, la narratrice relate les circonstances de sa rencontre avec S. :

> L'homme qui venait de retourner à Moscou était un fidèle serviteur de l'URSS, un diplomate russe en poste à Paris. Je l'avais rencontré l'année précédente, lors d'un voyage d'écrivaines à Moscou, Tbilissi et Leningrad, un voyage qu'il avait été chargé d'accompagner. Nous avions passé ensemble la dernière nuit, à Leningrad. De retour en France, nous avons poursuivi notre relation. (*SP* : 2001, pp. 11-12).

Le récit de clôture du livre suit le schéma traditionnel de la reprise du début ; il s'agit d'un souvenir du voyage en Russie, servant d'élément annonciateur de la fin de la relation avec S. où les détails signifiant le luxe sont mis en relief :

> Vers deux heures ou trois heures, cet après-midi, il y aura juste un an que j'ai désiré pour la première fois S., à Zagorsk. Je revois les icônes, ma robe d'éponge bleue Sonia Rykiel, les « patins » aux pieds, je sens le bras de S autour de la taille. Brusquement, la pensée qui se fait jour – pourquoi pas lui ? – qui transforme ce voyage en avant et après, coupe le temps définitivement. C'est un bras encore inconnu, ce n'est pas celui de maintenant, nu et doux. (*SP* : p. 209)

L'inconscient tourmenté de la narratrice de *Se perdre* n'accepte pas de s'habituer à l'absence de S. ni à l'absence de voyages. C'est ce que prétend montrer, le livre touchant à sa fin, la succession de descriptions de nuits agitées par des rêves peuplés de désirs de voyage :

---

8 Le personnage de A. apparaît sous l'initiale S. dans *Se perdre*.

> Rêvé d'un voyage en Turquie, en préparation : sans doute le transfert de mon désir d'un voyage en URSS. Dans le rêve, j'essaie de revendre le collier de perles qui provient de la grand-mère de mon ex-mari. Puis j'essaie de rejoindre une route, plusieurs fois de suite. (*SP* : p. 246)

Ou par le désir de recommencer ceux où la narratrice trouva le bonheur :

> Rêvé d'un voyage en voiture. Il y a Irène S. (l'URSS, toujours), un chien (à cause du prix du livre de jeunesse décerné à Chien bleu de Nadja ?). Pourtant je vis (*SP* : p. 249).

Et plus loin :

> Rêvé d'un voyage, ou à Annecy ou à Moscou. Un hôtel, une chambre, dont j'ai oublié le numéro, est-ce 1520 ou 1522 ? Il semble que ce soit 1520. Il y a un accompagnateur, mais ce n'est pas S. (*SP* : p. 283)

5. Voyage(s) à Florence

L'aversion d'Annie Ernaux pour l'institution du mariage est toujours restée latente dans son œuvre. Plusieurs annotations dans *Se perdre* ont été prises lors de son voyage en Florence où elle se rend seule, sans son amant S., se préparant déjà – mais sans perdre l'espoir de continuer – à une séparation qui s'annonce inévitable puisque le jeune diplomate a terminé sa mission à Paris et doit retourner en Russie avec sa femme. Durant tout son séjour à Florence, l'écrivaine se trouve beaucoup moins envoûtée par les charmes des dômes et des palais que sous l'emprise des souvenirs personnels que la ville lui évoque et des soucis présents projetant ce qui l'attend à son retour à Paris (l'absence de S.), comme le suggère l'annotation correspondant au jeudi 7 septembre 1989. Florence lui rappelle d'abord un souvenir aigre-doux, la rupture de sa vie matrimoniale, car c'est peu après le premier voyage qu'elle y fait en 1982 en compagnie de son ex-mari qu'elle se sépare de lui :

> *Jeudi 7* – Florence. Pourquoi ai-je voulu revenir à Florence ? Je ne m'en souviens plus. Cette ville ne vaut pas Venise et je n'y ai pas les souvenirs de Rome. Son seul mérite est qu'elle me ramène à 82, à ce voyage initiatique, dans lequel j'ai perdu mon mari après dix-huit ans de vie commune, et gagné mon désir d'être libre. (*SP* : p. 193)

Le voyage de 89 est toutefois différent du voyage effectué en 82 avec son mari car, tandis que ce dernier officialisait en quelque sorte une séparation vivement souhaitée, celui de 89 représente au contraire la décision de garder à tout jamais vivante l'histoire avec S., comme s'il s'agissait d'un objet précieux, alors qu'elle s'annonce périssable : « Inverse de 82 : ce voyage de Florence, en 89, ne me sépare pas de quelqu'un, mais m'y attache profondément, en dépit de toute saison » (*SP* : p. 202). Le séjour à Florence de 89 tient lieu de coulisses d'un plan de continuation raté d'avance. La narratrice s'enivre d'art, de musées et d'églises, sans cependant y goûter vraiment car S. n'est pas là pour partager son bonheur. Elle regrette, par exemple, d'avoir à se promener seule dans les jardins de Boboli « ou tout invite à l'amour » (*SP* : p. 199) :

> Je pensais, « mon dernier soir à Florence ». Partout, S. m'a accompagnée. C'est un voyage de rêve, avant que ne commence le cauchemar de la séparation réelle. Un jour, peut-être, je me représenterai cette chambre avec vue sur l'Arno comme un souvenir de bonheur. (*SP* : p. 203)

En rentrant à Paris, l'attente d'un appel de la part de S. sera obsessive et inutile. L'écrivaine n'en recevra point, S. est déjà rentré en Russie.

6. Voyage(s) avec Marc Marie

Parvenue à l'âge de soixante ans et lancée dans une nouvelle histoire d'amour, Annie Ernaux fait quelques voyages en Europe en compagnie de Marc Marie, sans trop s'éloigner de la France. Recueillis dans *L'usage de la photo* sous forme de brefs reportages photographiques intimes, ils ont en commun le fait de se dérouler durant la période de chimiothérapie d'Annie Ernaux. Ils représentent alors diverses issues à la hantise de la maladie :

> Chambre 223 de l'hôtel Amigo, Bruxelles, 10 mars. [...] C'est dans la salle de bains de cette chambre que je me suis montrée à lui pour la première fois avec mon crâne chauve (*UPH* : p. 36).
>
> Nous avions Bruxelles en commun, sans nous en douter. Y retourner pour un premier voyage nous parut tout naturel. [...] C'est lors de ce séjour qu'elle me montre pour la première fois son crâne, sur lequel ont repoussé des cheveux très courts

C'est ce qu'écrit Marc Marie en écho au commentaire d'Annie Ernaux (*UPH* : p. 41).

Et c'est toujours l'Italie qui attire Ernaux, c'est là où elle veut voyager avec Marc Marie :

> [...] elle m'avait dit : « J'aimerais vous emmener à Venise ». Venant d'elle et exprimée avec tant de naturel, la phrase m'avait touché. J'imaginais à ce moment-là qu'au fil d'un voyage effectué en commun il était inévitable que nous tentions de nous séduire une fois sur place. Nous n'en étions plus là. Nous avions partagé le même lit à Venise. (Marc Marie, *UPH* : pp. 85-86)

Malgré les détails incongrus recueillis dans *L'Usage de la photo*, et malgré aussi l'esprit fantasque et les situations quasi surréalistes qui y ont été incorporées, tel l'épisode du soutien-gorge, les voyages de cette époque ont un côté pathétique et décadent. C'est comme s'ils annonçaient la fin des voyages :

> La photo date de trois semaines après notre voyage à Venise, calé à grand-peine entre deux séances de chimio. Un après-midi, nous sommes montés par l'ascenseur au campanile de San Giogio Maggiore. [...] J'ai enlevé mon soutien-gorge en le faisant glisser sous mon tee-shirt et je l'ai lancé dans le vide en espérant qu'il tomberait dans le cloître. [...] C'est toujours cette image du soutien-gorge volant doucement autour de San Giorgio qui me vient quand je pense à ce voyage de Venise. (*UPH* : p. 90)

À partir de là, les voyages ne sont/seront plus imprégnés du halo romantique du voyage en Russie, ils sont devenus de simples mouvements, des trajectoires qui aboutissent au lieu de départ, rendant l'évasion horriblement impossible :

> La chimio, la radiothérapie rendaient impossible le moindre déplacement à l'étranger. Dès que nous l'avons pu, nous sommes partis. Nous avons ainsi effectué plusieurs voyages en un intervalle de temps restreint. Il fallait rattraper le temps perdu afin d'accéder à une jouissance extrême de chaque instant. Mais dès qu'il s'agissait de regagner la France, je prenais conscience du caractère fugace de ce que nous venions de vivre. (Marc Marie, *UPH* : p. 148)

À la fois humbles sources d'un bonheur infini dans l'enfance, déclencheurs de rêveries, générateurs de conflits, marqueurs des déplacements dans le temps, dans l'espace et dans l'échelle sociale, mémorandums de rencontres merveilleuse, de retrouvailles désenchantées et de séparations douloureuses, artifices d'étapes de découvertes merveilleuses, les voyages d'Annie Ernaux, ceux qui sont mentionnés par l'écrivaine elle-même dans ses textes, permettent de hasarder une approche de l'œuvre sous un jour plus aventureux, les voyages étant, semble-t-il, à l'origine de bouleversements existentiels et psychiques significatifs qui sont parvenus à modifier l'itinéraire créatif de l'auteur de *La Place*.

Références bibliographiques

ERNAUX, Annie, *L'Écriture comme un couteau. Entretien avec F.-Y. Jeannet*, Paris, Stock, 2003.
—, *Les Armoires vides*, Gallimard, coll. Folio, 1974.
—, *Ce qu'ils disent ou rien*, Gallimard, coll. Folio, 1977.
—, *L'Événement*, Gallimard, coll. Blanche, 2000.
—, *La Femme gelée*, Gallimard, coll. Folio, Paris, 1981.
—, *Journal du dehors*, Gallimard, coll. Blanche, 1987.
—, *Les Années*, Gallimard, coll. Blanche, Paris, 2008.
—, *La Place*, Gallimard, coll. Folio, 1983.
—, *Passion simple*, Gallimard, coll. Folio, 1994.
—, *Se perdre*, Gallimard, coll. Blanche, Paris, 2001.
GARCIN, Jérôme (éd.), *Dictionnaire des écrivaines français de langue française par eux-mêmes*, Paris, Mille et une nuits, 2004.

Bittor de Hugo, poeta español

Sylvie Thorel

Quisiera hablarles de un niño de nueve años que, en la primera página de su *Tacite*, se hacía llamar Bittor de Hugo, por encontrarse en un «hermoso país cuya lengua [parecía] estar hecha para [su] voz» y que firmaría sus cartas de amor con el nombre de «Bittor» – como si una parte de su persona jamás hubiese abandonado España. Evocar este viaje de Hugo, así como la influencia que tuvo en su obra, nos invita a reflexionar tanto sobre la firma del poeta como sobre lo más íntimo de su definición de poesía.

Hugo pasó cerca de un año de su vida en España, en 1811. Tras dicha estancia, nació en él un amor por el país cuya expresión se halla por doquier: no sólo en obras como *Hernani* y *Ruy Blas*, sino también en *Bug-Jargal, Les Orientales, La Légende des siècles,* y otras tales como *L'Homme qui rit*. El objeto de mi intervención no es precisamente relatar las circunstancias de este viaje ni establecer la lista de las influencias españolas reconocibles en su obra, sino examinar la sorprendente coincidencia entre su nostalgia de España y el lugar central que ocupa el pensamiento de la infancia en su obra, hasta el punto de determinar, en lo esencial, su idea de poesía como resistencia. En un primer momento, retomaré las instancias de este viaje, examinando sus repercusiones más visibles en la obra, para posteriormente desarrollar la hipótesis según la cual, para Hugo, ser poeta implica preservar algo de esa voz de la infancia que transporta una melodía castellana.

Estando al servicio de José Bonaparte, por entonces rey de Nápoles, el comandante Hugo (padre del poeta) logró desarticular un grupo de bandidos que, a las órdenes de Fra Diavolo, sembraban el terror en toda la comarca. El 1 de noviembre de 1806, Hugo hizo que lo condenaran y ejecutaran; tras dicha hazaña, el Rey José lo nombró coronel y, al día siguiente de la toma de Madrid, lo trasladó a España donde, después de ser nombrado general, gobernó las provincias centrales de Ávila, Segovia, Soria y Guadalajara. Al cabo de tres años de encarnizados combates, las liberó del célebre bandido El Empecinado que inspirará a Victor Hugo algunos de los rasgos de Hernani. En 1810, el general de brigada Hugo, convertido en inspector general del ejército, es nombrado comendador de la real orden de España y, tras pacificar la provincia de Guadalajara, recibe el título de conde de Sigüenza el 27 de septiembre de ese mismo año. Veremos cómo Victor Hugo también recordará dicho título. En junio de 1813, tras la retirada de España y la batalla de Vitoria, es degradado por orden del Emperador, al igual que el resto de los oficiales, y no tarda en regresar a Francia.

El general era un gran militar pero también un marido veleidoso; la señora Hugo, junto a sus tres hijos pequeños, partió en su búsqueda en marzo de 1811 y permaneció en España durante aproximadamente diez meses. Su primera parada fue en el pueblo de Ernani; años más tarde confesaría haber sido «cautivado por ese pequeño pueblo cuyo nombre daría a uno de sus dramas[1]», no sin antes precederlo de la H de Hugo que representa su impronta:

> Ernani est un bourg à une seule rue, mais très large et très belle. Cette rue est cailloutée avec une espèce de pierre pointue et scintillante; quand le soleil est là-dessus, on croit marcher sur des paillettes. Tous les habitants d'Ernani sont nobles, de sorte que toutes les maisons ont des blasons sculptés dans la pierre de taille de leur fronton. Ces écussons, la plupart du quinzième siècle, sont d'un beau caractère et donnent un grand air à Ernani. Ces maisons seigneuriales n'en sont pas moins paysannes; leur fronton féodal s'accommode très bien d'un balcon rustique en bois fruste. Mais elles portent ces charpentes grossières aussi fièrement que leurs armoiries, comme ces bergers castillans aux mains de qui la houlette a l'air d'un sceptre. (*Ibíd.*, p. 146)

También pasó por Torquemada, pueblo epónimo del gran inquisidor al que le dedicará tardíamente un drama, en 1882; la contempló totalmente destruida, incendiada por orden de un general francés. En su drama de 1822, escribirá una visión alucinada del Quemadero, «edificio colosal, devorado por las llamas», en recuerdo de aquel fatídico descubrimiento. Para Victor Hugo, España representará siempre, por antonomasia, el país de «los desastres de la guerra». En su regreso a Francia, verá a un hombre «como atontado por el horror» (*Ibíd.*, p. 210) a punto de ser ahorcado y, en Vitoria, una cruz en donde yacían clavados los miembros de un hombre despedazado, «al que le habían acomodado los pedazos para formar un cadáver». (*Ibíd.*) Visiones, sin duda alguna, atroces que no obstante resultan a veces cómicas o mejor dicho grotescas:

---

1   [Adèle Hugo], *Victor Hugo raconté par un témoin de sa vie*, Lacroix, Verboeckhoven et Cie, 1863, t. I, p. 147.

Une de leurs joies fut la rencontre d'un régiment d'éclopés. On faisait de temps en temps une collection des soldats que la guerre avait le plus maltraités et qui ne pouvaient plus servir à rien, et on les rendait à leurs familles. Pour qui réfléchissait, c'était le plus triste des spectacles ; pour des enfants, rien n'était plus drôle. C'était une Cour des Miracles, une gueuserie de Callot ; toutes les infirmités et tous les costumes ; il y en avait de tous les corps et de toutes les nations ; les cavaliers qui avaient perdu leur cheval traînaient le pas ; les fantassins qui avaient perdu leurs jambes montaient gauchement des ânes ou des mulets ; l'aveugle se faisait conduire par le boiteux. Ce qui était plus vraiment comique, c'est que ces pauvres diables, qui n'avaient plus d'épaulettes à leurs uniformes en guenilles, avaient à la place quelque animal qu'ils rapportaient au pays, le plus souvent un perroquet ; quelques-uns avaient les deux épaulettes et joignaient au perroquet un singe.

Le convoi salua d'un immense éclat de rire ce débris d'armée qui était allé en Espagne avec des aigles et qui en revenait avec des perroquets. Les éclopés acceptèrent ce rire de bonne grâce et s'y mêlèrent eux-mêmes. Mais un d'eux dit aux grenadiers : – Voilà comme vous reviendrez ! Et un autre ajouta : – Si vous revenez! (*Ibíd.*, pp. 163-164)

Hugo dio vida a la categoría de lo grotesco, no sólo mediante las numerosas y rebuscadas lecturas y reflexiones sino sobre todo, por el hecho de haber conservado a lo largo de su vida, la vívida impresión de las imágenes que vio en España. Visiones que encontraremos reflejadas en *L'Année terrible* y que el poeta elaborará hojeando los grabados de Goya.

En Burgos, aquel niño quedó fascinado por el estilo flamígero de la catedral y sobre todo por su extraordinario reloj, tanto es así que se lo confiesa al testigo de su vida en *Victor Hugo raconté par un témoin de sa vie*:

A Burgos, le bonheur des enfants fut d'abord la cathédrale. Du plus loin qu'ils la virent, ils furent fascinés par l'abondance touffue de son architecture qui accumule les clochetons comme les épis d'une gerbe. À peine arrivés, il fallut la visiter. L'intérieur n'a pas cette prodigalité tumultueuse du dehors qui semble la fête de la pierre ; la richesse y est sérieuse et presque austère ; c'est la majesté après la joie. Les trois frères, Victor surtout, admiraient également ces deux caractères de la cathédrale ; ils ne se lassaient pas de regarder les vitraux, les tableaux, les colonnes ; comme Victor avait le nez en l'air, une porte s'ouvrit dans le mur, un bonhomme bizarrement accoutré, une espèce de figure fantastique, bouffonne et difforme, se montra, fit un signe de croix, frappa trois coups, et disparut.

Victor, ébahi, regarda longtemps la porte refermée.

– *Señorito mio,* lui dit le donneur d'eau bénite qui leur servait de cicérone, *es papamoscas.* (Mon petit seigneur, c'est le gobe-mouches.)

> Le gobe-mouches était la poupée à ressort d'une horloge. Les trois coups frappés voulaient dire qu'il était trois heures.
>
> Le donneur d'eau bénite expliqua aux enfants pourquoi la poupée s'appelait le gobe-mouches ; mais Victor n'entendit pas sa légende, tant il était encore ému de cette imposante cathédrale qui mêlait brusquement cette caricature à ses statues de pierre et qui faisait dire l'heure aux saints par Polichinelle.
>
> La cathédrale n'en restait pas moins sévère et grande. Cette fantaisie de l'église solennelle retraversa plus d'une fois la pensée de l'auteur de la *Préface de Cromwell* et l'aida à comprendre qu'on pouvait introduire le grotesque dans le tragique sans diminuer la gravité du drame. (*Ibíd.*, pp. 164-165)

Posteriormente, la familia se recogió ante la tumba del Cid, lo que llevó a Victor – tan grande había sido el daño causado por el ejército francés – a reflexionar sobre la precariedad de las tumbas y las inútiles destrucciones de la guerra.

En Valladolid, Victor y sus hermanos asistieron a un drama difícil de olvidar en el que la sangre parecía que corría realmente. Luego descubrieron Segovia:

> Ségovie est restée dans l'imagination de M. Victor Hugo comme un rêve. Maisons sculptées à mâchicoulis et à clochetons, palais de jaspe et de porphyre, toutes les magnificences et toutes les dentelles de l'architecture gothique et de l'architecture arabe, et, pour couronnement, dominant la ville comme une immense tiare de pierre, l'Alcazar. (*Ibíd.*, p. 169)

Al final de un viaje largo y peligroso, en la medida en que los españoles, oprimidos por los franceses, sólo anhelaban librarlos a la guerrilla, los Hugo llegan por fin a Madrid, alojándose en el palacio Maserano pese a la ausencia del general. El magnífico apartamento donde se instaló la familia los deslumbró, pese a estar permanentemente invadido por pulgas y chinches y sobre todo a pesar de los precintos de las puertas de algunas habitaciones; ello sugería la señora Hugo que la guerra estaba en todas partes y que había que ir defendiéndose no sólo de ciudad en ciudad sino también de habitación en habitación. Por aquel entonces, los españoles eran extremadamente hostiles a los franceses, gobernados por el que llamaban *Napoladrón*.

Fue entonces cuando aquel niño quedó asombrado con la figura de la Virgen de las Siete Espadas, así como por la galería de cuadros que adornaba la residencia, y que el recordaría más adelante al crear *Hernani*:

> Victor avait pris cette galerie en affection. On l'y trouvait seul, assis dans un coin, regardant en silence tous ces personnages en qui revivaient les siècles morts ; la fierté des attitudes, la somptuosité des cadres, l'art mêlé à l'orgueil de la famille et de la nationalité, tout cet ensemble remuait l'imagination du futur auteur d'Hernani et y déposait sourdement le germe de la scène de don Ruy Gomez. (*Ibíd.*, p. 186)

El general seguía estando ausente aunque les había hecho llegar monedas de oro y dos cajas de magníficas naranjas junto con su sable y sus uniformes para que los desempolvasen. Aquellos objetos fascinaron a los chicos.

Fue también entonces cuando, en un reducido grupo de niños, tuvo una historia con la joven Pepa, hija del marqués de Monte Hermosa. Su recuerdo, que impregna toda la obra de Hugo, le hará decir, años más tarde y no sin humor, que todas las españolas se llaman Pepa. Encontramos a Pepa en «*Nuits d'hiver*»:

> Enfance ! Madrid ! campagne
> Où mon père nous quitté !
> Et toi dans le soleil, Espagne,
> Toi dans l'ombre, Pepita.

E incluso en *L'Art d'être grand-père:*

> Dans cette Espagne que j'aime,
> Au point du jour, au printemps,
> Quand je n'existais pas même,
> Pepita – j'avais huit ans –
>
> Me disait : – Fils, je me nomme
> *Pepa ;* mon père est marquis. –
> Moi, je me croyais un homme,
> Etant en pays conquis.

También trata de ella cuando Victor reelabora una figura furtiva en *Le Dernier Jour d'un condamné*: «la pequeña española, con sus grandes ojos, su cabello frondoso, su piel morena y dorada, sus labios rojos, sus mejillas rosadas, la andaluza de catorce años, Pepa[2]». Quizás es ella también la que, en *La Légende des siècles*, se confunde con la pequeña niña de la rosa.

Seis semanas después de la llegada de la señora Hugo y sus hijos, llegó por fin el general y exigió que Victor y Eugène retomaran sus

---

2 *Le Dernier Jour d'un condamné,* 1829.

estudios (Abel sería paje) en el Colegio de los Nobles, en el n° 6 de la calle Hortaleza (mencionada en *Ruy Blas*), colegio dirigido por unos monjes enjutos y pálidos que parecían estatuas de marfil. Los dos niños quedaron sumamente entristecidos por tan radical cambio en su destino: una reclusión forzosa, en un edificio húmedo donde jamás se filtraba el sol. Sin embargo, hallaron una distracción nada despreciable. Hugo la rememora en *Notre-Dame de Paris* y en *Le Roi s'amuse*:

> Le lendemain matin à cinq heures, ils furent réveillés par trois coups frappés sur le bois de leur lit. Ils ouvrirent les yeux et virent un bossu, rouge de visage, les cheveux tortillés, vêtu d'une veste de laine rouge, d'une culotte de peluche bleue, de bas jaunes et de souliers couleur cuir de Russie. Cet arc-en-ciel les fit rire et ils furent presque consolés.
>
> Cet éveilleur était le souffre-douleur des élèves. Lorsqu'ils étaient mécontents de lui, ils l'appelaient durement corcova (bosse). Quand il avait bien fait son service et qu'ils voulaient lui être bons, ils l'appelaient Corcovita (petite bosse). Le pauvre homme riait ; peut-être s'était-il habitué à sa difformité ; peut-être en souffrait-il au fond et n'osait-il pas se fâcher de peur de perdre sa place. Eugène et Victor se mêlèrent bientôt à ces plaisanteries, et, pour remercier leur valet de chambre, lui donnèrent aussi, avec la grâce cruelle de l'enfance, son petit nom. M. Victor Hugo s'en est repenti plus d'une fois depuis, et Corcovita n'a pas été étranger à l'idée qui lui a fait faire Triboulet et Quasimodo. (*Ibíd.*, pp. 192-193)

Obviamente, las tensiones políticas también estaban presentes en el colegio. A veces sucedía que los dos hermanos eran perseguidos. Allí también, y lo menciona en su relato a Adèle, el escritor recordó este episodio con el que enriquece su obra:

> Victor, lui, eut plus de rancune; longtemps après, il a vengé son frère à sa manière en faisant d'un des personnages les moins sympathiques de ses drames un comte de Belverana.
>
> Une autre de ses rancunes a été un affreux grand gaillard, à cheveux crépus, à mains griffues, mal bâti, mal peigné, mal lavé, paresseux incurable et ne tourmentant pas plus son encrier que sa cuvette, hargneux et risible, qui s'appelait Elespuru. C'est le nom d'un des fous de Cromwell. (*Ibíd.*, p. 200)

Fue un crudo invierno, los chicos pasaron frío y hambre. A comienzos de 1812, la situación en España le parecía tan peligrosa al general que le pidió a la señora Hugo que regresara a Francia con Victor y Eugène que, encantados por abandonar tan ruda estancia, pronto quedaron impactados por los terribles espectáculos que presenciaron en su camino de regreso:

À Burgos, la place où, en venant, ils s'étaient amusés du parapluie diluvien leur montra cette fois quelque chose de moins gai. Une foule tumultueuse passant devant la maison où ils logeaient, ils la suivirent. Ils arrivèrent à une place et virent ce qui attirait toute cette multitude, un tréteau de bois surmonté d'un poteau. Ils demandèrent ce que c'était ; on leur dit que c'était l'échafaud et qu'on allait garrotter un homme. Cette idée leur fit peur et ils se sauvèrent à toutes jambes. En débouchant de la place, ils se croisèrent avec une confrérie de pénitents gris et noirs, portant de longs bâtons, gris et noirs aussi, qui avaient à leur extrémité supérieure des lanternes allumées ; leur cagoule baissée avait deux trous à la place des yeux ; ce regard sans visage parut lugubre aux enfants. Ces spectres avaient au milieu d'eux un homme lié sur un âne, le dos tourné vers la tête de l'animal. Cet homme avait l'air hébété de terreur. Des moines lui présentaient le crucifix, qu'il baisait sans le voir. Les enfants s'enfuirent avec horreur.

Ce fut la première rencontre de M. Victor Hugo avec l'échafaud.

En entrant à Vittoria, la voiture passa au pied d'une croix sur laquelle étaient cloués les membres d'un jeune homme coupé en morceaux ; on avait eu l'horrible attention de rajuster les morceaux et de refaire de ces lambeaux un cadavre. C'était le corps du frère de Mina pris par les français. La voiture passa tout contre, et les enfants se rejetèrent en arrière pour ne pas recevoir les gouttes de sang. (*Ibíd.*, p. 209-210)

Naturalmente, la llegada al apacible convento de las Feuillantines fue una alegría. Sin embargo, Victor Hugo guardará toda su vida, impresas en su memoria, las imágenes contrastadas que pudieron dar vida a su teoría del drama, concebido como la alianza entre lo grotesco y lo sublime, y que verá extrañamente unidos en España. Conservando no obstante una irresistible nostalgia que se expresará, como pudimos verlo, mediante distintas variantes del nombre de Pepa. «¿En qué medida las impresiones de la niñez influyen en las ideas del hombre?» se preguntaba Hugo en su relato a Adèle. Sin duda alguna, la respuesta a esta pregunta no deja de ser compleja y la relación de Victor Hugo con España podría conformar el contenido de numerosos volúmenes; en este punto en particular, me inclinaré, como ya lo sugerí anteriormente, por la idea del vínculo singular que, en torno a su referencia a España, Hugo establece entre la poesía y la infancia.

Tras finalizar la Revolución francesa, la omnipotencia de la Historia queda al descubierto. Sobre esta última, Hugo escribe que, en vez de conformarse con incumbir sólo a los grandes de este mundo, instalados en las alturas, la Historia busca también a los hombres en los confines de los valles. El sistema piramidal del antiguo régimen se había derrumbado, dando paso a una sociedad compuesta por individuos aislados los unos de los otros, que no pertenecen a ninguna comunidad que no sea la de los hombres. Resulta inevitable establecer aquí una similitud entre el pueblo y la imagen del huérfano que, totalmente desprovisto, privado de descendencia y únicamente a merced de las fuerzas de la naturaleza, posee sin embargo un sinfín de capacidades y conserva dentro de sí latentes potencialidades. Como podemos leer en el prefacio de *Ruy Blas*:

> Le peuple, qui a l'avenir et qui n'a pas le présent ; le peuple, orphelin, pauvre, intelligent et fort ; placé très bas et aspirant très haut ; ayant sur le dos les marques de la servitudes et dans le cœur les préméditations du génie ; le peuple, valet des grands seigneurs, et amoureux, dans sa misère et dans son abjection, de la seule figure qui, au milieu de cette société écroulée, représente pour lui, dans un divin rayonnement, l'autorité, la charité et la fécondité[3].

A esta visión del presente – válida para todos los hombres del siglo, pero formulada por Hugo con mayor vehemencia que el resto – se suma la necesidad de fundar la literatura sobre nuevas bases; sobre todo, la necesidad de acabar con la antigua articulación entre aristocracia y grandeza que solía ambiguamente expresarse mediante la palabra «nobleza». Hugo y sus contemporáneos (es quizás el principal asunto de los románticos) construyen la idea de una grandeza desprovista de nobleza – lo que vendría a explicar la moderna promoción de figuras marginales» como el bandido o la prostituta. De entre esas figuras marginales, sabemos que Hugo elije una en particular, que es la del niño o, al menos, la del joven muchacho – figura tanto más pertinente cuanto que coincide, como acabo de mencionarlo, con una cierta visión del pueblo. A dicha concepción de la infancia hay que asociarle, en gran medida, su concepción de lo grotesco, tal y como lo expresa en su prefacio de *Cromwell* en su referencia a una suerte de «infancia de la humanidad», que el poeta identifica con las artes populares surgidas en la Edad Media – ¡el *papamoscas* de la catedral de Burgos constituye un buen ejemplo!

El drama es, por excelencia, el género empleado por Hugo para tratar de imponer, desde finales de 1820, las ideas que elabora en torno a las posibilidades de la poesía moderna: se trata de quebrantar la oposición aristotélica clásica entre la elevación virtuosa y aristocrática de la tragedia frente a la bajeza viciosa y vulgar de la comedia, mediante el retorno al principio teatral. Antes de que Mallarmé definiera el drama de Hamlet como la fábula dramática por excelencia, en la medida en que hace

---

3   Prefacio de *Ruy Blas*.

referencia al «antagonismo del sueño en el hombre con las fatalidades de su existencia compartidas por la desdicha», Hugo proponía la siguiente concepción del drama:

> Est-ce autre chose en effet que ce contraste de tous les jours, que cette lutte de tous les instants entre deux principes opposés qui sont toujours en présence dans la vie, et qui se disputent l'homme du berceau jusqu'à la tombe[4]?

Es precisamente lo que ilustran *Hernani* y *Ruy Blas* que, desde el principio, definen su existencia por idéntico antagonismo entre las aspiraciones de la infancia y las vicisitudes posteriores, confundiéndose las aspiraciones de la infancia con las del pueblo. En efecto, veamos la condición de Hernani:

> Moi, je suis pauvre, et n'eus,
> Tout enfant, que les bois où je fuyais pieds nus[5].

Es también la de Ruy Blas y la comparte con aquél al que llama Zafari:

> Donne-moi ta main que je la serre,
> Comme en cet heureux temps de joie et de misère
> Où je vivais sans gîte, où le jour j'avais faim,
> Où j'avais froid la nuit, où j'étais libre enfin ! [...]
> Tous deux nés dans le peuple, – hélas ! c'était l'aurore ! – [...]
> Nous chantions dès l'heure où l'aube naît,
> Et le soir, devant Dieu, notre père et notre hôte,
> Sous le ciel étoilé nous dormions côte à côte[6].

Sin duda alguna, Hernani y Zafari no son realmente personajes del pueblo, sin embargo, antes de dar a conocer su verdadera identidad, se definen en función de lo que tienen en común el uno con el otro y que no es sino la humanidad. Y, por lo que respecta a Ruy Blas y Zafari, la imagen del pueblo se confunde con la del poeta adolescente, dado que la juventud es, ante los ojos de Hugo, el reflejo absoluto de la condición moderna.

Precisamente, la batalla de Hernani plasmó la leyenda de una victoria de la juventud contra las «rodillas» (¡los calvos, como rodillas!), representadas en escena por el inquietante don Ruy Gómez de Silva luego por don Salluste y don Guritán, el barbón traidor de *Ruy Blas*. Hernani tiene

---

4 Prefacio de *Cromwell*, A. Dupont, 1828; Victor Hugo, *Critique*, Préface de *Cromwell*, éd. Anne Ubersfeld, Laffont, coll. Bouquins, 1985, p. 16.
5 *Hernani*, I 2, v. 113-114.
6 *Ruy Blas*, I 3, v. 280-286, 288-290.

veinte años, su juventud es evocada durante todo el drama, y es recordada de nuevo en el desenlace: «Si sabes lo que es gozar la dicha suprema de estar enamorados, tener veinte años e ir a casarse». El don Carlos histórico tiene diecinueve años ya que nació en 1500. Ruy Blas tiene más de veinte, como su doble don César («Si tu sais ce que c'est que ce bonheur suprême / D'aimer, d'avoir vingt ans, d'épouser quand on aime[7]») mas su historia es la de un brillante ascenso, antes de la fulminación final provocada por don Salluste. En el primer acto, pese a su tono nostálgico, este último celebra los valores de la juventud, la pasión, la libertad, la intensa fe en el porvenir. La historia de Ruy Blas, como la de Hernani, será la historia de las esperanzas rotas; en un universo decadente, el de la corte de Carlos II, creyéndose en la cúspide de su apogeo, será finalmente derribado. La lucha anteriormente evocada, está entre aquellos principios contrarios que rigen la existencia de los hombres, de la cuna hasta la tumba: una tensión entre sueño y realidad que engloba asimismo la oposición entre juventud y madurez.

Puesto que la historia contada en ambas obras viene definida por la juventud de unos personajes que serán llevados a la tumba por un adulto, como si el hombre tuviera, por definición, que sacrificar al adolescente lleno de vida; en ambos dramas, debemos percibir a los enemigos como una especie de dobles. Así don Ruy Gómez escondió a Hernani detrás de su propio retrato, de ahí el famoso malentendido que acontece en el tercer acto, cuando don Carlos pide una cabeza y el anciano, al tiempo que señala su retrato, está también señalando el escondite del condenado. Cuando Hernani sale de aquel escondrijo, o del retrato en realidad, lo hace para ofrecer a Ruy Gómez tanto su valentía como su brazo a cambio de una doble venganza. En el acto IV, Ruy Gómez le suplica al muchacho que le permita matar al rey y a cambio, él le devolverá su «cor» (tromba) y su «corps» (cuerpo): el pacto fáustico que une a los dos personajes consiste en la substitución del muchacho por el anciano. Lo mismo sucede en *Ruy Blas*, donde la seducción de la doncella por don Salluste parece estar dirigida hacia la Reina por parte del mismísimo don Salluste, que la seduce y ante el que se siente más mujer que reina. La misión de alcanzar el poder y sobre todo «de gustarle a esta mujer y de ser su amante» hace de Ruy Blas, no sólo el instrumento de venganza de don Salluste (así como Hernani debía ser el instrumento de venganza de don Ruy) sino también

---

7   *Hernani*, V 5, v. 2031-2032.

su *alter ego*, la imagen de su juventud. El contraste o confusión entre lo sublime y lo grotesco fundado por el género, es un todo que remite a las esperanzas de la juventud, del poeta o del pueblo, al tiempo y al mal: se confirma que la grandeza deja de ser patrimonio de la nobleza para serlo de la humanidad entera; y ello, en ambos dramas representa a España, porque el sol no se ponía en el imperio español.

Al hecho de haber elegido España se le puede, sin duda, encontrar otra justificación aparte del viaje de Victor a Madrid cuando era joven. El chantaje ejercido por el gobierno Polignac en 1829 (la prohibición de *Marion Delorme*, donde se socavaba la figura de Louis XIII, contra la triplicación de la pensión del poeta) provocó la siguiente reacción: en calidad de «hijo de combatientes de la Revolución y del Imperio», es decir en calidad de hijo de general, Hugo resistió con firmeza y se lanzó, quince días más tarde a la redacción de *Hernani*. El tema soslayaba la censura (ya no era cuestión de un rey francés sino de un emperador español) sin dejar de jugar con posibles analogías históricas: *Hernani* tiene como objeto el momento en el que el Rey Carlos se convierte en emperador, sucesor de Carlomagno y predecesor de Napoleón; cuando un mal rey se convierte en un gran emperador, la grandeza del Imperio se contrapone a la decadencia monárquica – pese a que en Francia, la Restauración legitimista («ultra»), de Carlos X, agonizaba en aquel momento.

Por lo demás, Hugo tiene una idea clara de la cuestión histórica que liga los dos dramas, *Hernani* y *Ruy Blas* y permite descubrir una interpretación solapada de la historia de Francia que el autor expone al final del prefacio de *Ruy Blas*:

> Et puis, qu'on nous permette ce dernier mot, entre *Hernani* et *Ruy Blas*, deux siècles de l'Espagne sont encadrés ; deux grands siècles pendant lesquels il a été donné à la descendance de Charles Quint de dominer le monde ; deux siècles que la Providence, chose remarquable, n'a pas voulu allonger d'une heure, car Charles Quint naît en 1500, et Charles II meurt en 1700. en 1700, Louis XIV héritait de Charles Quint, comme en 1800 Napoléon héritait de Louis XIV. Ces grandes apparitions de dynasties qui illuminent parfois l'histoire sont pour l'auteur un beau et mélancolique spectacle sur lequel ses yeux se fixent souvent. Il essaie parfois d'en transporter quelque chose dans ses œuvres. Ainsi il a voulu remplir *Hernani* du rayonnement d'une aurore, et couvrir *Ruy Blas* des ténèbres d'un crépuscule. Dans *Hernani*, le soleil de la maison d'Autriche se lève; dans *Ruy Blas*, il se couche[8].

8 *Loc cit.*

Así es como la historia de España reenvía implícitamente a las condiciones de escritura de ambos dramas, es decir, a los fundamentos del «nuevo régimen» literario. A dicha motivación podría añadírsele la siguiente: que la elección de un tema español aludía necesariamente a Corneille, tan admirado por Hugo, y, a través de Corneille, autor del *Cid* y de *Don Sanche d'Aragon* (*Don Sancho de Aragón*), una opción evidentemente anticlásica, basada en la exaltación de los valores de la juventud.

Anteriormente aludí a los versos en los que Hugo se negaba a ser identificado como poeta oficial del régimen, la intensidad con la que invocaba la grandeza de su padre, encaminándose mentalmente hacia la España de sus años jóvenes – mientras atravesaba un pueblo llamado *Ernani*. Su propia infancia, Hugo no deja de entenderla como española – incluso en aquella curiosa evocación de su nacimiento, en el umbral de *Feuilles d'automne:*

> Déjà ce siècle avait deux ans [...]
> Alors dans Besançon, vieille ville espagnole,
> Naquit [...]
> Un enfant [...]
> Cet enfant, c'était moi.

Pero Besanzón no fue ocupada sino entre 1654 y 1674, lo que probablemente no basta para sustentar la hipótesis de un nacimiento español del poeta, salvo en sueños quizás. Más adelante, en la misma colección (1830), se asocia la infancia con la gracia de la lengua castellana que lo había acunado y en la que se sentía como en su casa:

> De même, si jamais je vous revois,
> Beau pays dont la langue est faite pour ma voix,
> Bords où mes pas enfants suivaient Napoléon,
> Fortes villes du Cid ! O Valence, ô Léon,
> Castille, Aragon, mes Espagnes !

Igualmente, cabe reseñar que el recuerdo de Pepa debía estar siempre asociado a la idea de los amores infantiles y adolescentes, ya que resurge en un viaje realizado años más tarde (1843) junto a Juliette Drouet. El poeta lo expresa en términos dignos de Marcel Proust:

> A chaque phase de notre vie nous dépouillons notre être tout entier et nous l'oublions dans un coin du monde. Tout cet ensemble de choses indicibles qui a été nous-même reste là dans l'ombre ne faisant qu'un avec les objets sur lesquels nous

nous sommes empreints à notre insu. Un jour enfin par aventure nous revoyons ces objets ; ils surgissent devant nous brusquement et les voilà qui sur le champ, avec la toute puissance de la réalité, nous restituent notre passé. C'est comme une lumière subite ; ils nous reconnaissent, ils se font reconnaître de nous, ils nous apportent, entier et éblouissant, le dépôt de nos souvenirs et nous rendent un charmant fantôme de nous-même, l'enfant qui jouait, le jeune homme qui aimait[9].

Dichas palabras recuerdan, o mejor dicho, anuncian aquellas con las que Mallarmé celebraba en *Hamlet* el drama fundamental, aquel del adolescente o del «gran señor escondido que no logra llegar a ser»; en el caso de Hugo un lugar maravilloso, español, conservaría al menos la huella. Esta sombra tan especial reaparece también en el libro de Adèle:

Si j'avais grandi et vécu en Espagne, je serais devenu un poète espagnol [...]. C'est par la chute de l'Empereur, et en conséquence de celle de Joseph, que mon père de général espagnol est devenu général français et que moi, de futur poète espagnol, je suis devenu poète français[10].

Hernani y Ruy Blas son figuras de la juventud, del pueblo y del poeta a la vez, confundiéndose maravillosamente bajo la etiqueta de «grotescas», en el sentido de una modulación moderna, democrática, de lo bello. Sus discursos, independientemente de las diferencias entre los personajes en constante metamorfosis, gracias a las numerosas máquinas establecidas, revelan indirectamente la voz del «futuro poeta español». Después de haber tenido que recordar su nombre de hijo de combatientes de la Revolución y del Imperio, cuando el rey aun lo designaba como poeta oficial, Hugo se comprometía inversamente a hacer oír siempre la voz del «niño que jugaba, [del] muchacho que amaba». Comprendemos mejor que «el grupo» de románticos lo siguiera por aquellos derroteros.

La voz secreta, la voz de infancia de ese futuro «Conde de Sigüenza» que no pudo llegar a ser (por imitar a Mallarmé cuando habla de Hamlet y del principio dramático), se perpetúa de manera lúdica tras la firma «Bittor de Hugo» pero, sobre todo, en la puesta en escena de un sistema prosódico singular que asocia las particularidades fonéticas del nombre del poeta a las de la lengua española.

Se exageró mucho el escándalo del verso hugoliano, simple alejandrino distendido, sobre la base del modelo elaborado por Racine

---

9   *En voyage. Alpes et Pyrénées,* 1884; Anne Ubersfeld, *Ruy Blas,* ed, Les Belles Lettres, 1971, p. 38.
10 *Journal* de Adèle Hugo, 8 décembre 1854; Anne Ubersfeld, *loc. cit.*

en su única comedia, *Les Plaideurs* sin revelar lo que, en mi opinión, constituye su particularidad más sorprendente, tanto en *Ruy Blas* como en *Hernani*. En realidad, la revolución prosódica de Hugo no tiene (ya lo decían Banville y Mallarmé, conocedores de la materia) el alcance comúnmente atribuido, a menos de asociarla a la parte grotesca de lo prosaico y considerando que el tema es esencialmente léxico. De este modo, en su verso sólo encontramos cesuras o, con menos frecuencia, elisiones (la italiana, la lírica y la épica son ignoradas) y la mayoría de los trímetros que se le atribuyen pueden, incluso deben, escandirse de manera habitual (no olvidemos que el verso francés es numérico y acentual a la vez, que el alejandrino debe escandirse 6-6 y que todo el arte reposa en el tratamiento de la *e* muda, según permanezca muda o se convierta en sonora).

Más allá de la observación que califica las rimas de *Hernani* y de *Ruy Blas* como particularmente ricas e incluso estrepitosas, se impone una particularidad, rara vez evidenciada. Riqueza que reside principalmente en los juegos de la lengua española, que permite multiplicar las vocales abiertas y los juegos ensordecedores tales como *quatre alcaldes – cavalcades, tintamarres – chamarres, estocade – arcade, cinquante – Alicante*, e incluso *indigo – fandango* o *tomba – Goulatromba*. Hugo emplea un vocabulario técnico (números cardinales, términos extranjeros como por ejemplo *alguazils,* que no deja de repetir), hasta el punto de jactarse en la nota adjunta a *Ruy Blas* de haber dado cabida a la palabra «almojarifado» – término por cierto incomprensible para el espectador francés y que ocupa necesariamente un hemistiquio completo. De manera general, puede observarse en ambas obras una notable saturación vocálica propia a la lengua castellana, mientras que el francés (con sus *e* mudas) no lo permite. Hugo es muy consciente de ello, como lo demuestra esta nota adjunta a *Ruy Blas:*

> Il est arrivé à l'auteur de voir représenter en province *Angelo, tyran de Padoue* par des acteurs qui prononçaient *Tisbe, Dafne,* fort satisfaisants, du reste, sous d'autres rapports. Il lui paraît donc utile d'indiquer ici, pour ceux qui pourraient l'ignorer, que, dans les noms espagnols et italiens, les *e* doivent se prononcer. Quand on lit *Teve, Camporeal, Ognate,* il faut dire *Tévé, Camporéal, Ognaté*[11].

---

11 *Ruy Blas, op. cit.,* p. 229.

Siendo abiertamente sensible a este tema de las sonoridades, no deja de glosar en el drama su elección del nombre *Hernani* para designar a su personaje. Así se presenta el héroe a si mismo:

> Qu'on cherche. Vous vouliez savoir si je me nomme
> Perez ou Diego ? Non ! Je me nomme Hernani !
> C'est un bien plus beau nom, c'est un nom de banni,
> C'est un nom de proscrit[12].

Estos versos nos hacen recordar una esticomitia en la que se pone en evidencia la diferencia entre este nombre y los otros, así como las rimas que permite desarrollar (*banni, proscrit,* aún *impuni...*) y que tienen en común una tonalidad disonante. Hernani debe ser un principio de discordancia en el mundo de don Carlos y la cosa debe oírse:

> *Don Sancho.*
> Son nom, seigneur?
> *Don Carlos, les yeux sur la fenêtre.*
>   Munoz..., Fernan..., un nom en *i.*
> *Don Sancho.*
> Hernani, peut-être?
> *Don Carlos.*
>   Oui.
> *Don Sancho.*
>   C'est lui.
> *Don Matias.*
>   C'est Hernani!
> Le chef[13]!

Son versos particularmente ásperos para el oído, dada la acumulación de *íes* y del hiato que forma normalmente la presencia del nombre *Hernani* (generalmente, Hugo escribe por ejemplo «de Hernani» en vez de «d'Hernani»). Sabemos que ese nombre, que tanto enorgullecía a Hugo, es en la práctica el de un pueblo vasco por el que pasó en su temprana juventud, al que, en un acto de apropiación, le agregó la *H* de su propio patronímico. Los juegos que lleva a cabo con dicho nombre permiten comprender el sentido de la saturación vocálica del verso más arriba señalada: se trata de asegurar de manera conjunta la instalación de una

---

12   *Hernani*, III, 3, v. 858-861.
13   *Hernani,* II 1, v. 423-425.

melodía española en la lengua del poeta y mediante ello, la expansión de su propia firma también marcada por vocales plenas.

El viaje de Hugo a España no sólo grabó en él imágenes, también dio nacimiento al mito personal de Bittor de Hugo, conde de Sigüenza, «antiguo poeta español» en quien, a través de la poesía, se congregan una idea de la infancia y una idea de resistencia.

Referencias bibliográficas

HUGO Victor y HUGO Adèle (1863) *Victor Hugo raconté par un témoin de sa vie*, Lacroix, Verboeckhoven et Cie, t. I, p. 147.
HUGO Victor (1829) *Le Dernier Jour d'un condamné*, Charles Gosselin, Paris.
—, (1828) *Cromwell*, A. Dupont, Paris.
—, (1985) *Critique*, Préface de Cromwell, ed. Anne Ubersfeld, Laffont, coll. Bouquins.
—, (1884) *En voyage. Alpes et Pyrénées*, Anne Ubersfeld.
—, (1971) *Ruy Blas*, ed, Les Belles Lettres.
—, Journal de Adèle Hugo, 8 décembre 1854; Anne Ubersfeld.

Espacios literarios en contacto

Esta colección recoge estudios de literatura francesa orientados hacia el terreno de la comparación, abarcando al mismo tiempo el género popular y la literatura escrita por mujeres. La riqueza de la literatura francesa confrontada con las literaturas hispánicas y las tendencias populares de la época contemporánea así como la escritura de las mujeres autoras ofrece un amplio e interesante abanico de posibilidades que permite profundizar en los aspectos más representativos de la literatura francófona contemporánea. La colección acoge monografías, obras colectivas, actas de coloquio y tesis doctorales en castellano, francés y catalán.

Cette collection recueille des études de littérature française orientées vers le domaine de la comparaison, englobant en même temps le genre populaire et la littérature écrite par des femmes. La richesse de la littérature française mise face à face avec les littératures hispaniques et les tendances populaires de l'époque contemporaine ainsi que l'écriture des femmes auteures offre un large et intéressant éventail de possibilités qui permet d'approfondir dans les aspects les plus représentatifs de la littérature francophone contemporaine. La collection accueille monographies, ouvrages collectifs, actes de colloque et thèses de doctorat en castillan, français et catalan.

Vol. 1 Àngels Santa & Marta Segarra (eds.)
Simone de Beauvoir, filosofía, literatura y vida
ISBN 978-3-0343-1077-2. 2012

Vol. 2 Amelia Peral
Cuerpo de Reescritura
La intertextualidad en la escritura de Hélène Cixous
ISBN 978-3-0343-1279-0. 2013

Vol. 3 Inmaculada Illanes y Mercedes Travieso (eds.)
El mar. Imágenes y escrituras
ISBN 978-3-0343-1377-3. 2013

Vol. 4 Concepción Palacios & Pedro Méndez (éds.)
Femmes nouvellistes françaises du XIXe siècle
ISBN 978-3-0343-1409-1. 2013

Vol. 5 Àngels Santa (ed.)
Des lettres et des femmes… La femme face aux défis de l'histoire
ISBN 978-3-0343-1367-4. 2013

Vol. 6-8 Forthcoming

Vol. 9 Maria Isabel Corbí Sáez & Angeles Llorca Tonda (eds)
Simone de Beauvoir. Lectures actuelles et regards sur l'avenir
Simone de Beauvoir. Today's readings and glances on the future
ISBN 978-3-0343-1616-3. 2015

Vol. 10 Nadia Mékouar-Hertzberg, Florence Marie & Nadine Laporte (éds.)
Le genre, effet de mode ou concept pertinent ?
ISBN 978-3-0343-1683-5. 2016

Vol. 11 Encarnacion Medina Arjona, Ouidad Tebbaa & Marlène Bouzin (éds.)
Jardins littéraires et méditerranéens
ISBN 978-3-0343-1684-2. 2016

Vol. 12 Hélène Baty-Delalande & Jean-François Massol (éds.)
Jean Barois, centenaire d'un roman-monstre.
Lectures à vif, lectures actuelles
ISBN 978-3-0343-2141-9. 2017

Vol. 13 Encarnación Medina Arjona (éd.)
Germinal, la mine et les arts
ISBN 978-3-0343-1368-1. 2017

Vol. 14 Flavia Aragón Rosano & José Antonio López Sánchez (eds.)
Historias de viajes (2 vol.)
ISBN 978-3-0343-2646-9. 2017